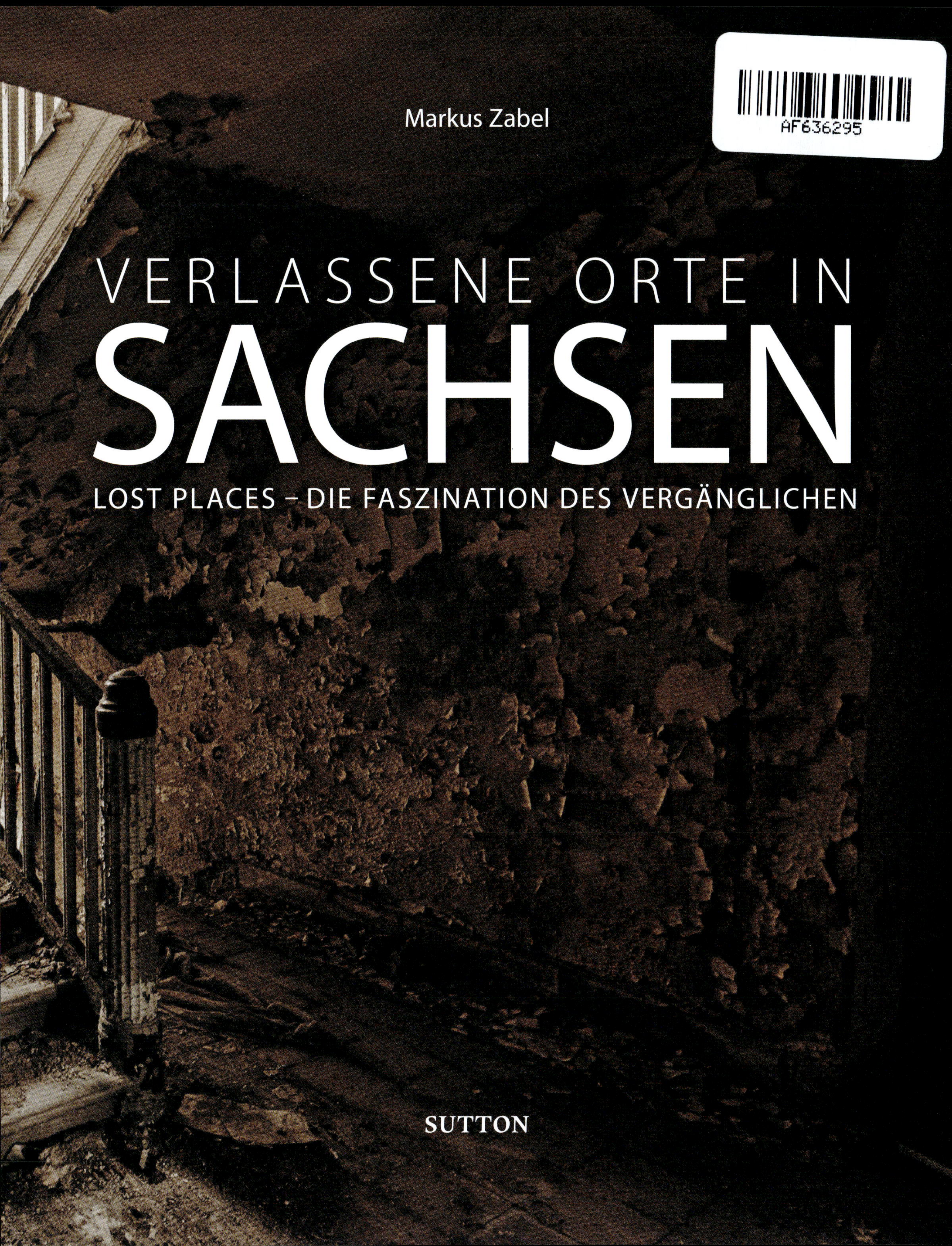

Markus Zabel

VERLASSENE ORTE IN SACHSEN

LOST PLACES – DIE FASZINATION DES VERGÄNGLICHEN

SUTTON

INHALT

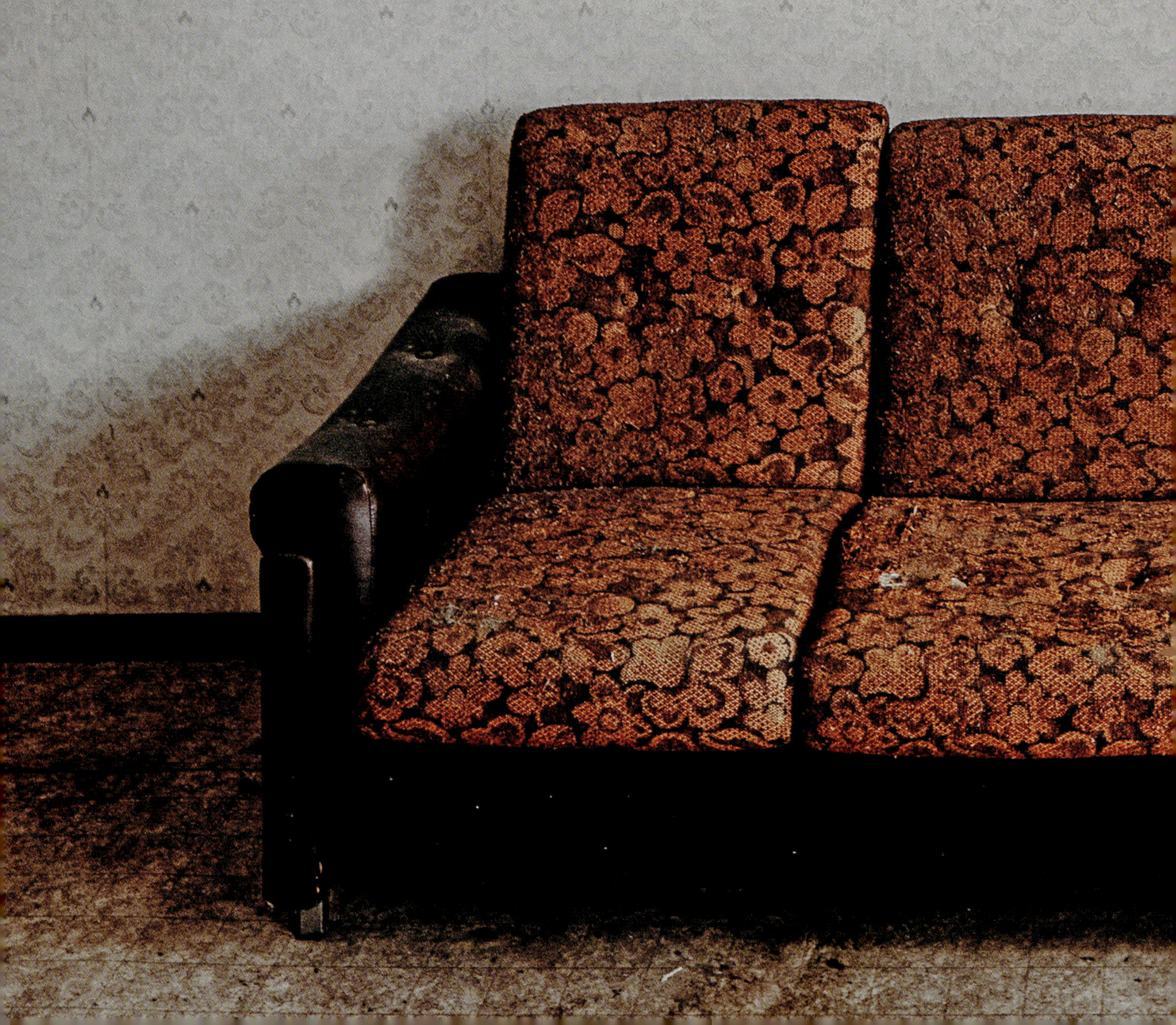

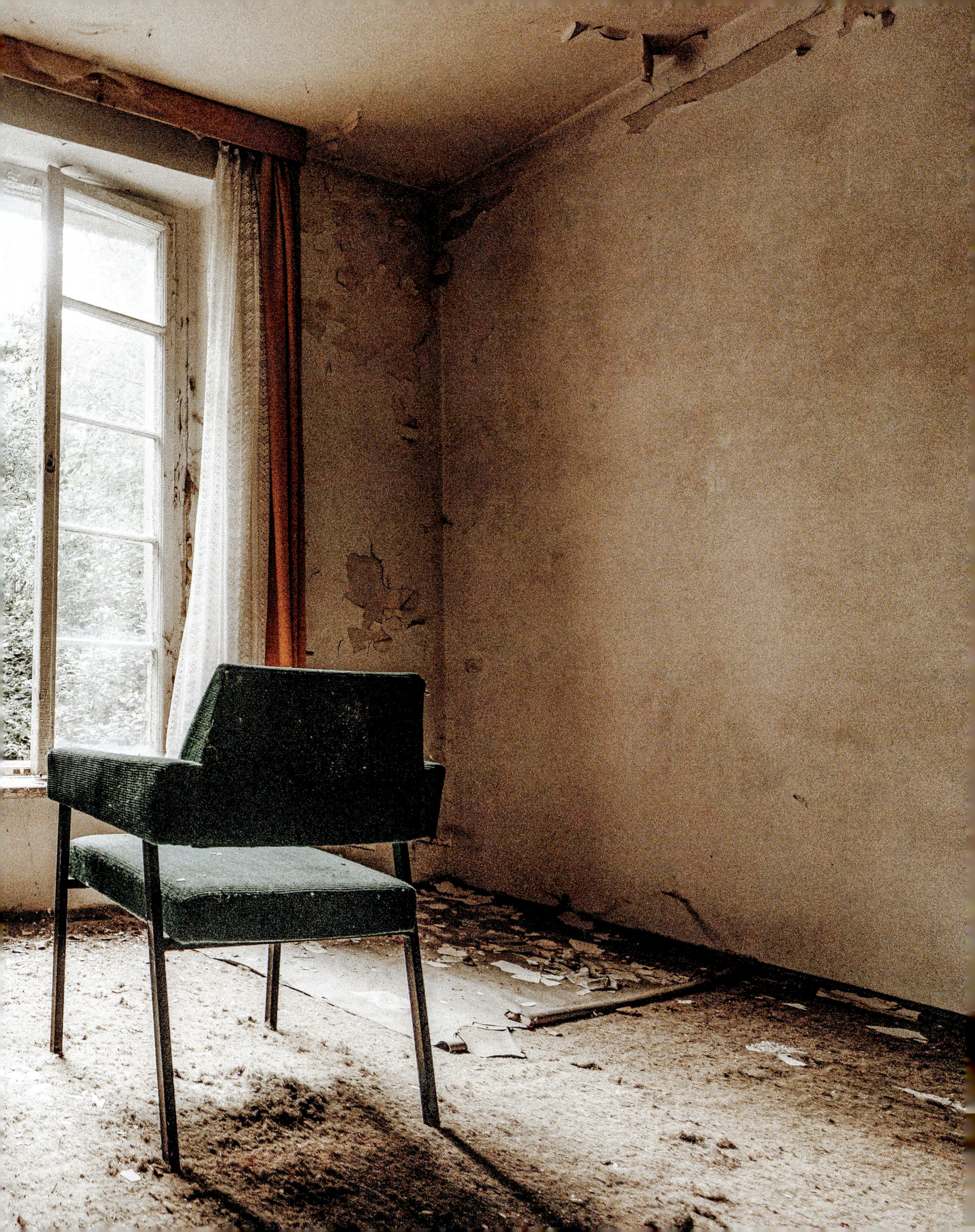

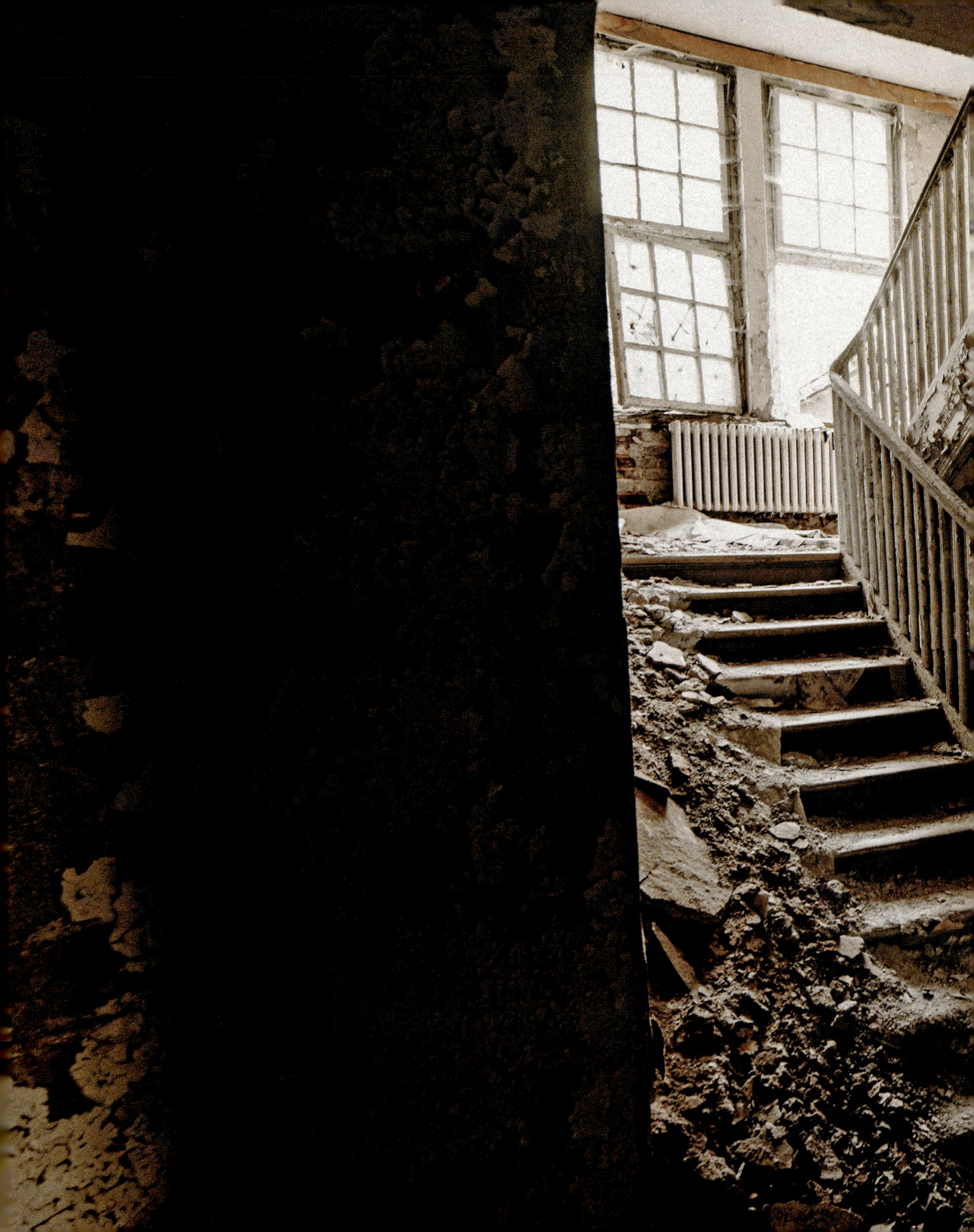

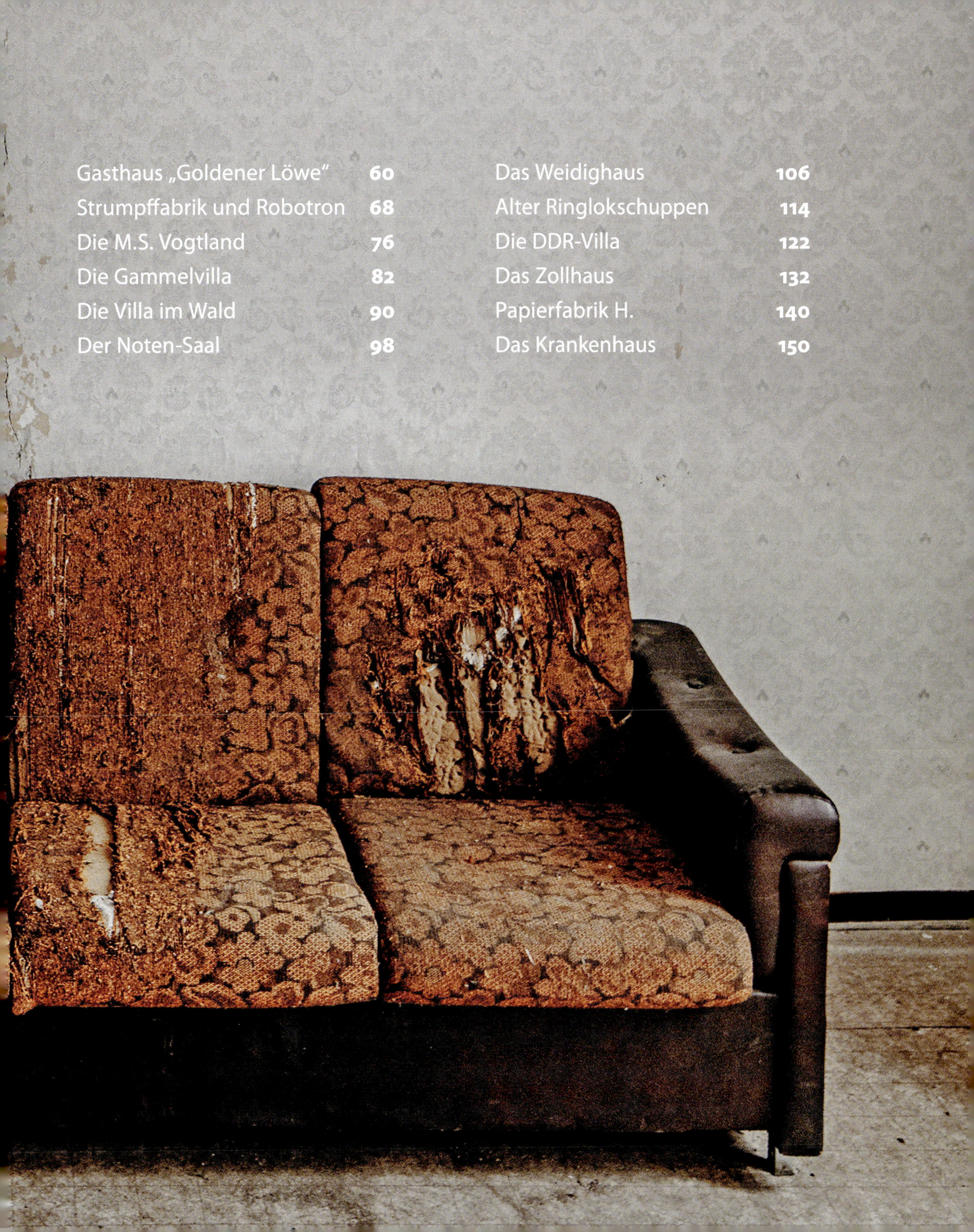

VORWORT

Versteckt, zugewachsen, ungenutzt – die verfallenen Relikte einer früheren Epoche erzählen oft nur noch im Stillen ihre Geschichte. Vor allem in Sachsen steht seit der politischen Wende und dem Ende der DDR eine Vielzahl an Gebäuden leer, die einer ungewissen Zukunft harren. Oftmals scheiterten Neunutzungen an Altlasten oder am fehlenden Interesse des Eigentümers; Abrisse sind häufig einfach zu teuer. Was bleibt, sind Ruinen aus einer vergangenen Zeit, die schon bald in Vergessenheit geraten. Wurzeln, die durch alte Mauern brechen, Wasser, das von rostigem Metall tropft, Glassplitter aus zerbrochenen Fensterscheiben – all das verleiht diesen Gebäuden eine unheimliche Atmosphäre. Doch genauso trägt der Wind alte Erinnerungen durch die maroden Gemäuer und erzählt uns davon, wie es hier früher wohl einmal ausgesehen haben muss, als die Arbeiter noch an den Maschinen standen, die junge Famile abends auf der Couch zu Hause einen Film schaute oder die Krankenschwester ihren letzten Rundgang in der einst so prachtvollen Klinik beendete. Am Ende bleibt immer die Frage: Was bleibt, wenn du gehst?

Wurzeln, die durch alte Mauern brechen, Wasser, das von rostigem Metall tropft, Glassplitter aus zerbrochenen Fensterscheiben – all das verleiht diesen Gebäuden eine unheimliche Atmosphäre.

Fotografen, die sich mit dieser Frage ausführlicher beschäftigen, die Gebäude besuchen, die bereits jahrzehntelang verlassen sind und auf der Suche nach alten Geschichten diese in faszinierenden Fotografien neu aufleben lassen, nennt man Urban Explorer (Urbexer). Ein lebengefährliches Hobby zwischen Legalität und Hausfriedensbruch, das stets mit dem Risiko eines schweren Unfalls einhergeht. Denn die Schönheit im Verfallenen zu suchen bedeutet auch, mit Gefahren wie Glasscherben, einstürzenden Decken, instabilen Mauern, herausragenden Nägeln oder morschen Treppen zu leben. Hinzu kommt, dass unbefugte Zutritte oft mit strafrechtlichen Konsequenzen verbunden sind. Trotzdem wird das Interesse an Lost Places in Deutschland immer größer. Immer mehr Menschen zieht es hin zu den verborgenen Plätzen, die in fast jeder Ecke der Welt zu finden sind. Solltest auch du dich zu ihnen hingezogen fühlen, dann solltest du nicht einfach losziehen, sondern dich vorerst ausreichend informieren und absichern.

Die elementarste Regel lautet: „Take only photos – leave nothing but footprints“ (Mache nur Fotos, hinterlasse nichts außer Fußspuren). Ob Zeitzeuge, Zuschauer, Endecker, Abenteurer, Forscher, Fotograf oder Dokumentator: Es liegt allein in unserer Hand, verlassene Orte zu schützen und dem negativen Ruf einer ganzen Szene entgegenzuwirken. Die maroden Gemäuer sind Teil unserer gemeinsamen Geschichte und niemand hat das Recht, etwas aus den Gebäuden zu entfernen, zu zerstören oder seinen Müll dort zu hinterlassen. Ein Tabu, das leider nicht von jedem ernst genommen wird. Jährlich werden zahlreiche dieser Orte durch unliebsame Besucher zerstört, verunstaltet, vernichtet. Oftmals ist es eben nicht die Natur, die für den Verfall verantwortlich ist, sondern der Mensch selbst. Wir haben als Besucher die Verantwortung, sowohl für uns selbst als auch hinsichtlich des respektvollen Umgangs mit den Objekten. Nur wenn das gelingt, kann sich auch die nächste Generation noch an den alten Architekturen und Erinnerungen erfreuen.

Aus der Angst heraus, weiteren Vandalen, Sprayern oder Dieben Hinweise auf die Lost Places zu geben, wurde die Szene immer verschwiegener. Zwar kann man damit der unnötigen Zerstörung vorbeugen, jedoch ist diese Stille gleichzeitig eines der größten Probleme. Wo keine Aufklärung stattfindet, kann auch keine Änderung erwartet werden. Wo keine Fragen gestellt werden, gibt es keine Antworten und wo man nicht die Problematik hinterfragt, kann es auch keine Lösung geben. Eine mögliche Rettung diverser Objekte, deren Uhr noch gar nicht abgelaufen ist, wird schlicht und einfach erschwert. Ein Schandfleck bleibt für viele dann eben ein Schandfleck und mögliche Investoren wissen oftmals gar nichts über ein vielleicht noch zu rettendes Gebäude. Auf der anderen Seite werden durch das Internet und speziell auf Social-Media-Plattformen immer wieder genaue Koordinaten, Standorte und Adressen unkommentiert preisgegeben. Das wiederum macht den Weg frei für verschiedene Arten von Chaoten. Es ist also eine schwierige Frage, wie man mit dem Thema umgeht.

Mit diesem Buch und dem Projekt *#IAMLOST* versuche ich, den schmalen Grat zu beschreiten und dich mit auf Zeitreise zu nehmen, ohne dabei exakt einen Standort zu vermitteln. Die Bilder zeigen Gebäude, die du vielleicht schon mal gesehen hast, an denen du vorbeigelaufen bist, die du eventuell sogar schon mal betreten hast. Verlassene Mauern, deren Geschichte es wert ist, erzählt und bewahrt zu werden, bevor sie in den nächsten Jahre aus unserem Leben verschwinden. Solltest du beim Lesen des Buches nun doch in Versuchung geraten, einen der Orte zu besuchen, dann informiere dich zuvor bitte umfassend zu folgenden Fragen:

Darf ich das Gebäude überhaupt betreten oder begehe ich Hausfriedensbruch? Wer ist Eigentümer? An wen kann ich mich wenden, um eine Erlaubnis zu bekommen? Wie ist der Zustand des Gebäudes? Wie habe ich mich zu verhalten und welche Ausrüstung brauche ich? Wie sichere ich mich richtig ab? Gibt es eventuell Naturschutzbestimmungen?

Wenn du das alles beantwortet hast, denke bitte trotzdem immer daran: Kein Bild der Welt ist es wert, dafür das eigene Leben zu riskieren („Dont go home in a box!“).

Nun wünsche ich aber viel Spaß mit diesem Buch und der fotografischen Reise in eine Welt aus Erinnerungen, emotionalen und interessanten Einblicken.

Da ist Staub auf alten Mauern, die mal unsere Ideale waren.

DANK

Diese Menschen sind dafür verantwortlich, dass ich täglich meine eigene Geschichte neu schreibe:

- der Sutton Verlag, der nun schon seit vier Jahren mit mir an immer neuen Projekten arbeitet;
- alle Begleiter, die auch dieses Mal mit mir zusammen die verborgenen Welten besucht haben;
- meine wundervolle Frau und bessere Hälfte Susi, die meine „alten Mauern“ mit Leben füllt;
- unsere Familien und Freunde mit ihrer grenzenlosen Unterstützung in guten und schlechten Zeiten.

Und natürlich du! Denn wenn du diese Zeilen hier liest, unterstützt du meine Suche nach der Schönheit im Verfallenen und teilst diese Leidenschaft höchstwahrscheinlich mit mir.

DER AUTOR

Fotografie ist meine zweite Sprache, denn bereits als ich das erste Mal eine Kamera in der Hand hatte war mir klar, dass ich meine neu gewonnene Leidenschaft dazu nutzen möchte, besondere Momente festzuhalten und andere Menschen damit glücklich zu machen. Ein Bild sagt bekanntlich mehr als tausend Worte.

Mein Name ist Markus Zabel, ich bin 31 Jahre jung, und wohne mittlerweile seit über elf Jahren in meiner Wahlheimat Jena. Anfang 2011 hielt ich meine erste eigene Kamera in den Händen und kann mir seitdem nicht mehr vorstellen, wie ein Alltag ohne Fotografie aussehen soll. Nach nur zwei Jahren Hobbyfotografie habe ich mich im November 2013 als Kleinunternehmer selbstständig gemacht und mein Unternehmen SIO MOTION offiziell gegründet, das ich neben der Fotografie auch auf Videografie spezialisieren konnte. Seitdem habe ich mich fest in Jena etabliert und arbeite gemeinsam mit meiner Frau Fräulein Kunst & Tinte im 2016 bezogenen Tattoo & Fotoatelier „Atelier Gestochen Scharf" eng mit Privatpersonen, Hochzeitspaaren, Firmen, Veranstaltern und Bands zusammen. Mein stetig wachsender Kundenstamm ist dabei nicht nur lokal, sondern deutschlandweit und auch international einzuordnen (bspw. Globetrotter, Mercedes, Pro7, DHL, Antenne Thüringen, Vodafone, Chromecars u.v.m.). Die arbeitstechnische Symbiose mit Fräulein Kunst & Tinte bietet dabei völlig neue Möglichkeiten und eine unvergleichbare Zusammenarbeit. Nebenberuflich bin ich seit mehreren Jahren als Musiker tätig.

Kreativität ist ein Fluss, der keine Richtung kennt. Wenn du in ihm schwimmen möchtest, musst du erst lernen, dass Grenzen nur in deinem Kopf existieren.

Mein erstes Buch („Verlassene Orte in Thüringen") veröffentlichte ich erfolgreich zusammen mit dem Sutton Verlag aus Erfurt zur Leipziger Buchmesse 2017. Noch im selben Jahr wurde ich anerkanntes Mitglied des Bundes Professioneller Porträtfotografen und konnte mit dem Jenaer Fototreffpunkt einen der größten Communitytreffpunkte der Fotografenszene in Thüringen ins Leben rufen, der mittlerweile auch in Leipzig, Erfurt und Zeulenroda stattfindet. Im Laufe der letzten Jahre folgten zudem weitere Bildbände zum Thema Lost Places in unterschiedlichen Bundesländern.

Lost Places spielten allerdings schon vor meiner ersten Begegnung mit der Kamera eine kleine Rolle, denn wir waren in unserer Freizeit früher viel zum Geocachen unterwegs. Hier stellte sich schnell heraus, dass ich alte verfallende Locations unglaublich anziehend fand. Bei jedem Besuch spielt mein Kopf verrückt und simuliert, wie es hier wohl früher ausgesehen haben muss. Wie die Menschen in den Objekten arbeiteten, lebten oder auch starben. Mein Ziel: Soviel wie möglich über die Gebäude erfahren, ihre Geschichte verstehen, nachvollziehen und in meinen Bildern wiederaufleben zu lassen. Das Verlassene hat durchaus seine anziehenden Seiten. Ob altes Sanatorium, Villa oder Theater, ob Familienhaus, Bunkersysteme oder ein altes Krankenhaus: Alle Objekte haben ihren eigenen Charme, der sich in Architektur, Interieur oder ihrer Chronik widerspiegelt.

„Memento mori" – Bedenke, dass du sterben musst. Diese Mahnung sollte im Mittelalter daran erinnern, dass unser Leben vergänglich ist und weltliche Werte wie Reichtum und Schönheit keine Bedeutung haben, dass wir den Bezug zur Realität nicht verlieren sollen. Heute steht uns die Visualisierung dieser Worte jederzeit und überall in Form von Lost Places vor Augen.

Gern lasse ich andere an meiner Faszination für das Verfallene teilhaben, allerdings nur in einem gewissen

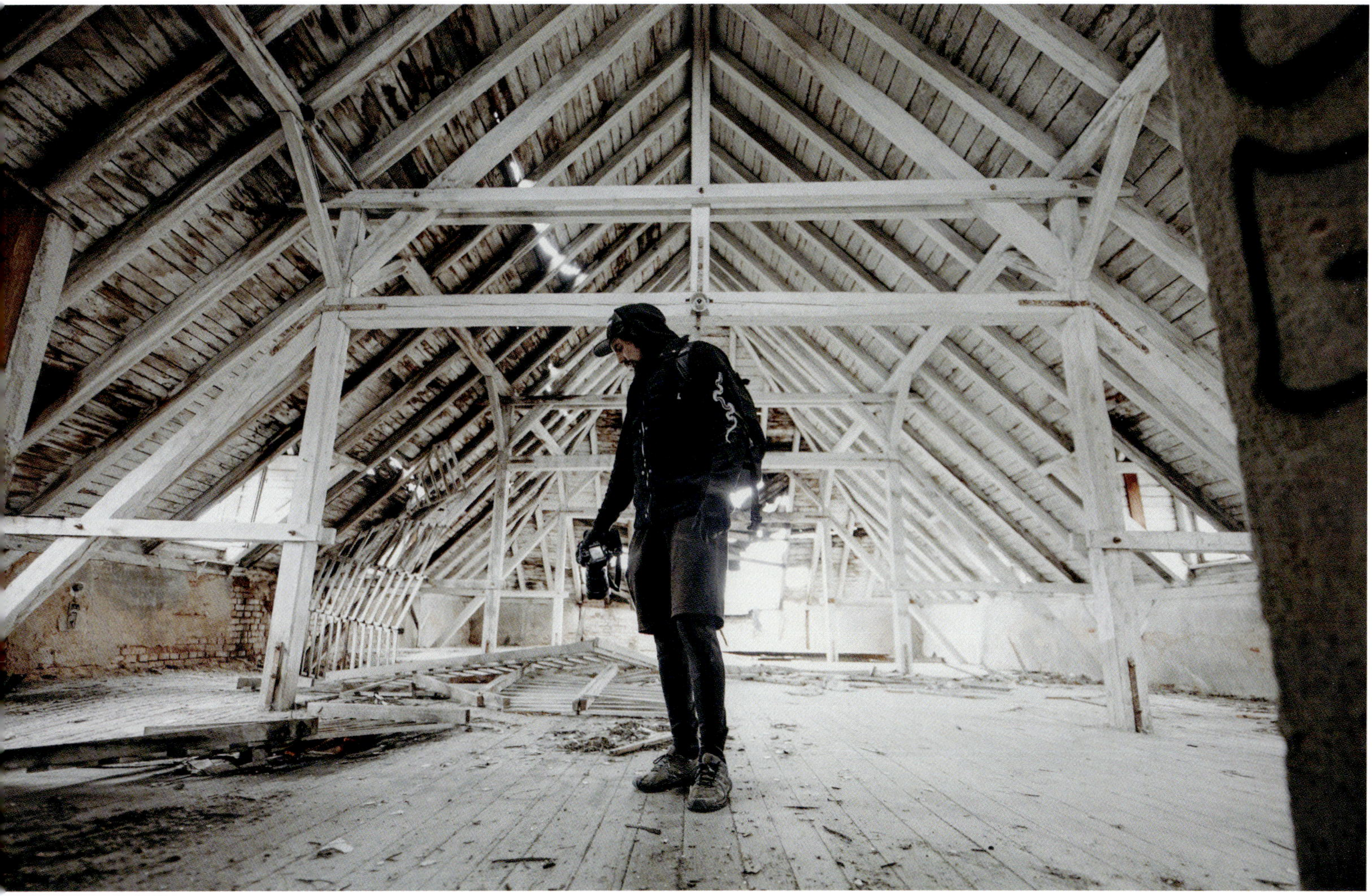

Rahmen. Leider ziehen diese Objekte auch jede Menge ungebetene Gäste an. Sobald ein Gebäude im Internet benannt wird, ist es meist nur eine Frage der Zeit, bis sich dort auch Diebe, Chaoten, Vandalen und Obdachlose einfinden und das einst verlassene Haus nicht etwa durch die Zeit, sondern mutwillig zerstört wird. Genau das ist das Problem einer ganzen Szene, die daher aber auch kaum Aufklärung zum Thema bietet.

Mit dem Projekt *#IAMLOST*, das zeitgleich mit dem Buch „Verlassene Orte in Sachsen-Anhalt" entstand, habe ich eine Plattform ins Leben gerufen, die sich intensiv mit dem Thema beschäftigt und allen Interessenten umfassende Infos, Geschichten und Tipps zum Thema Lost Place geben kann. Eine Anlaufstelle zur Sensibilisierung unserer Gesellschaft zum Thema verlassene Orte ist notwendig, um geschichtsträchtige Objekte zu schützen und neuen verlassenen Orten eventuell sogar eine Zukunft zu schenken.

Wenn ich mit dem Buch auch euer Interesse an der Schönheit des Vergehenden geweckt habe, lauft nicht einfach blind drauf los, sondern informiert euch umfassend und befolgt die im Vorwort genannten Regeln.

Website: http://www.sio-motion.de
Facebook: http://www.fb.com/siomotion
Instagram: http://www.instagram.com/siomotion

SIOMOTION

VERLASSENE ORTE
Iam Lost

Weitere Projekte:
@Der.Fototreffpunkt
@IamLost Official
@HerrFuchsundFrauIgel
@Wildwoodhearts

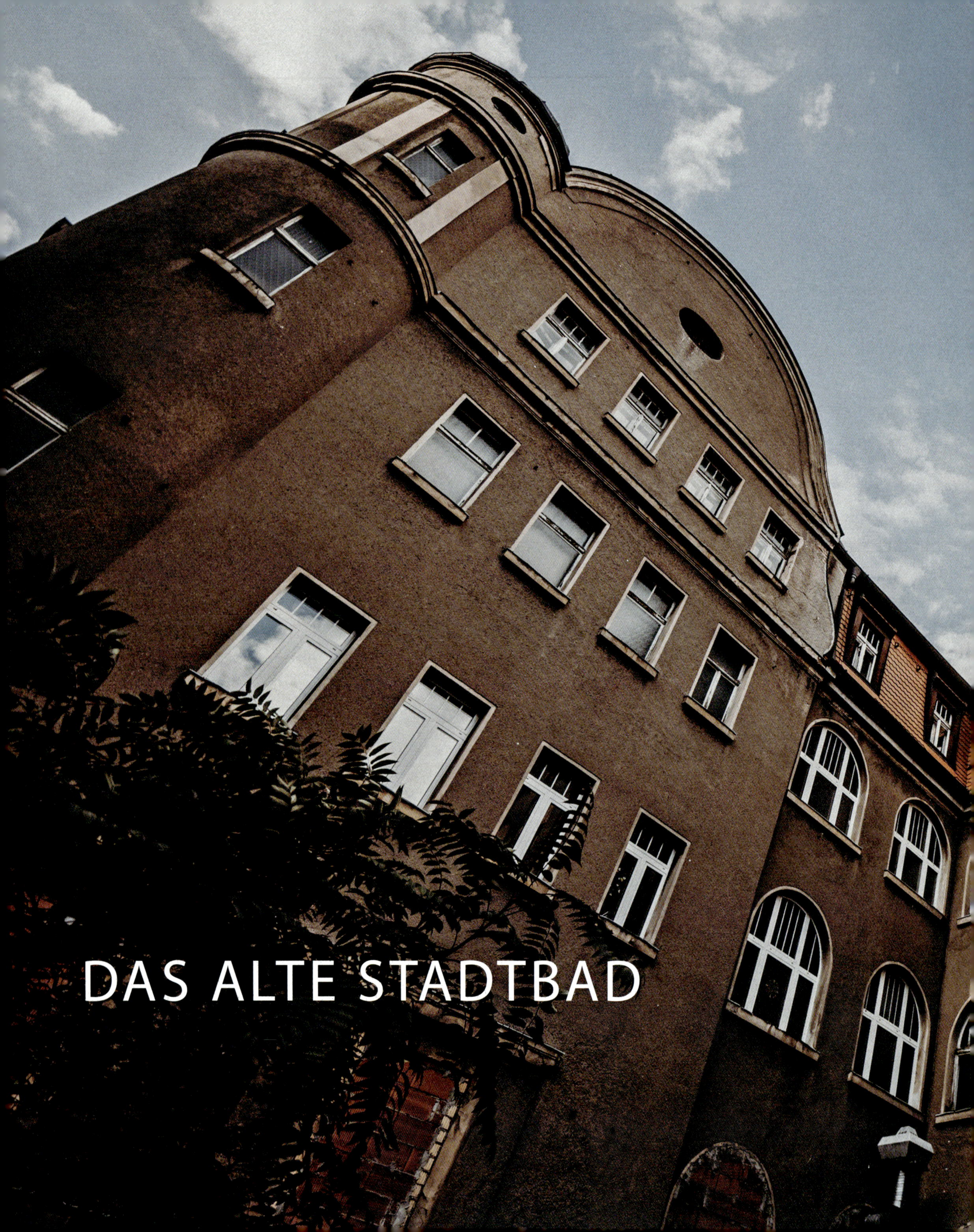

DAS ALTE STADTBAD

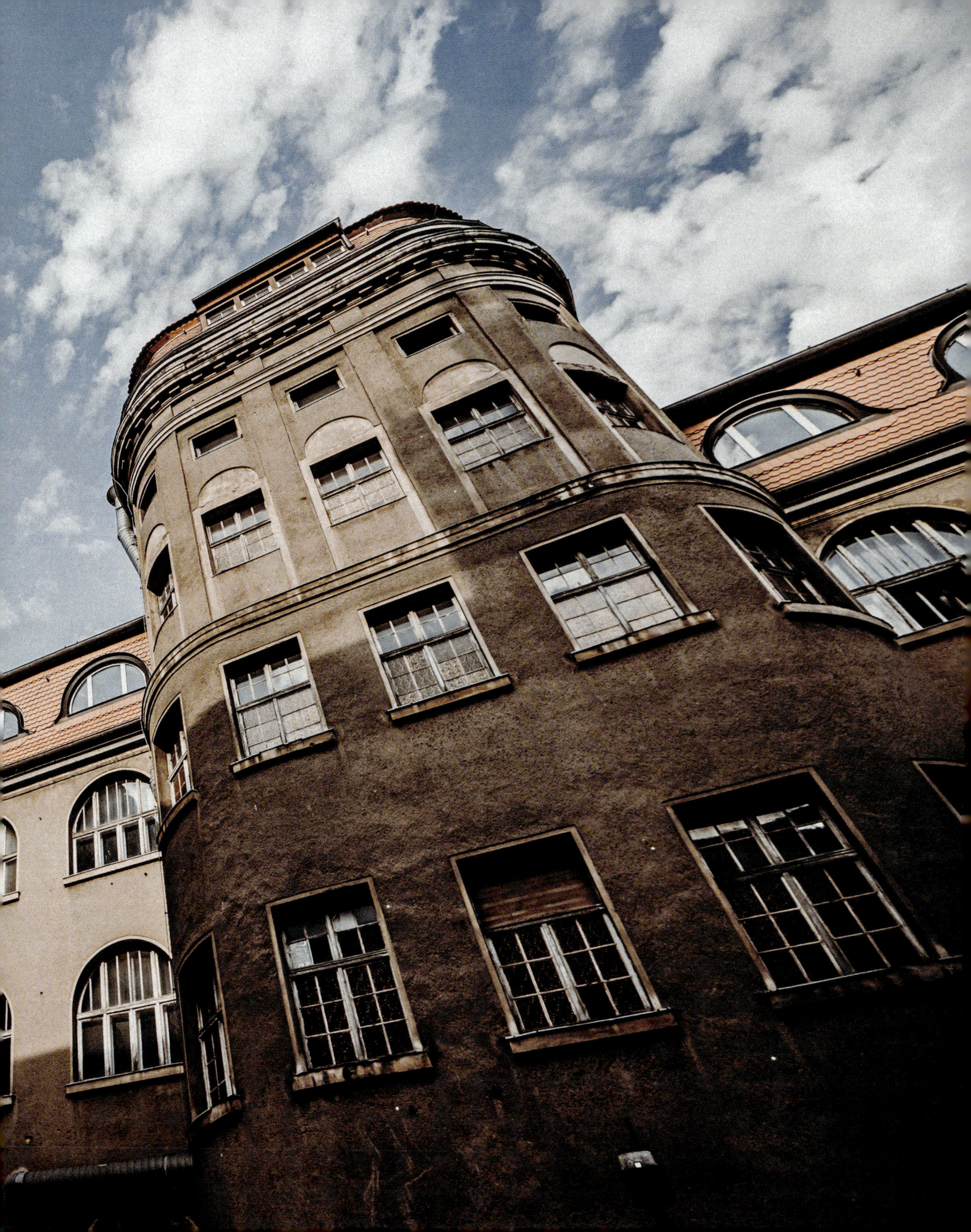

DAS ALTE STADTBAD

Am 14. Juli 1916 öffneten sich die Türen zum ersten Wellenbad Europas. Zwar gab es schon einige privat betriebene Hallenbäder, doch das Leipziger Stadtbad war nicht nur wunderschön, sondern bot den männlichen Besuchern bis zu drei Meter hohe künstliche Wellen. Architekt Otto Wilhelm Scharenberg baute das Jugendstil-Gebäude im neomaurisch-arabischen Stil. Drei Jahre lang dauerte es, eines der modernsten Hallenbäder der damaligen Zeit zu bauen. Säulen und Bögen, goldene Ornamente und prunkvoll gestaltete Decken zieren den Ort der Entspannung. Zutritt erfolgte hier in drei verschiedenen Gruppen: Herren, Damen und Hunde.
Diese wurden strikt getrennt und somit gab es eine Schwimmhalle für Männer, eine etwas kleinere für Frauen und ein Hundebad im Keller, das später jedoch zu einem Therapiebecken für Kinder umgebaut wurde. Das 32 x 12 Meter große Schwimmbecken der Männer mit Drei-Meter-Sprungbrett und der einzigartigen Wellenanlage blieb bis in die 1920er-Jahre tatsächlich nur den Männern vorbehalten. Die Damen erholten sich in ihrem eigenen exklusiven Bereich, der orientalischen Sauna. Das Herzstück des Bades versetzte die Besucherinnen in ein Märchen aus Tausendundeiner Nacht und galt aufgrund der unglaublichen Optik als einzigartig. Die Brunnen, Wasserspiele, Wandelgänge, Hufeisenbögen, goldenen Säulen, Wandmosaike und filigranen Verzierungen sind noch heute gut erhalten und stehen unter Denkmalschutz. Die Sauna- und Wannenbereiche wurden in erste und zweite Klasse unterteilt. Das Angebot des Bades war damals ebenfalls revolutionär. Badefreuden wurden mit medizinisch-therapeutischen Angeboten verknüpft, die Besucher konnten Dampfgrotten besuchen, Moorbäder, Inhalationen, orthopädisches Turnen in Anspruch nehmen oder sich nebenbei einen neuen Haarschnitt zaubern lassen. Trotz umfangreicher Restaurierungen in den 1980ern konnte man das Bad im Jahr 2004 aufgrund baulicher Mängel nicht mehr retten und es musste geschlossen werden. Seit 2005 versucht die Stadt, das Gebäude zu verkaufen. Damit der Verfall des historischen Gebäudes eingedämmt werden kann, riefen die kommunalen Wasserwerke Leipzig 2006 eine Förderstiftung ins Leben, die sich für die Sanierung und Wiederbelebung des Bades einsetzt. Ziel ist es, das Bad entweder über einen Investor zu restaurieren und zu reaktivieren oder in Zusammenarbeit mit der Förderstiftung ein machbares Nutzungskonzept umzusetzen. Bis dahin bleibt das Stadtbad zu großen Teilen im Dornröschenschlaf. Lediglich das Herrenbecken ist für Veranstaltungszwecke hergerichtet worden, der Beckenbereich ist aber nicht mehr sichtbar. Hier finden immer wieder Feiern, Konzerte, Shows, Kunst- und Fotoausstellungen statt. Daher ist das Stadtbad lange nicht so verlassen, wie es vielleicht auf den ersten Blick scheint. Sowohl der Stadtrat als auch die Förderstiftung und die Leipziger Bürger wollen das alte Stadtbad wieder mit Leben füllen. Und so lange das eben noch dauert, kann die historische Badeanstalt während regelmäßiger Führungen oder Events ganz legal besichtigt werden.

Das Herzstück des Bades versetzte die Besucherinnen in ein Märchen aus Tausendundeiner Nacht und galt aufgrund der unglaublichen Optik als einzigartig.

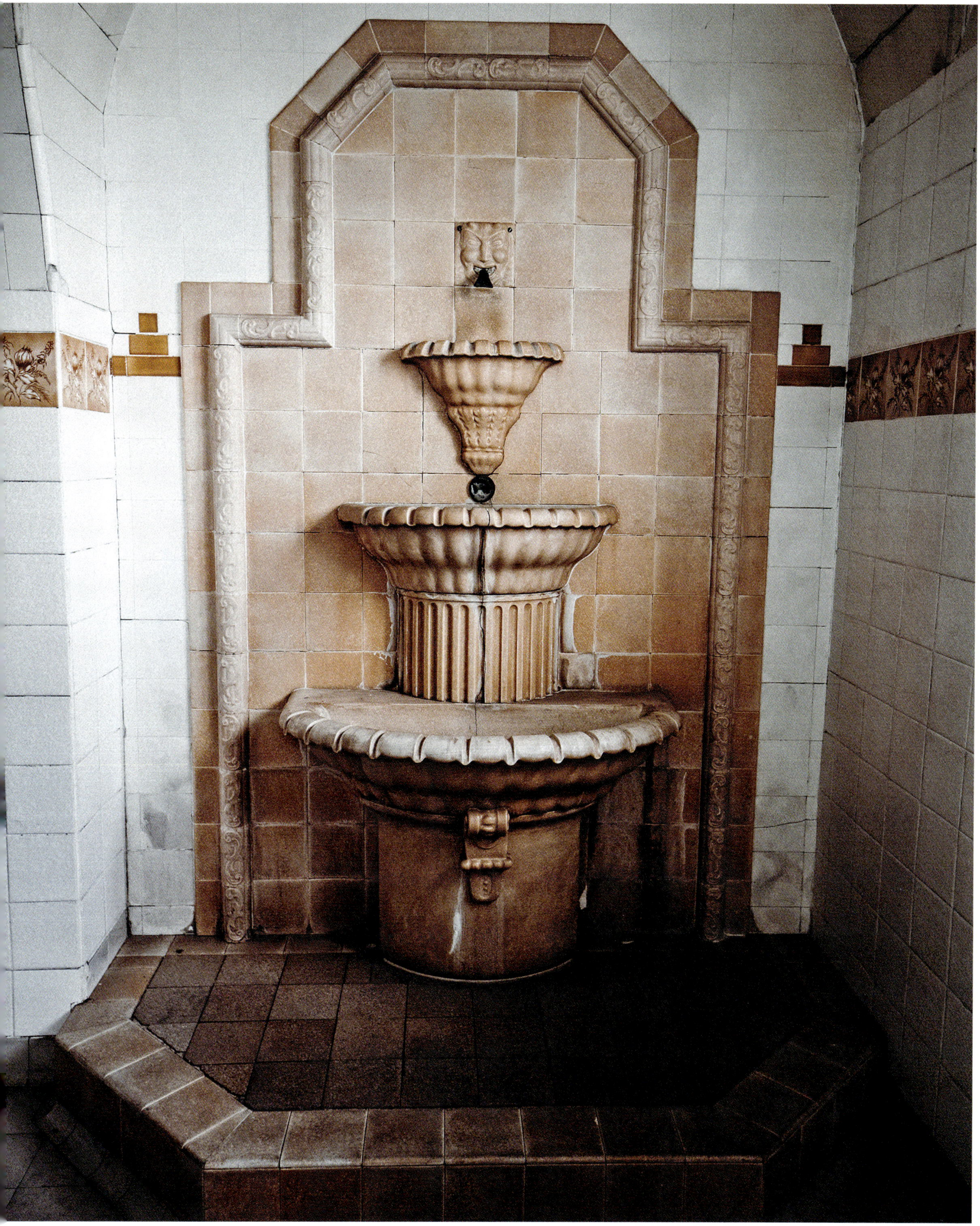

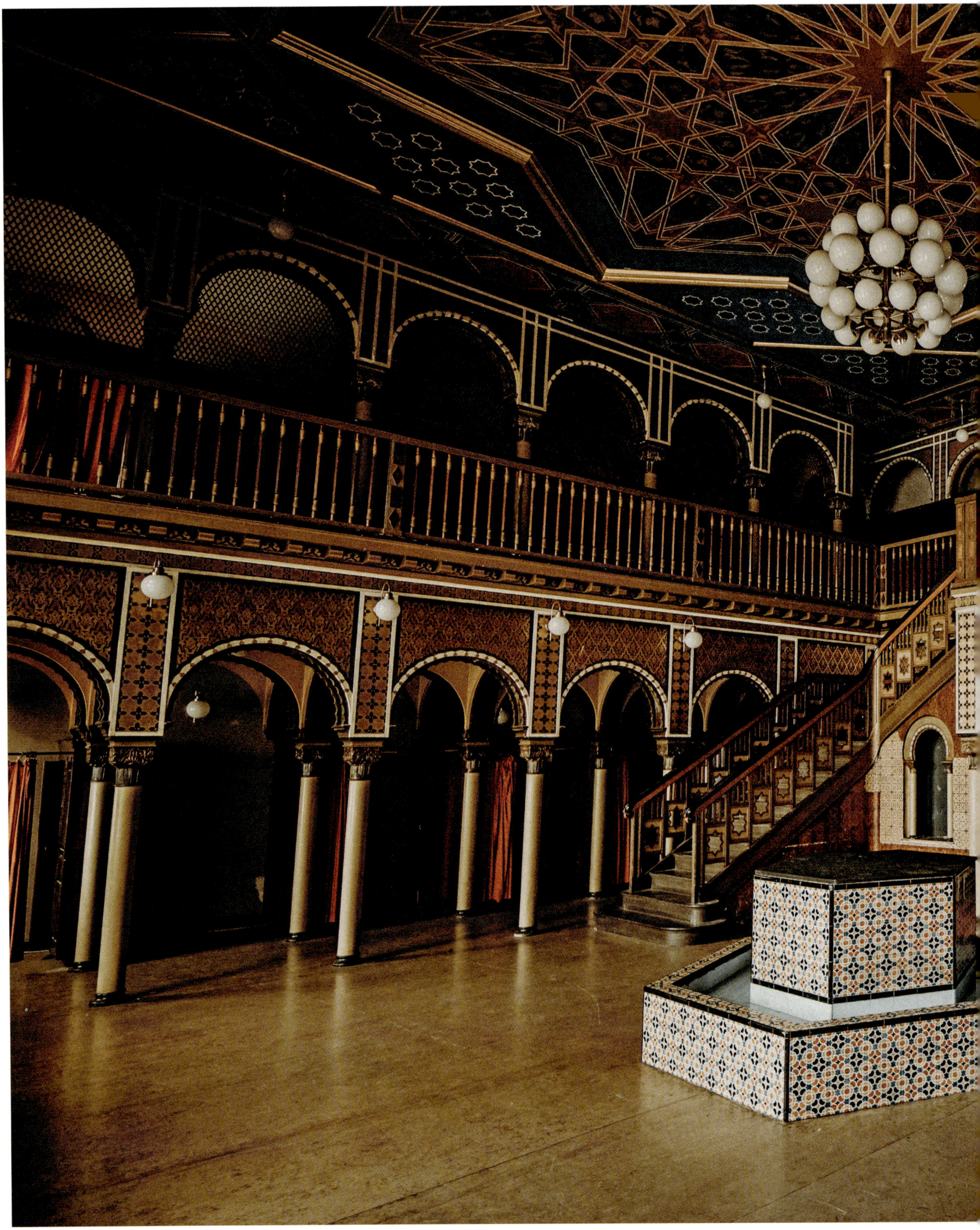

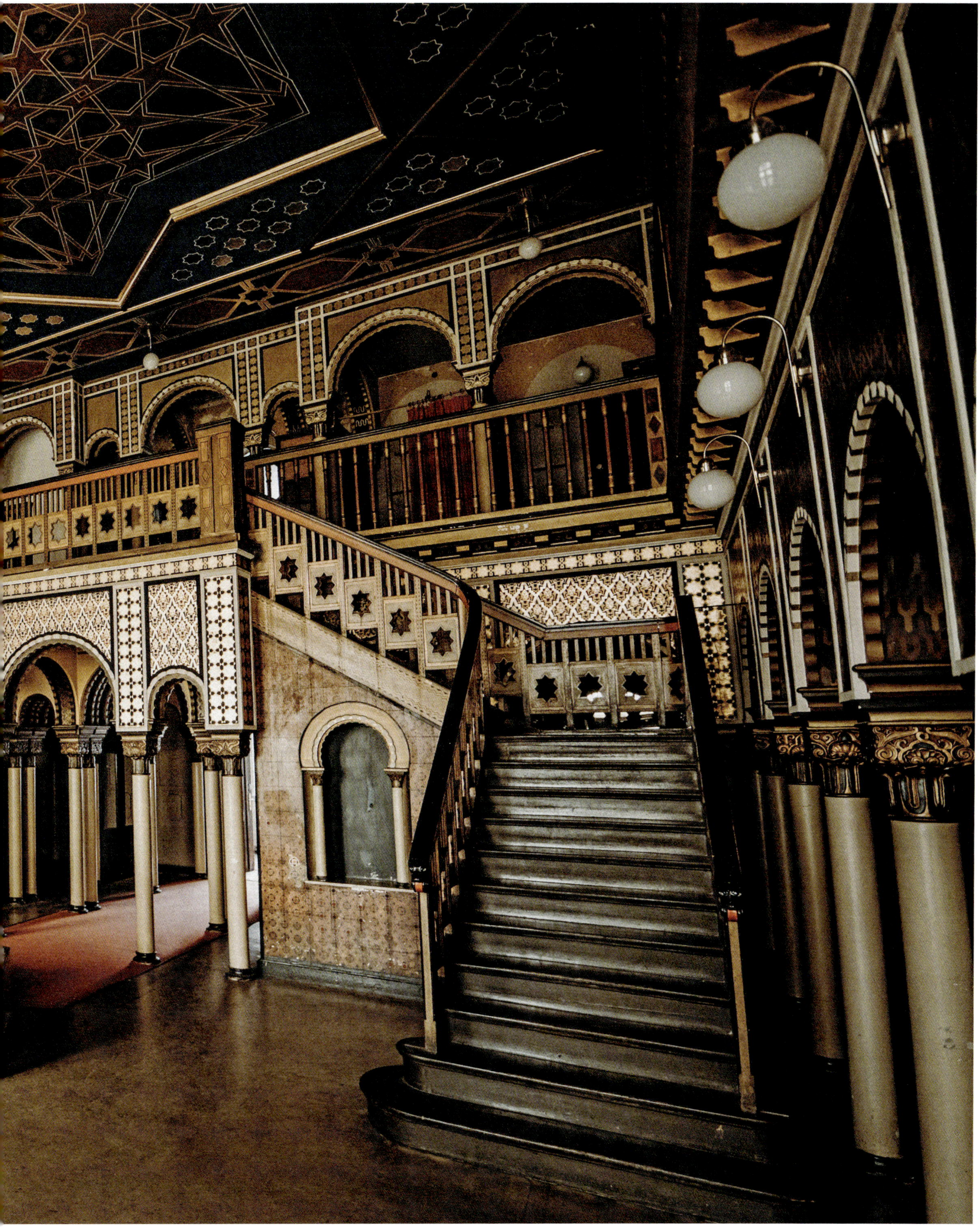

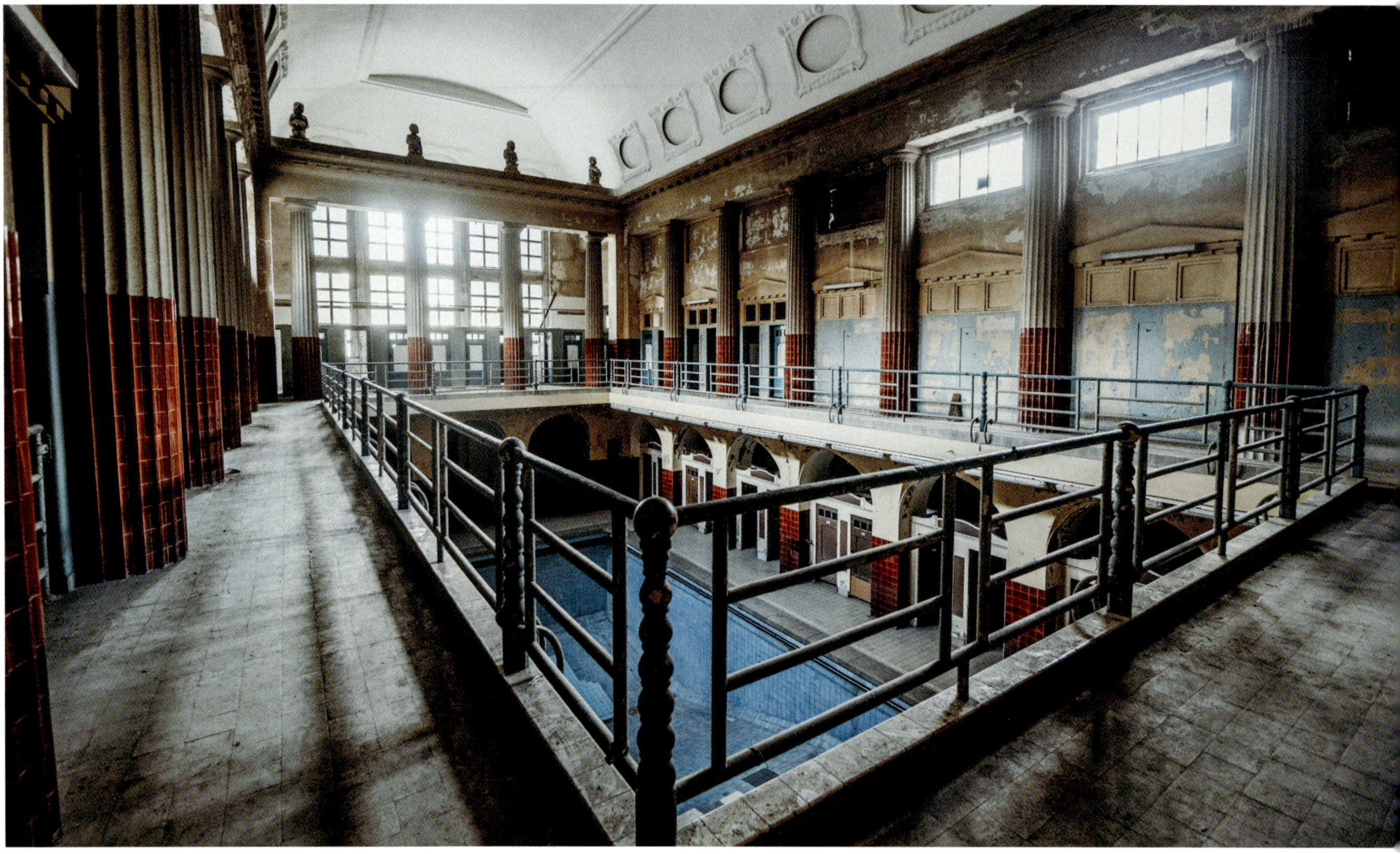

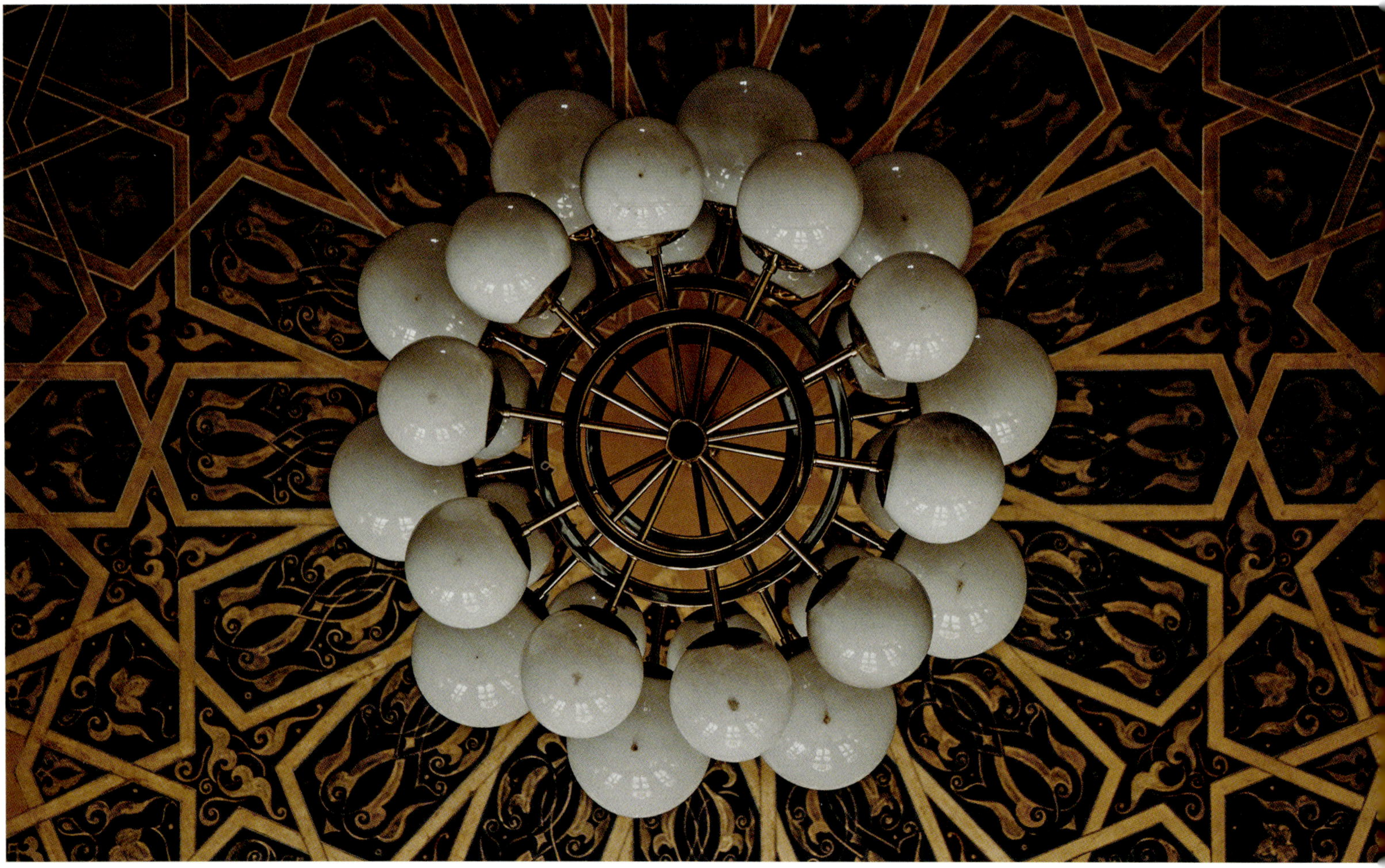

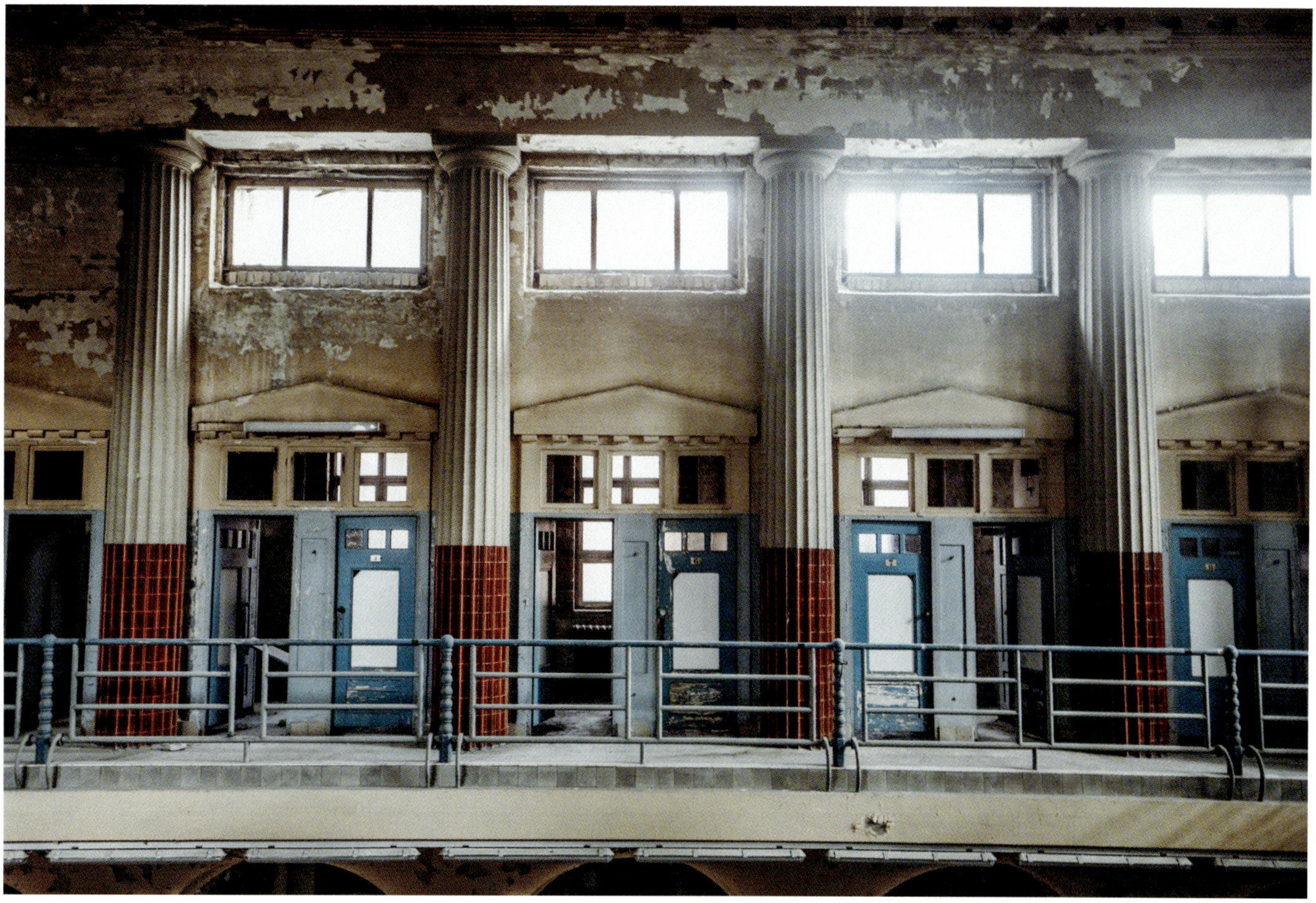

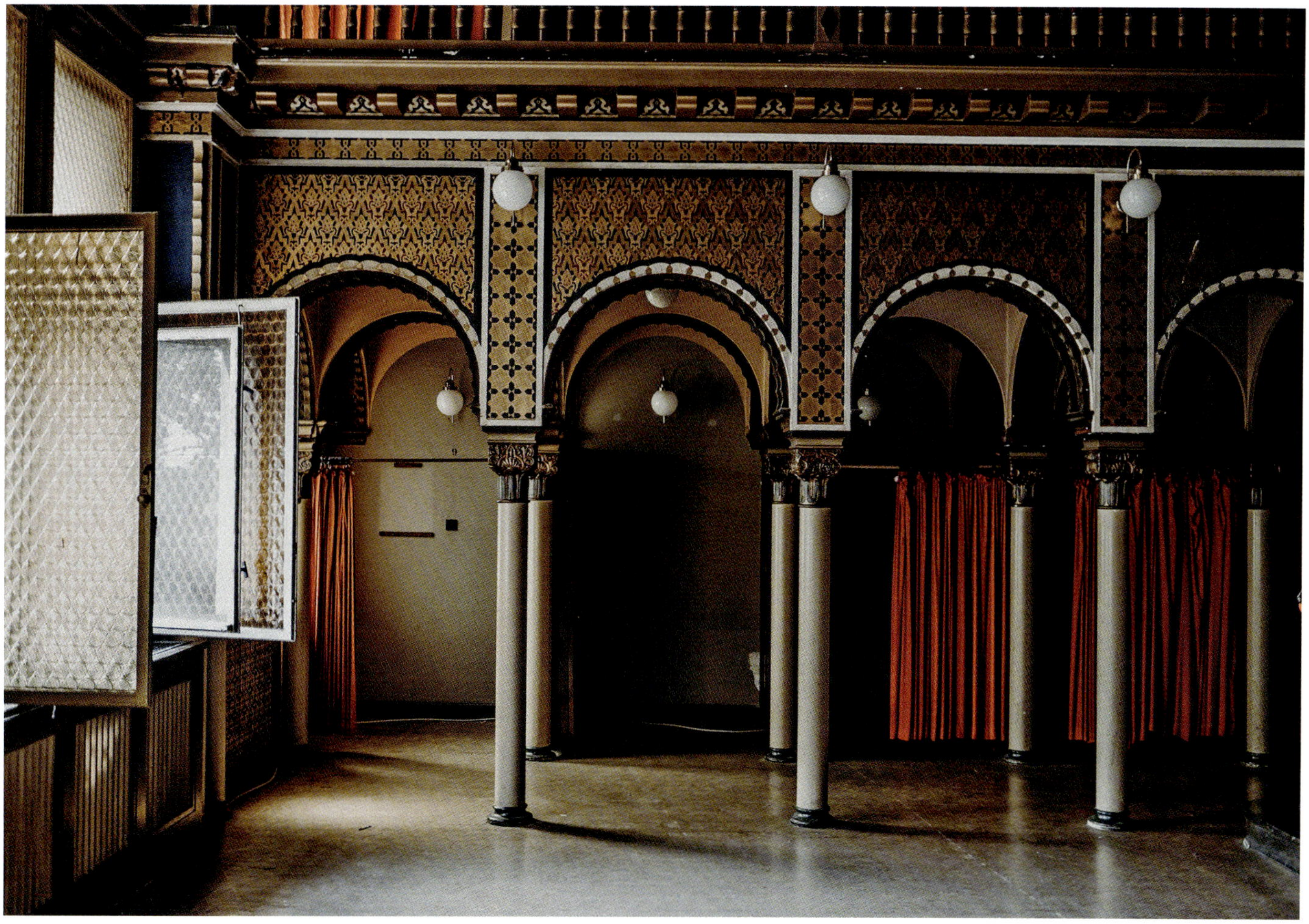

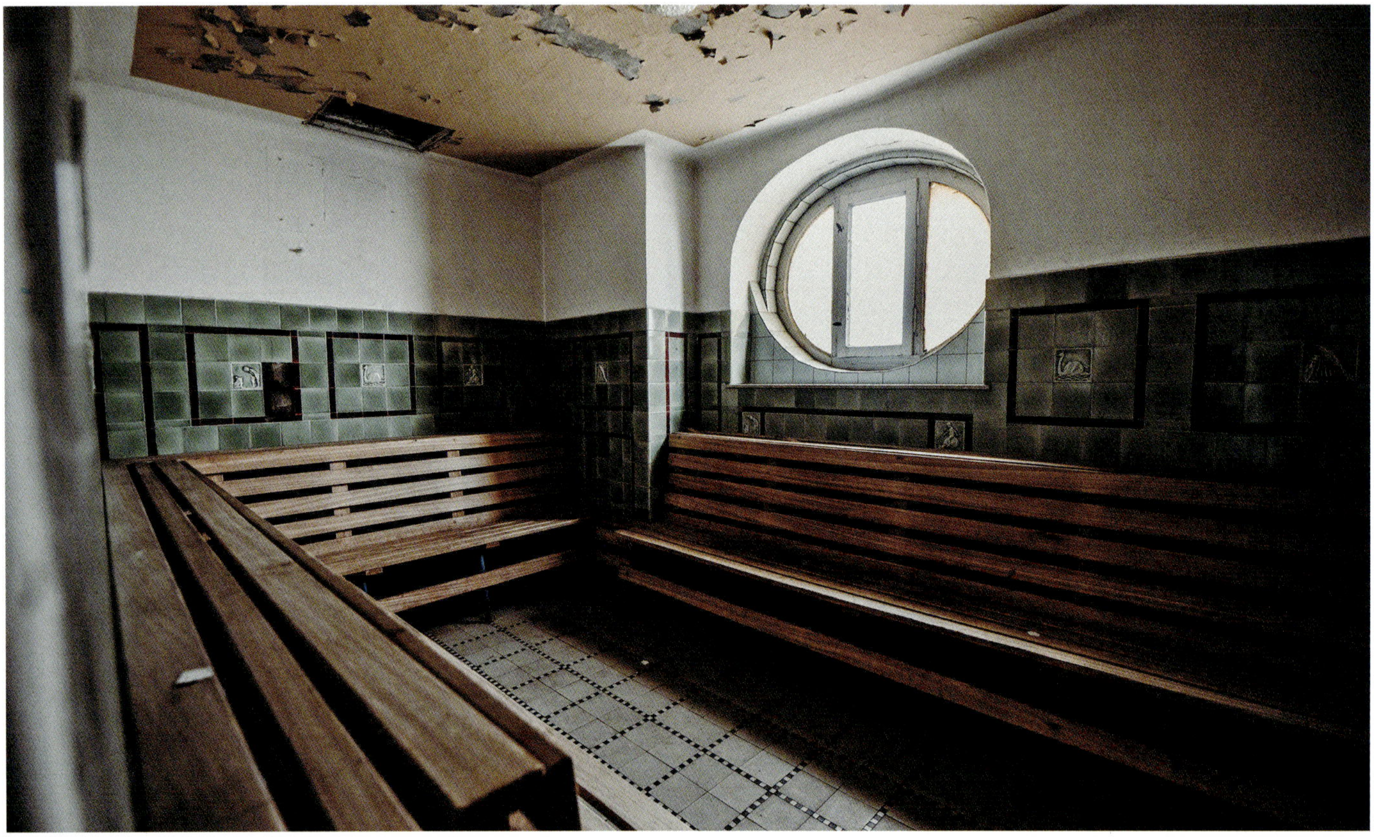

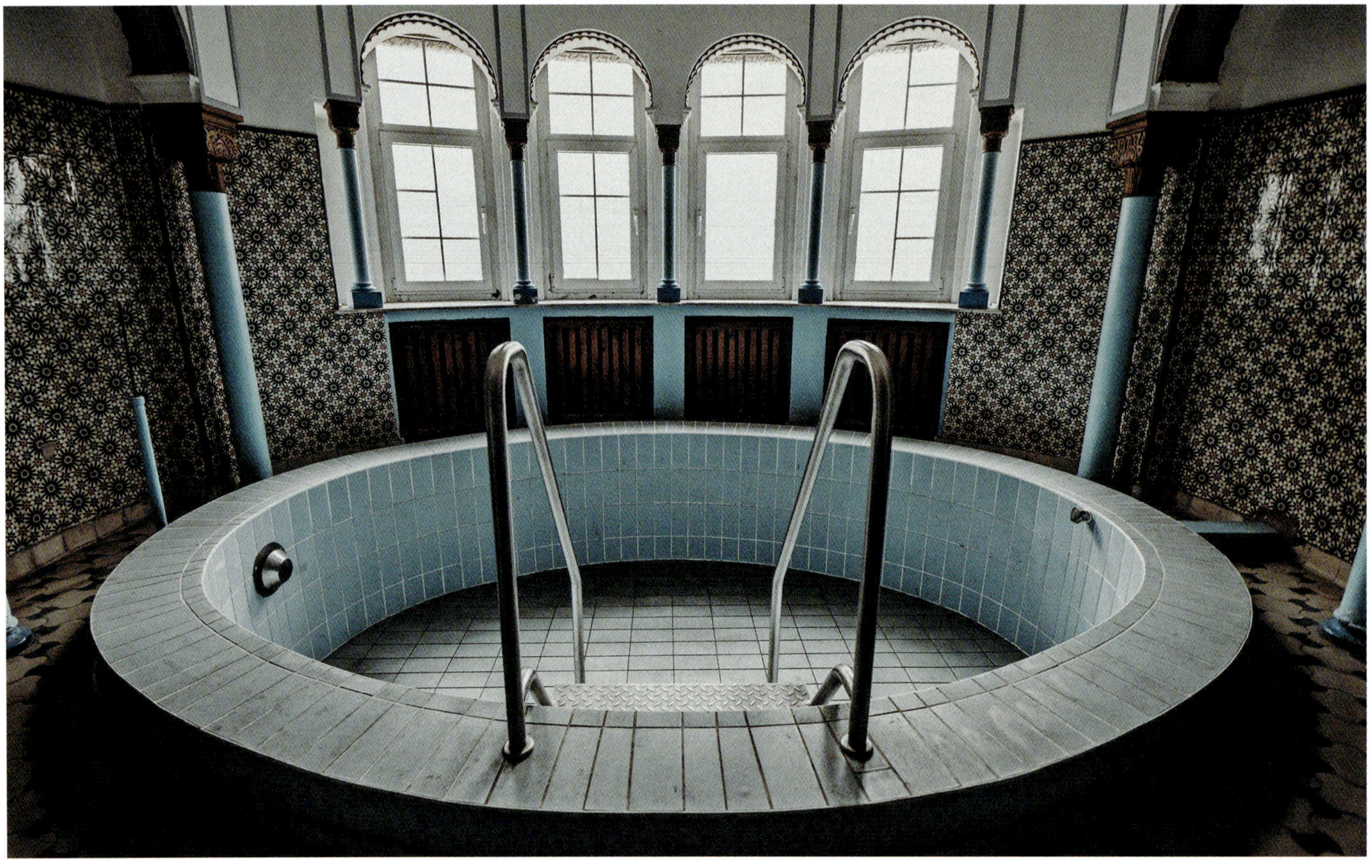

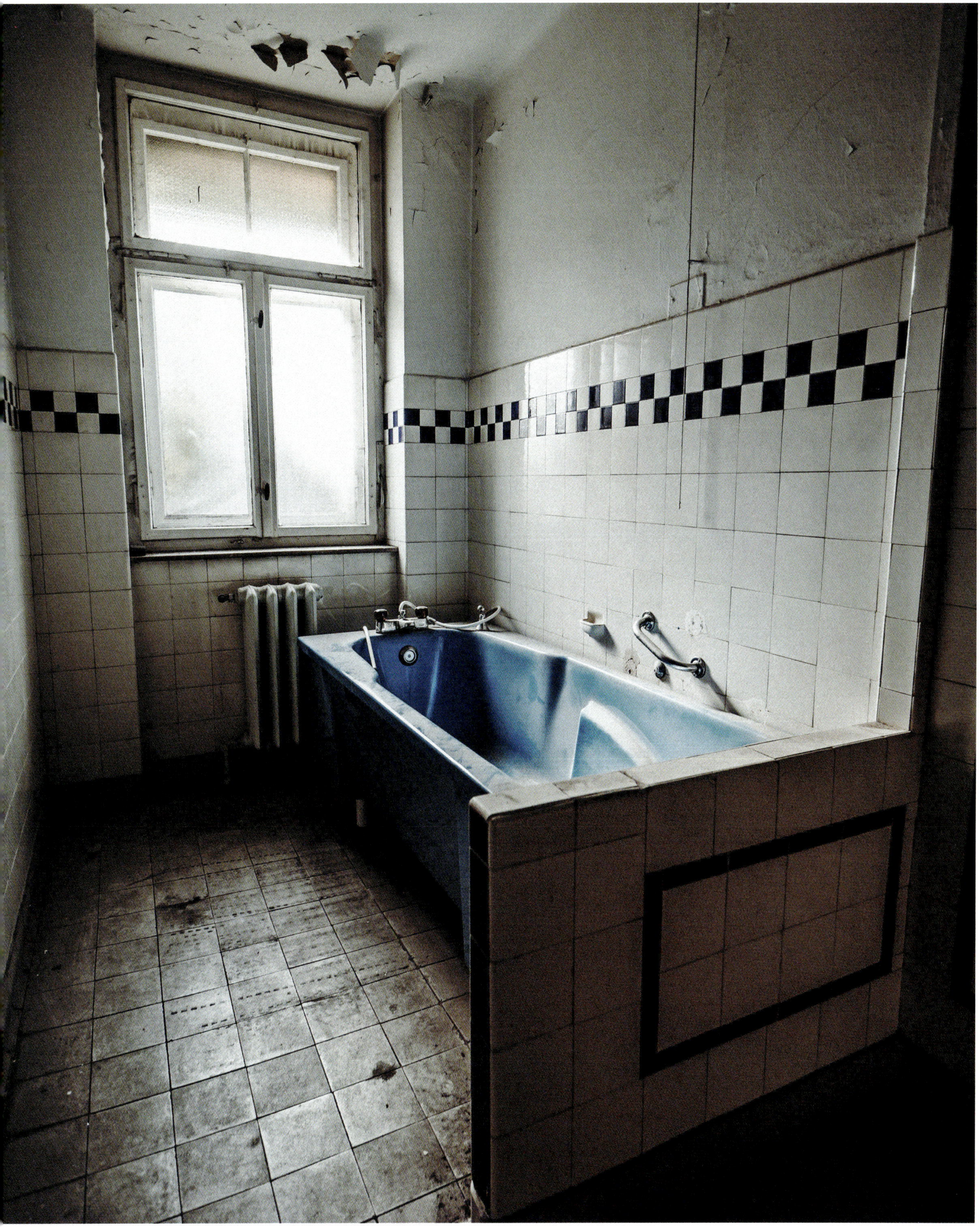

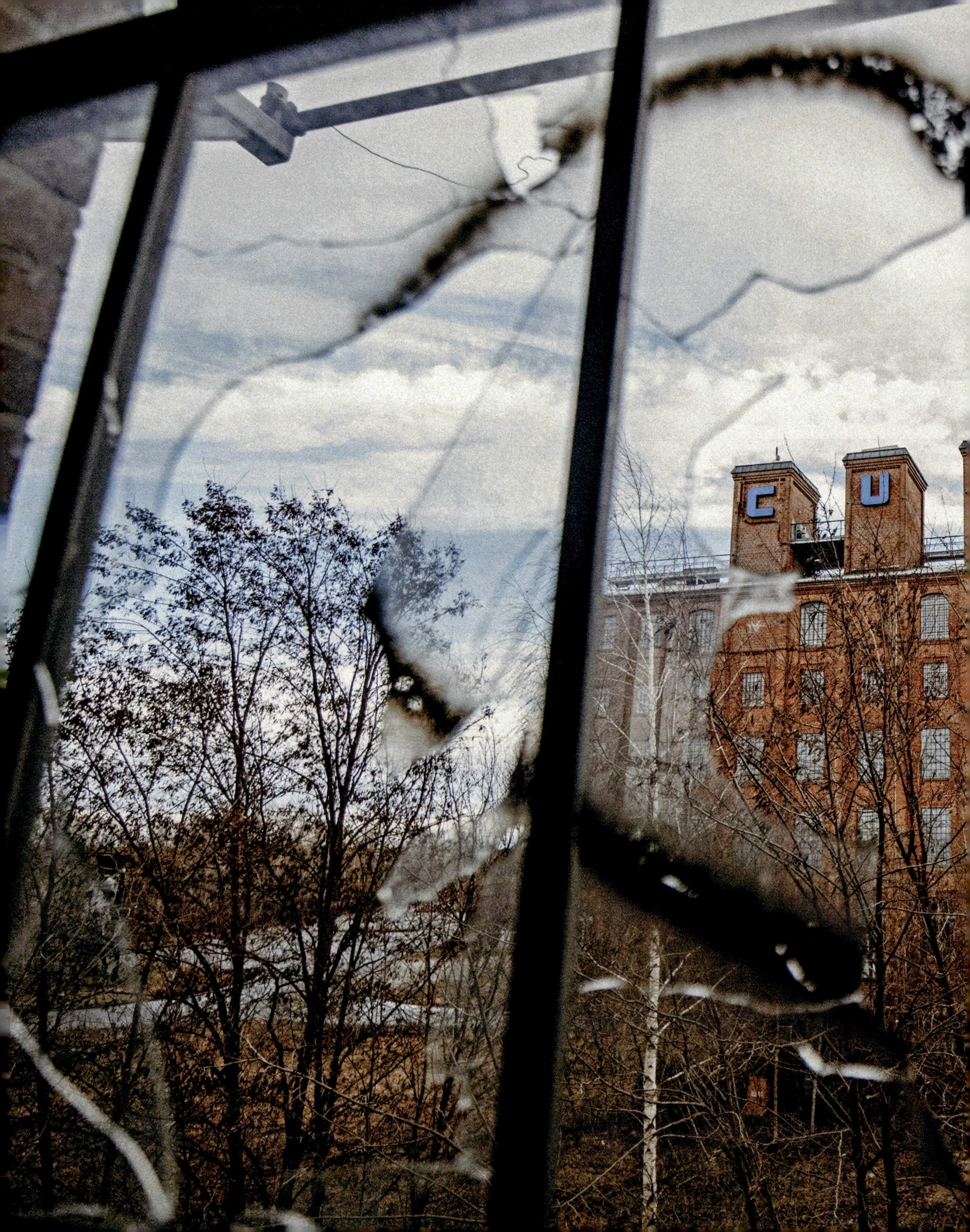
C
U

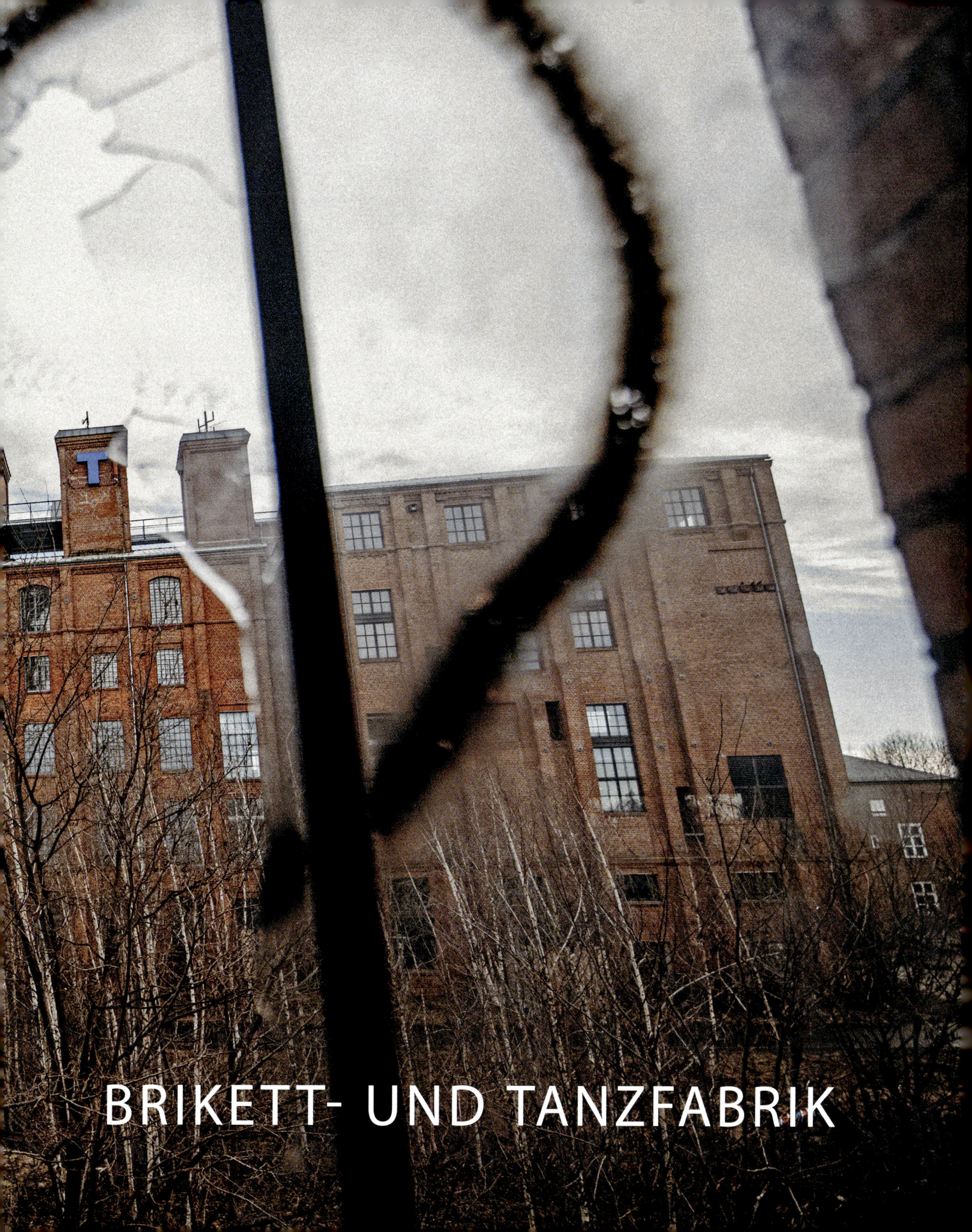

BRIKETT- UND TANZFABRIK

BRIKETT- UND TANZFABRIK

Wenn Privateigentümer an ihren Immobilien nichts tun, haben Städte und Kommunen kaum eine Handhabe. So lange die Grundsteuer gezahlt wird und keine Ziegel vom Dach fallen, können die Eigentümer mit ihrem Grundstück machen was sie wollen. Große Pläne hatte auch der Investor der alten Brikettfabrik in Neukirchen, doch heute stehen wir vor einer verlassenen Investruine.
1887 in Betrieb genommen, wandelte man die Fabrik nach dem Tod des Besitzers Adolf Bleichert im August 1906 in eine Aktiengesellschaft um und modernisierte die Produktionsanlage bis 1911. Hier wurde die Kohle aus dem Tagebau in Whyra, die anfangs über eine Drahtseilbahn, später über Werksbahnen transportiert wurde, zu Briketts verarbeitet. In den 70er-Jahren und bis 1991 diente die Anlage nur noch zur Wärmeerzeugung für den Tagebau Bockwitz und eine Töpferei des Braunkohlenkombinates Espenhain. Außerdem siebte man hier Rohkohle, bevor diese in den Versand ging. Wenig später entkernte die Mitteldeutsche Braunkohlenverwaltungsgesellschaft die Fabrik, die zwischenzeitlich als technisches Denkmal galt, um deren Abriss vorzubereiten. Doch es gab verschiedene Weiternutzungskonzepte. Der Freizeitsportverein Zedtlitz beispielsweise plante ein Sportzentrum für Fitness, Squash, Tennis, Boxen, Judo, Fahrradsport, Motocross und Klettern. Auch ein Hotel, eine Erlebnisgastronomie und ein Indianerdorf waren im Gespräch. Am Ende bekam eine Entwicklungsgesellschaft den Zuschlag. Diese begann 1997 mit der Sanierung und eröffnete zwei Jahre später die Tanzfabrik Cult, die recht schnell bekannt wurde. Tausende strömten plötzlich nach Neukirchen. Auch ein Fitnessklub in der ehemaligen Kaue oder die stylische Gaststätte „Zeche II“ waren sehr beliebt. Ein großer Autohof für LKW, ein Motel, eine Tankstelle und ein Kino waren ebenfalls geplant – die Brikettfabrik sollte das Vorzeigeprojekt für die Umgestaltung des südlichen Raums von Leipzig werden. Doch 2002 begannen die Probleme. Gerüchte gingen um, die Decke des „Cult“ sei einsturzgefährdet. Der Betreiber bestritt dies und erläuterte immer wieder, dass die Deckenbelastung auf 1.500 Kilo pro Quadratmeter ausgelegt sei. Den Besucherrückgang konnte er jedoch nicht aufhalten. Noch im gleichen Jahr feierte man sehr spektakulär den Abschluss der Sanierung mit Europas größter Hochseilshow und einem gigantischen Feuerwerk. Die Besucher waren begeistert, doch der Erfolg blieb aus. Investoren und Betreiber kämpften mit der Wirtschaftskrise und hielten sich zurück. Die Arbeiten am neuen LKW-Hof stagnierten, auch der Ausbau der Esse zum Kletterschornstein ging nicht voran. Gelder vom Freistaat blieben aus. 2010 folgten Versteigerung und Eigentümerwechsel. Den Zuschlag bekam eine Firma aus Leipzig, die das „Cult“ nur zwei Jahre später schloss, und zwar mit der Begründung, dass Großraumdiskos auf dem Land einfach keine Chance mehr hätten. Zu neuen Plänen hielt man sich bedeckt, in Planung waren aber eine Schnaps- und Schaubrennerei.

Gerüchte gingen um, die Decke des „Cult“ sei einsturzgefährdet.

An dieser Stelle endet die Geschichte des Industriedenkmals vorerst. In den letzten Jahren passierte hier nichts mehr und es gab auch keine neuen Zeichen vom Eigentümer. Lange Zeit war die Firma nicht zu erreichen und die Website offline. Schaut man heute nochmal nach fällt auf, dass die Brikettfabrik Neukirchen als „verkauft“ auf der Website auftaucht. Und tatsächlich gab es 2020 erste Andeutungen für eine neue Nutzung durch ein Leipziger Architekturbüro. Weiterhin ist ein süddeutscher Investor im Gespräch, auch als neues Domizil des Dokumentationszentrums Industriekultur Mitteldeutschland käme das Gebäude in Frage, hierzu wurde allerdings noch keine Entscheidung getroffen. Für die Fabrik muss es also noch

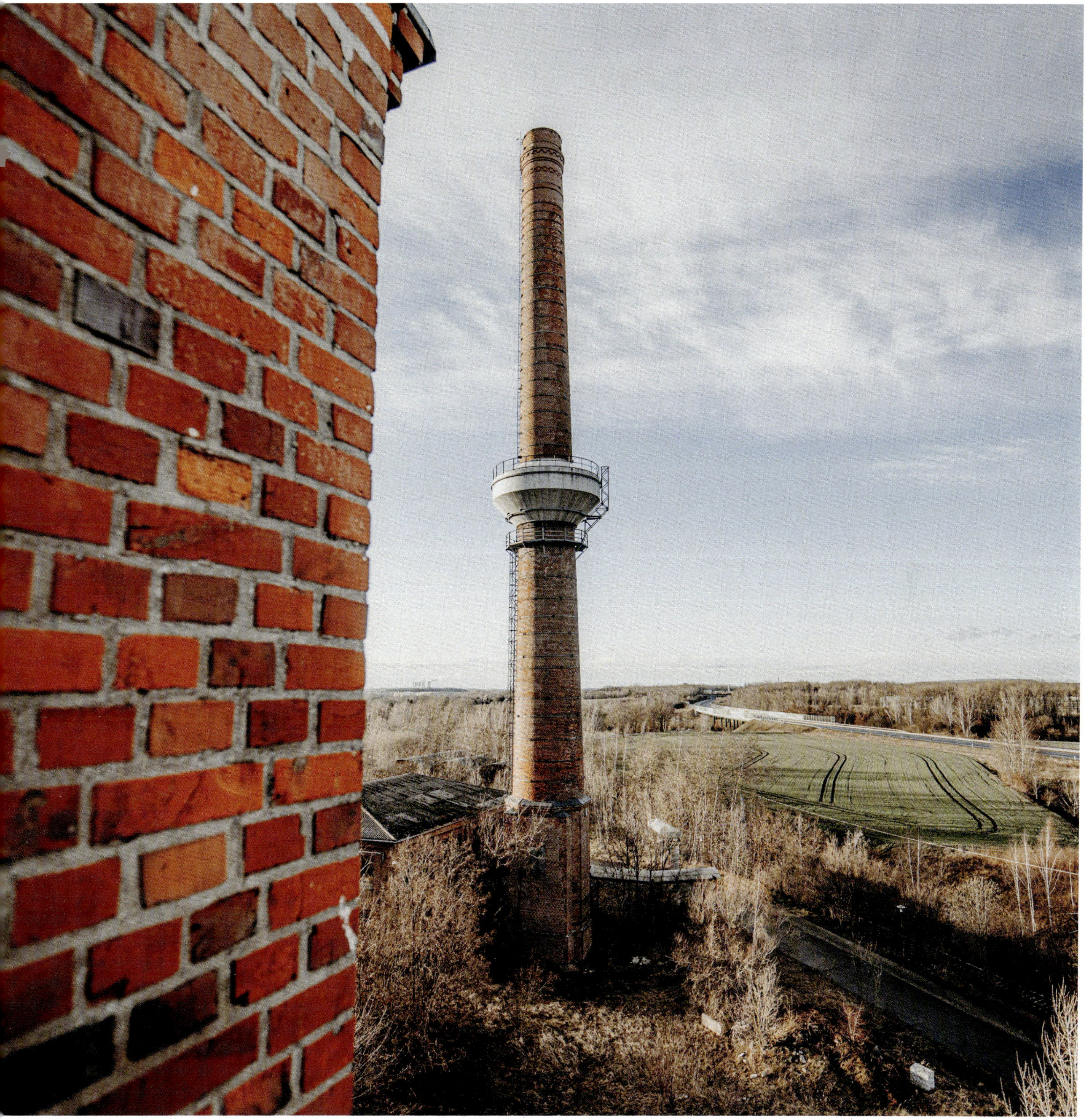

nicht vorbei sein. Bevor es hier weitergeht, kann man das Außengelände rund um das ehemalige „Cult" völlig frei besuchen, ein Zutritt zur Fabrik ist jedoch nicht möglich. Auch wenn immer wieder Vandalen versuchen Fenster einzuwerfen, sollte man nicht versuchen, das Objekt zu betreten. Die Kneipe „Zeche II" auf dem Gelände hat aber an den Wochenenden geöffnet und ab und zu finden hier sogar Konzerte statt.

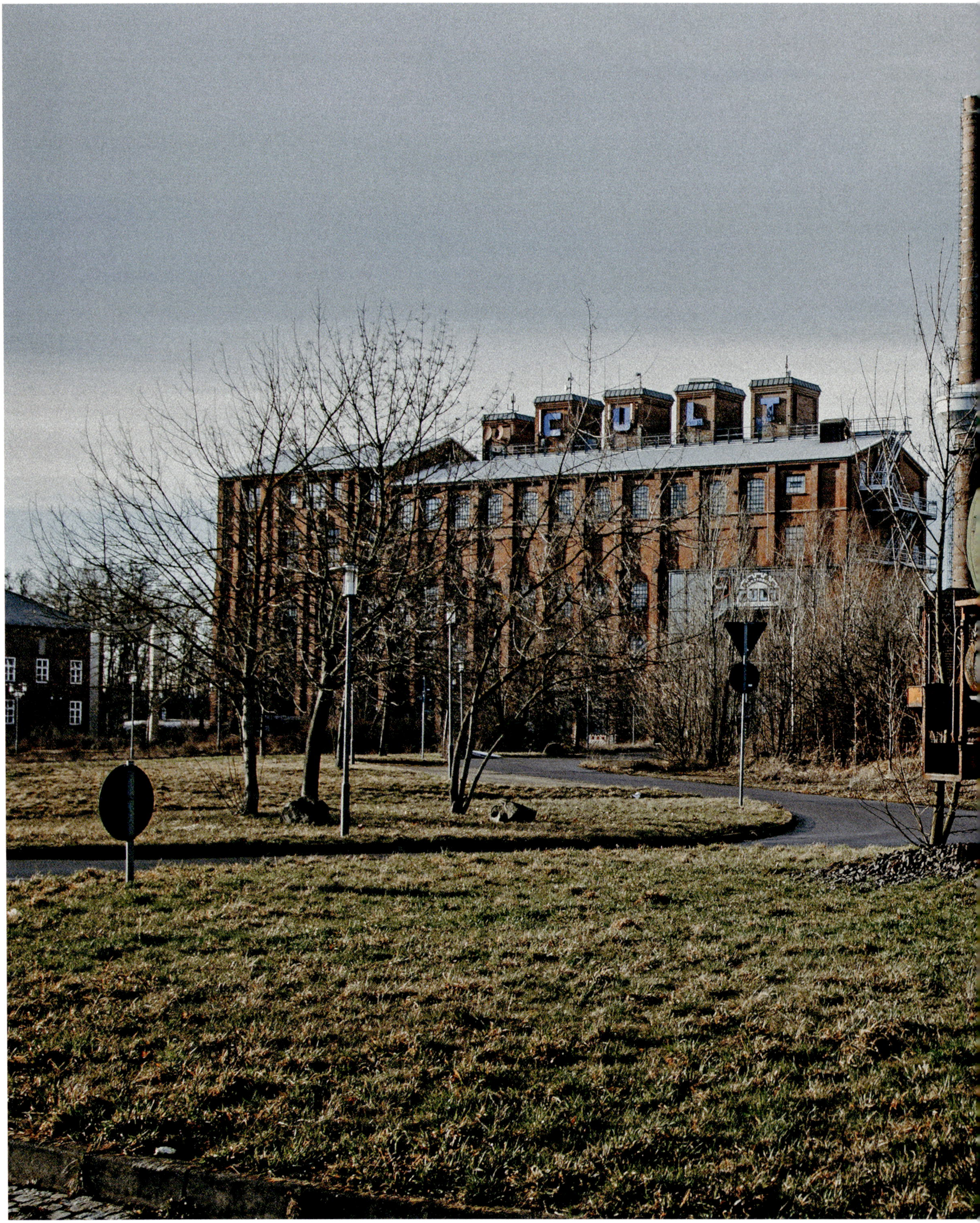
CULT

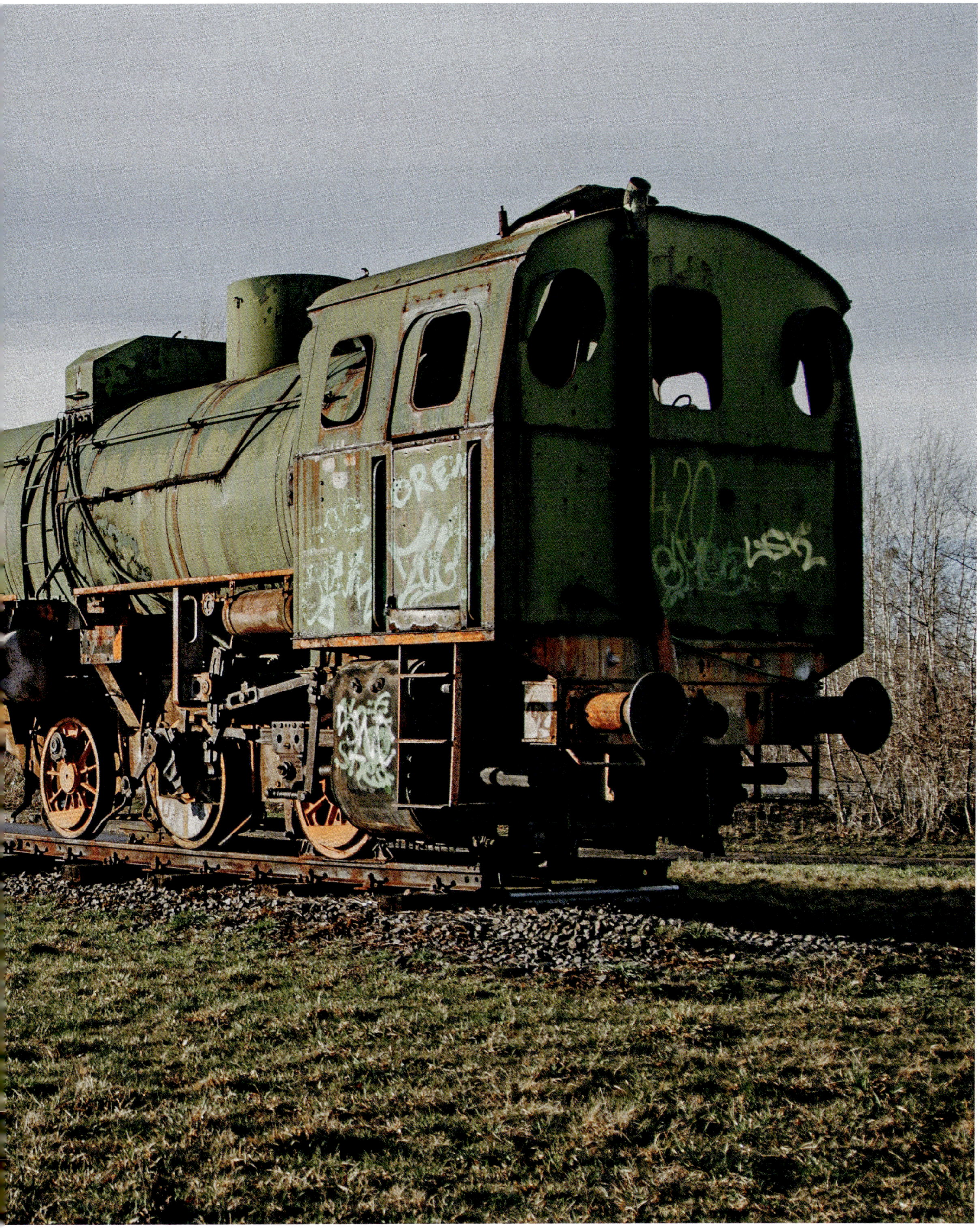

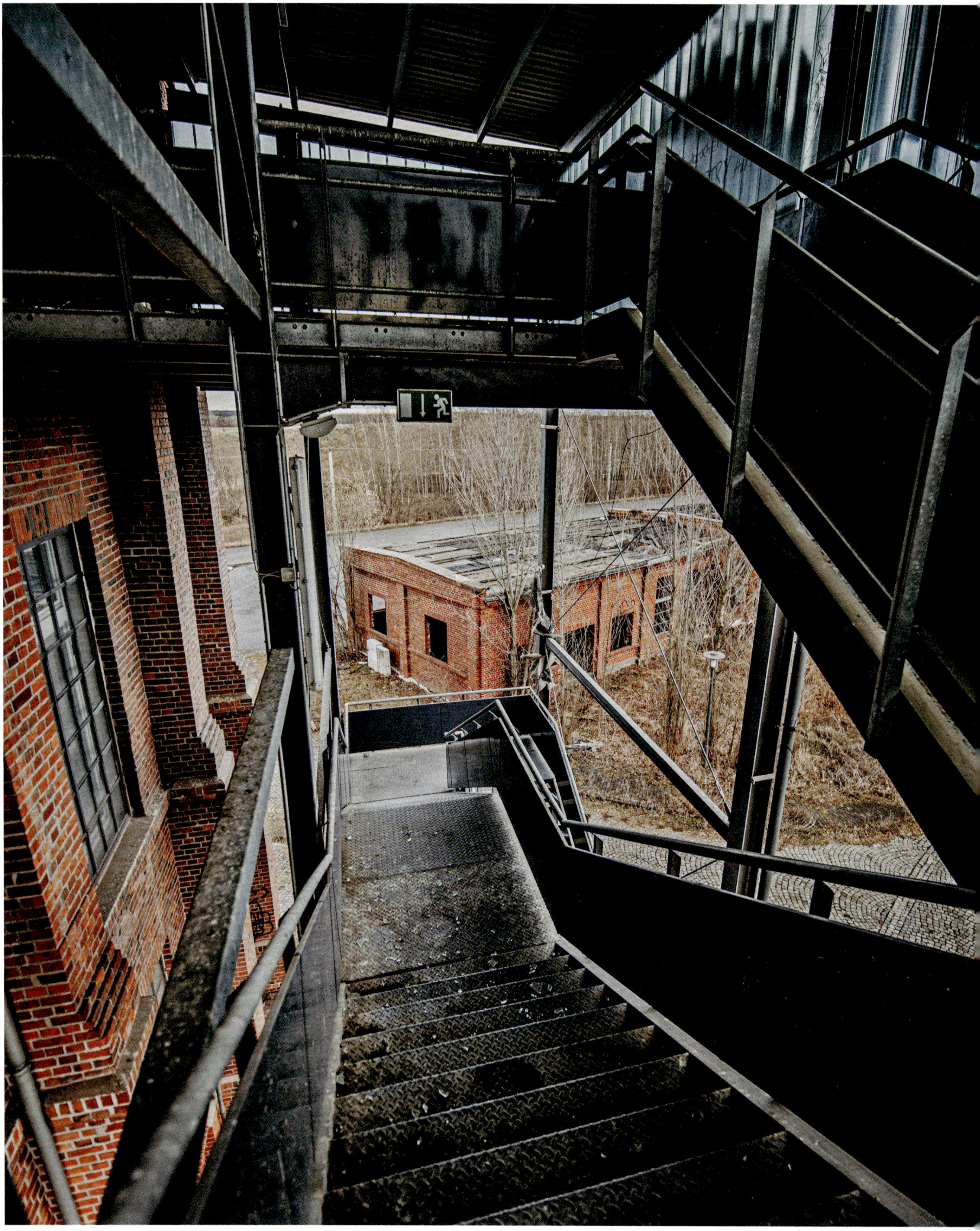

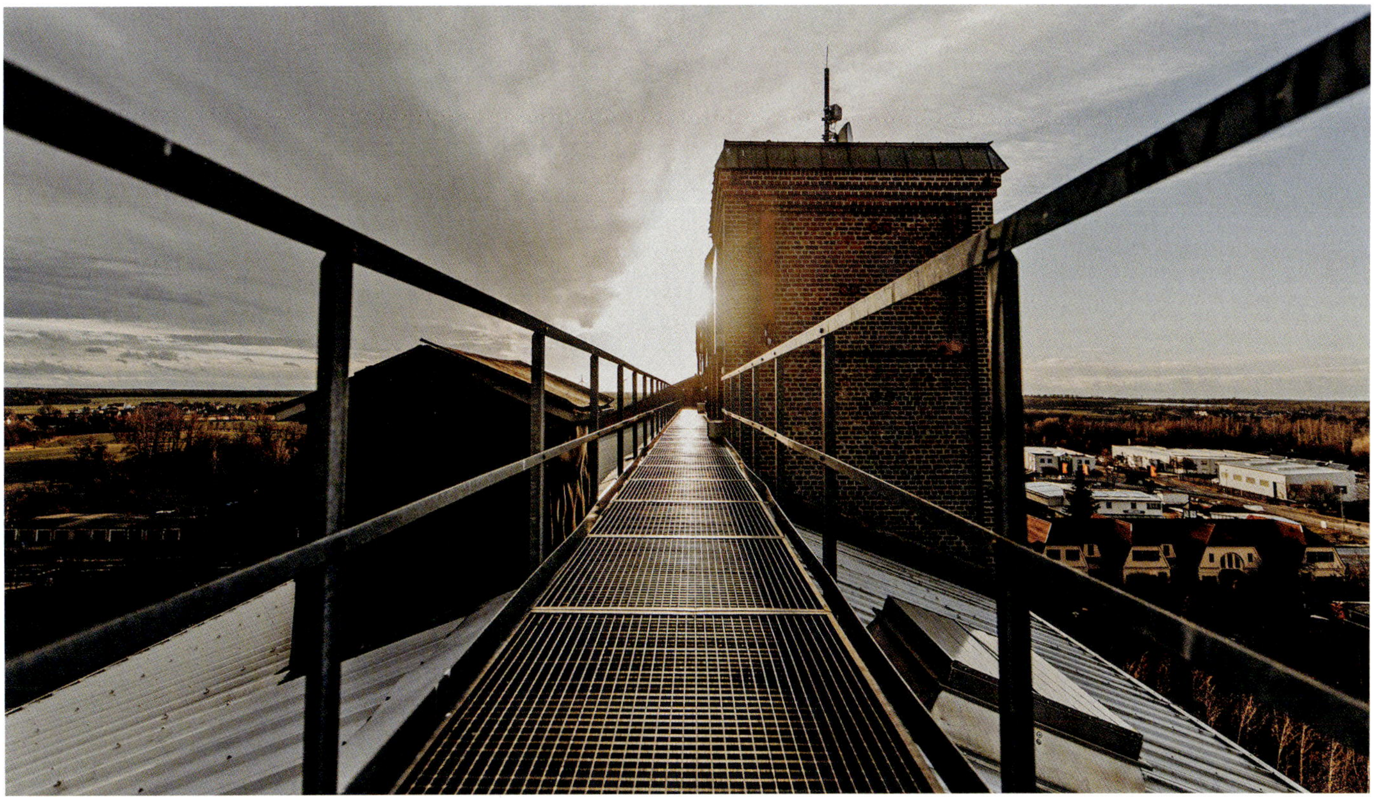

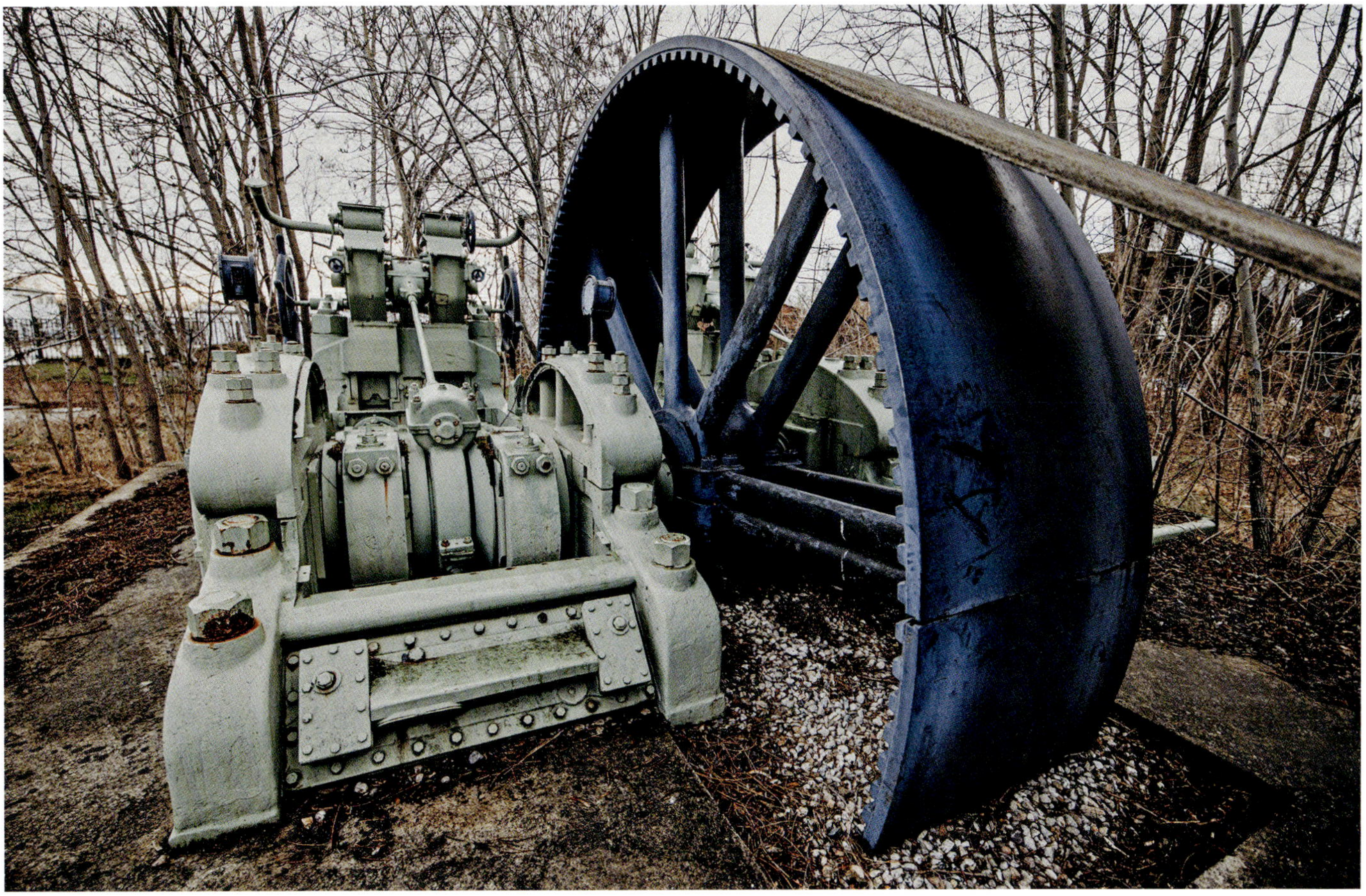

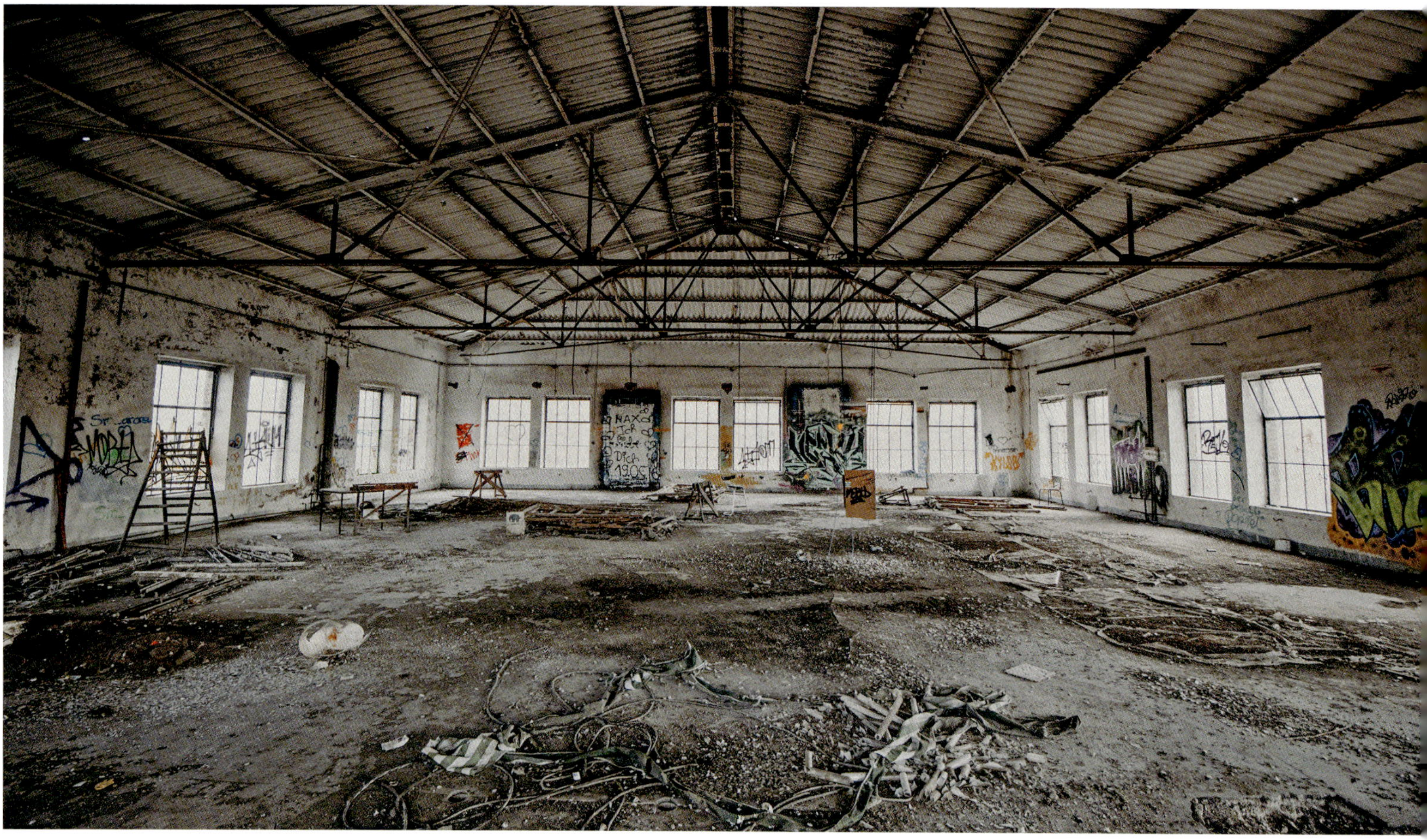

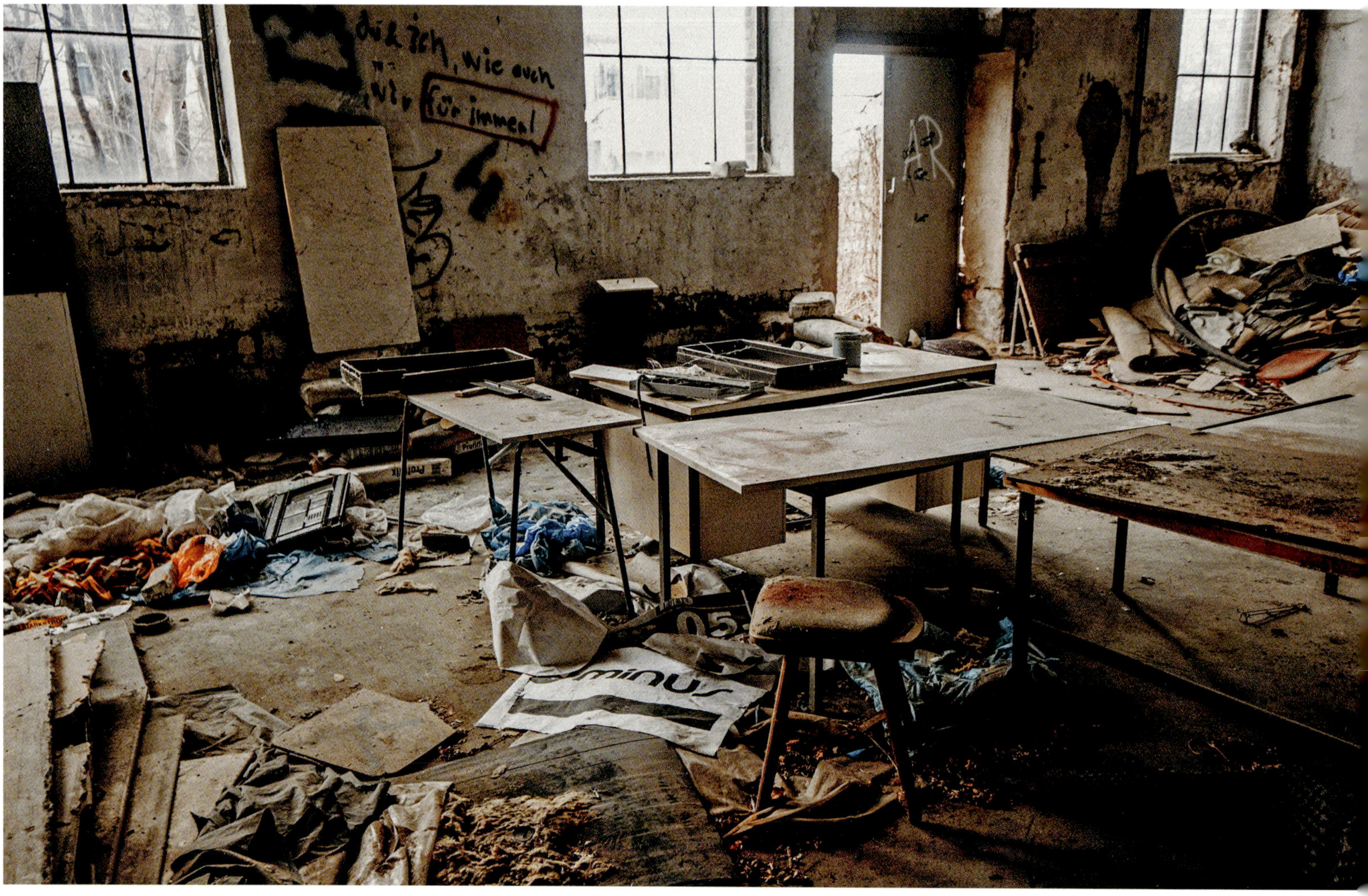
für immer!
minus

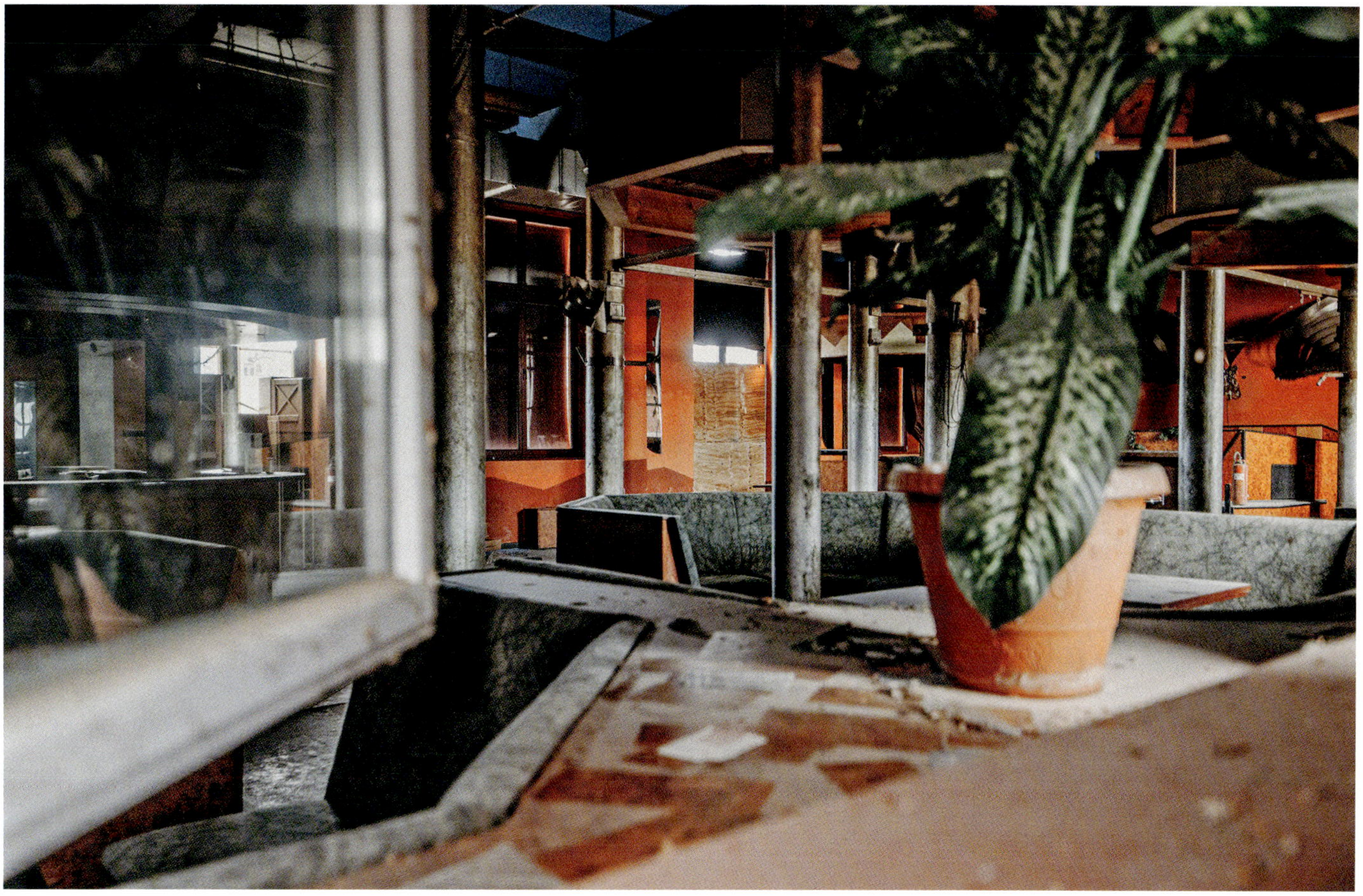

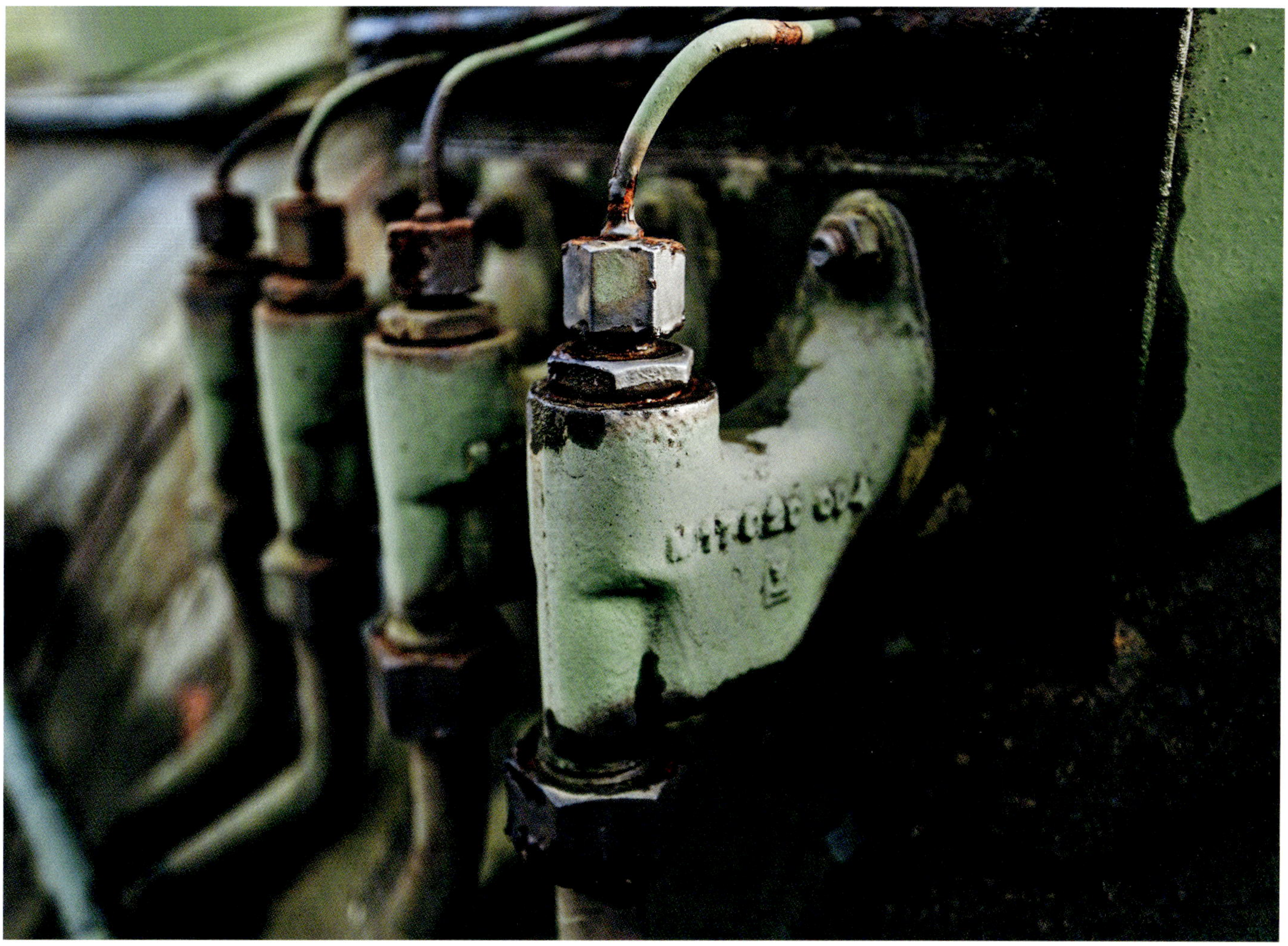

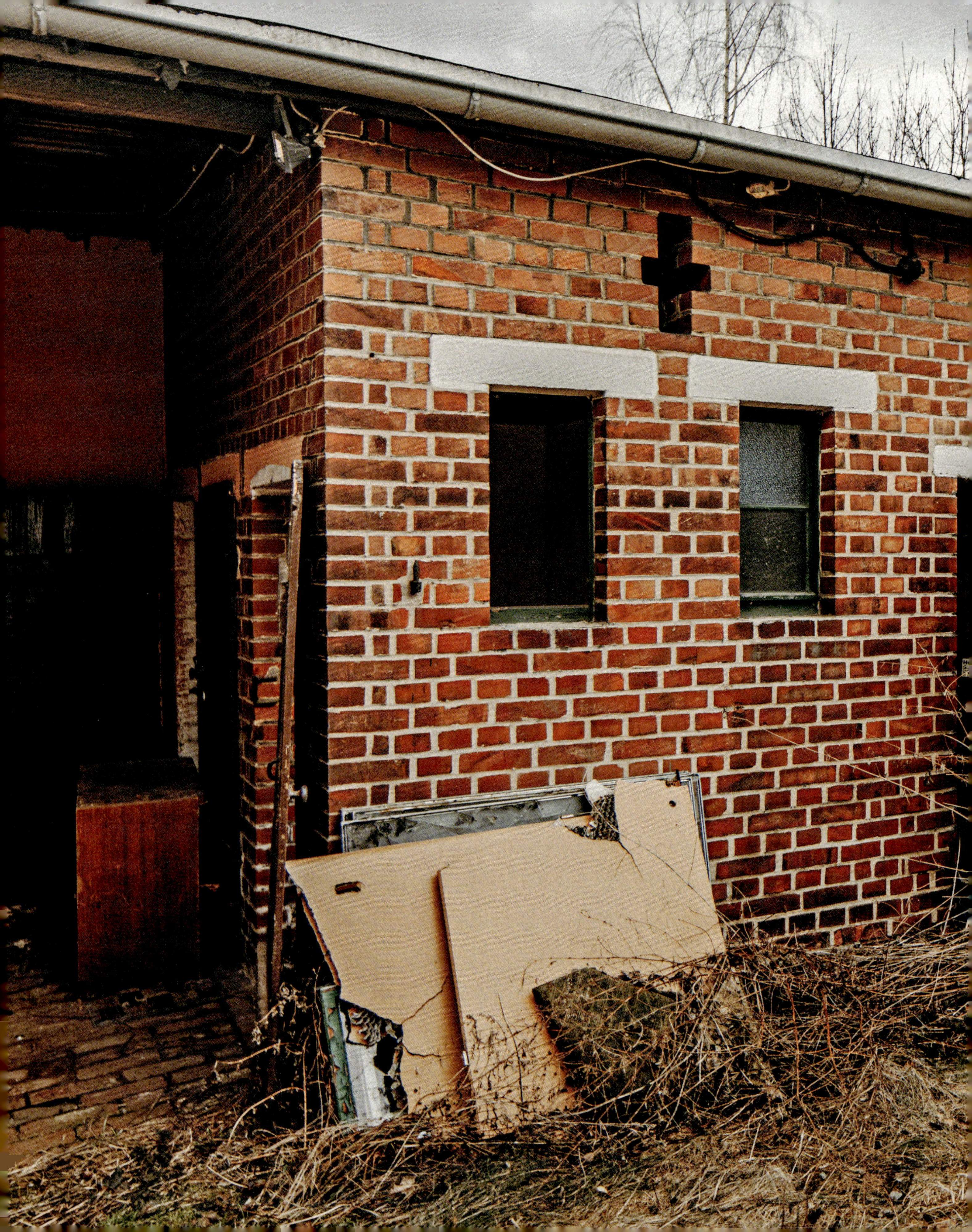

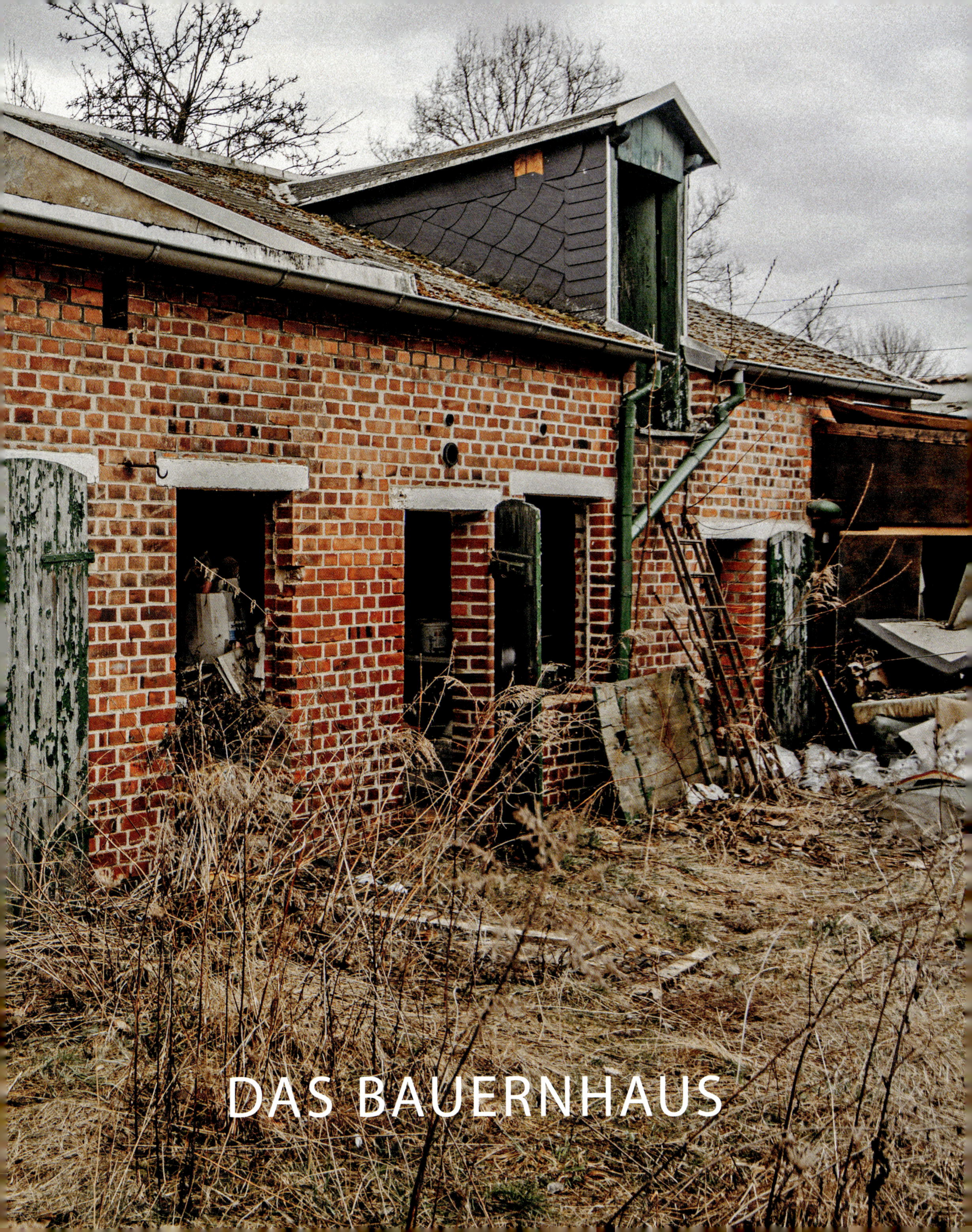

DAS BAUERNHAUS

DAS BAUERNHAUS

Verlassene Orte oder Industrieruinen findet man zahlreich im Internet. Oftmals befinden sie sich aber auch direkt in unserem näheren Umfeld. Wer bei der nächsten Autofahrt einfach mal bewusst darauf achtet, wird merken, dass es mehr Lost Places gibt als man denkt. Dieses alte Bauernhaus ist uns auf unserer Reise durch Sachsen ins Auge gefallen und wir entschieden uns, einen kurzen Stopp einzulegen.
Die Türen standen offen und man konnte bereits von Weitem erahnen, dass hier schon lang niemand mehr ein- und ausging. Grafitti an den Wänden und der typische Vandalismus zeugten davon, dass wir nicht die ersten waren, die einen Blick in das verlassene Wohnhaus wagten.
Zwischen Müll und Unrat fanden wir hier auch Überbleibsel der letzten Bewohner. Eine Familie hatte hier gewohnt und es drängt sich schnell die Frage auf, warum das Gebäude so zurückgelassen wurde, warum wichtige Dokumente wie Führerschein, Fahrzeugpapiere etc. zurückgelassen wurden. Neben diesen Unterlagen fanden sich auch Notizbücher mit Übungen zur deutschen Grammatik. Eine Jugendweiheanmeldung und ein pinker Gameboy auf dem Tisch erzählen davon, dass die Familie wohl auch ein Kind hatte. Bei meiner Recherche im Internet kam mir das Objekt noch einmal unter. Auf einer Immobillienseite konnte das Haus erst für 1.200 €, später für nur 1.000 € gemietet werden. Im Expose steht, dass Tiere erlaubt sind, keine Nachbarn stören und es gut für Familien geeignet ist. Die Bilder der Anzeige sind recht unscharf, zeigen aber, dass das Gebäude bereits zu diesem Zeitpunkt eher spärlich eingerichtet war. Auch eine Handynummer findet sich auf der Seite, die heute leider nicht mehr vergeben ist. Ob das Haus am Ende nochmal vermietet wurde, warum die Familie das Objekt aufgegeben hat, warum noch soviele persönliche Dokumente dort zu finden sind, bleibt also ein Rätsel.

Eine Familie hatte hier gewohnt und es drängt sich schnell die Frage auf, warum das Gebäude so zurückgelassen wurde.

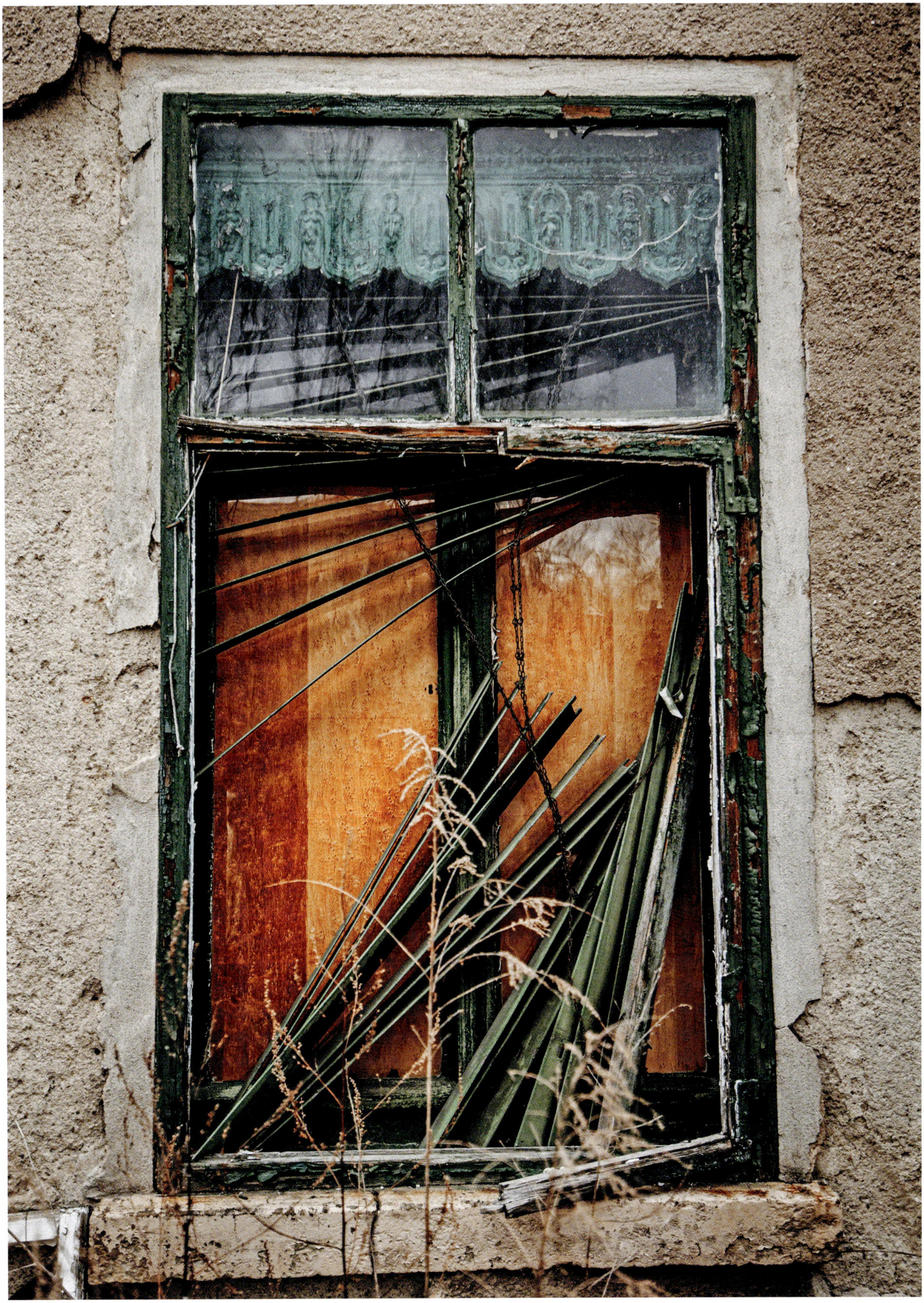

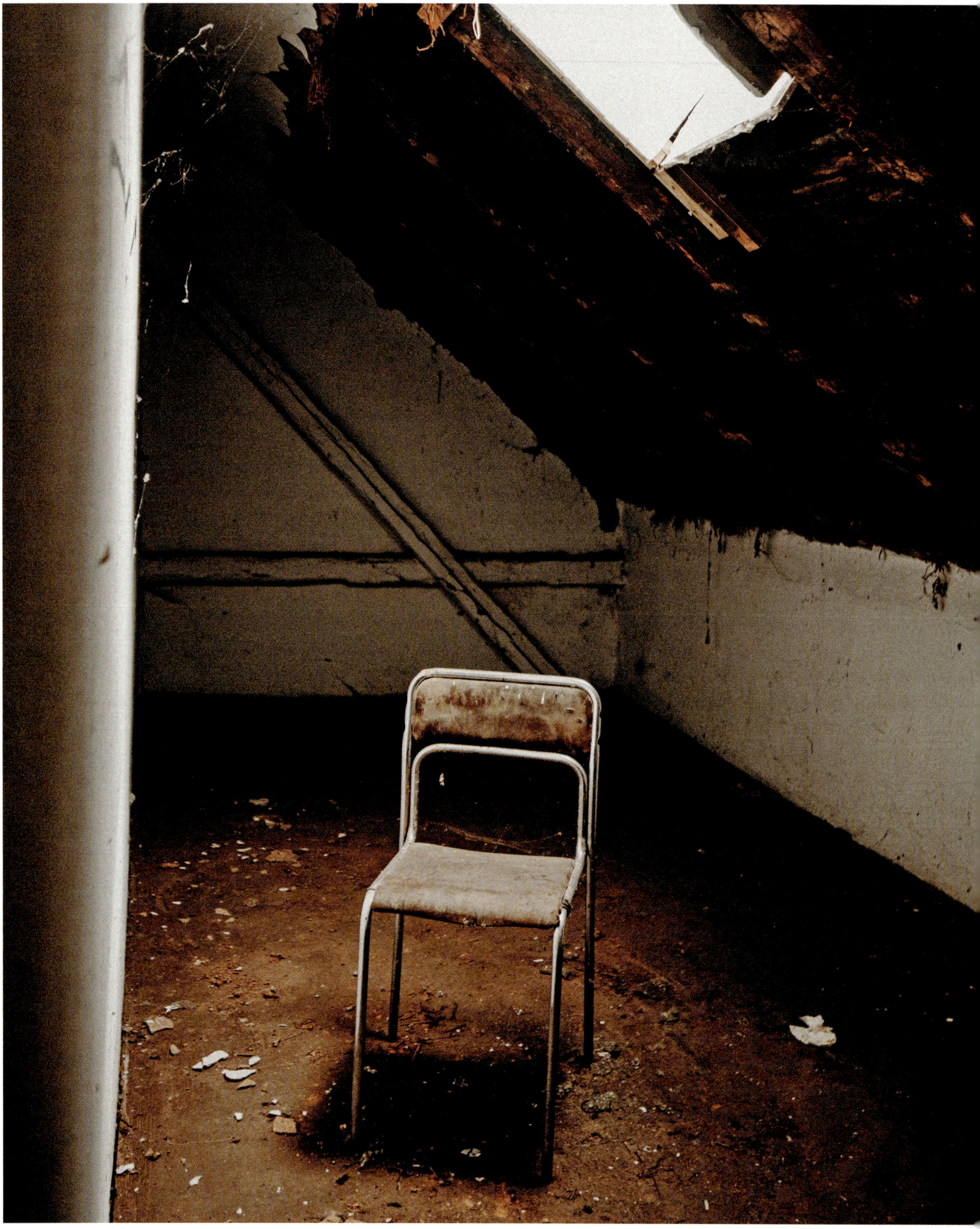

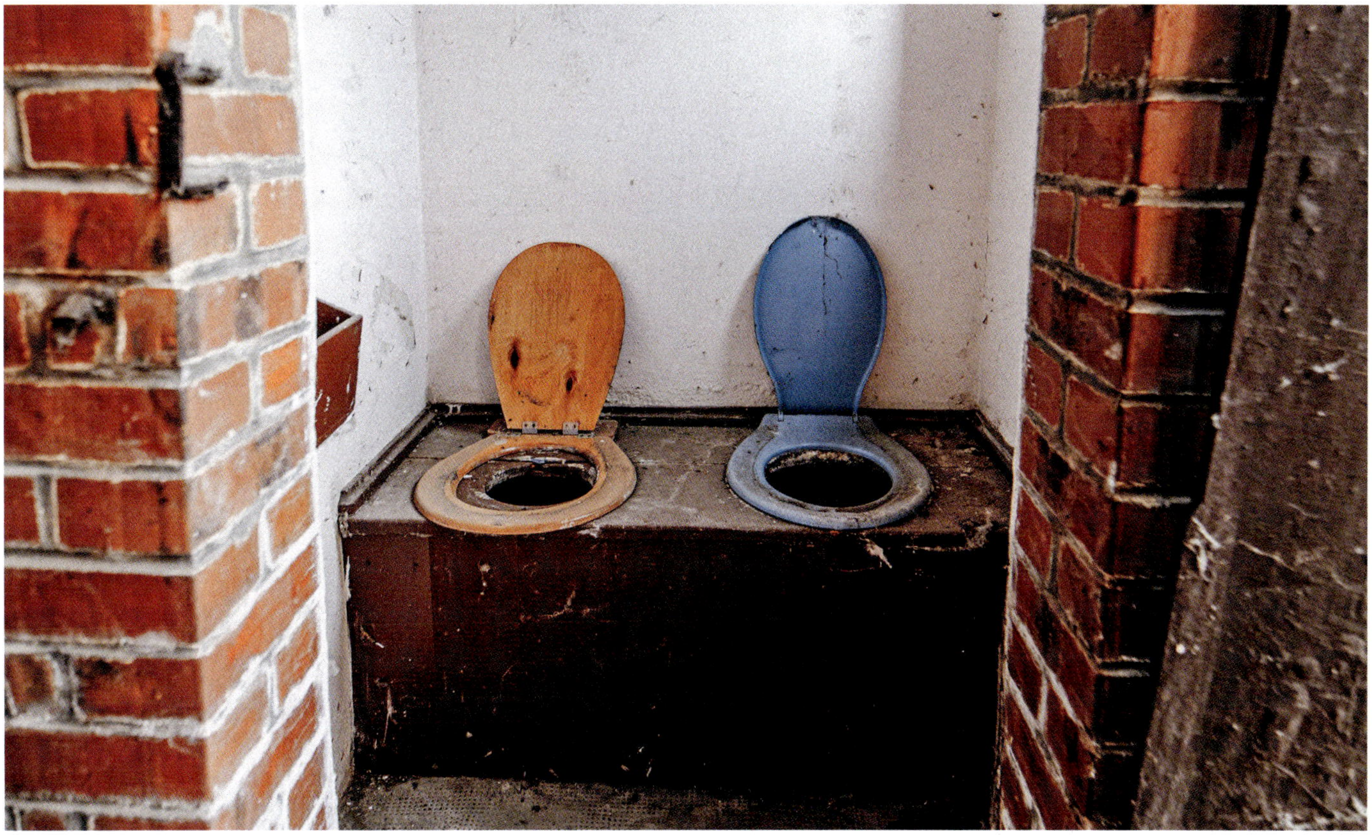

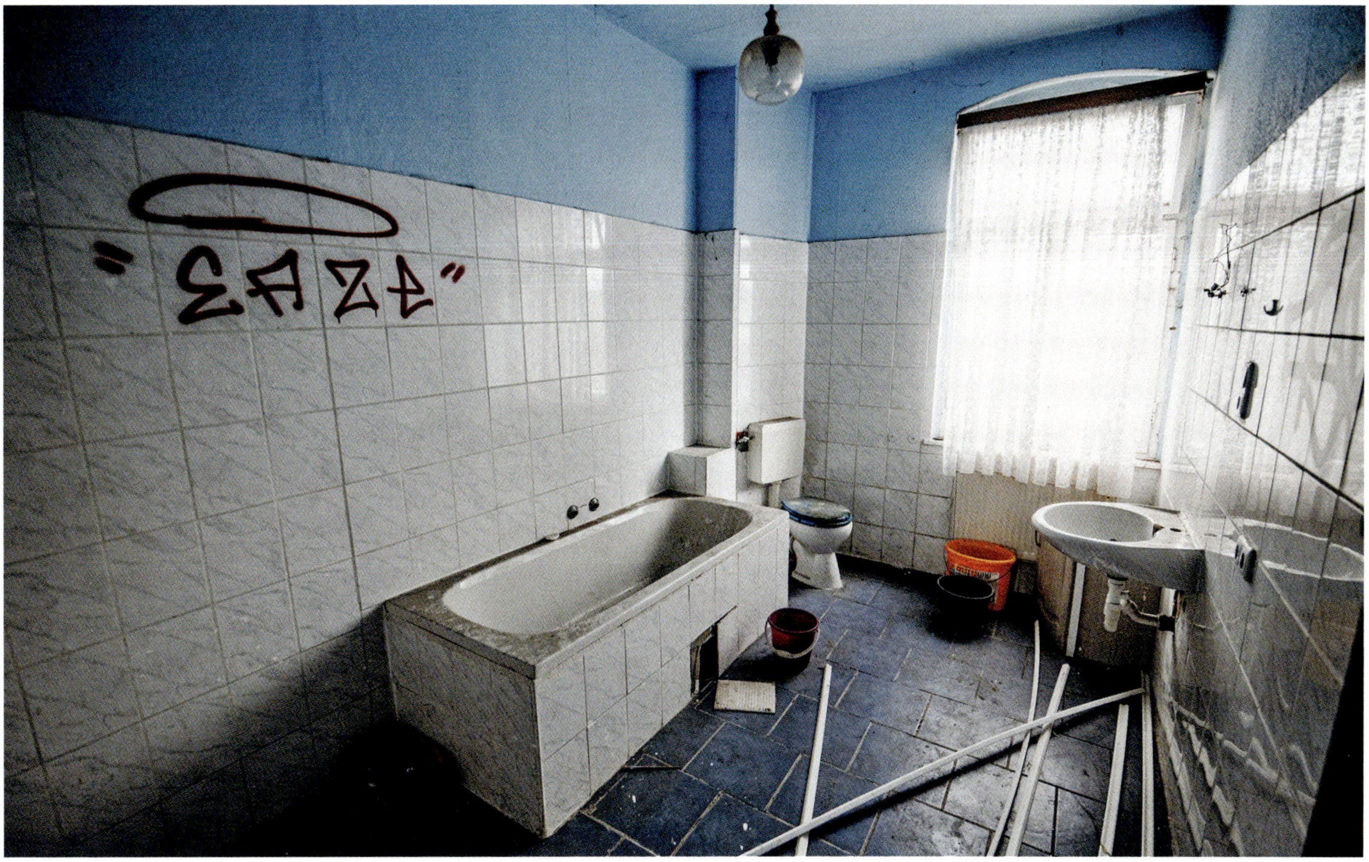

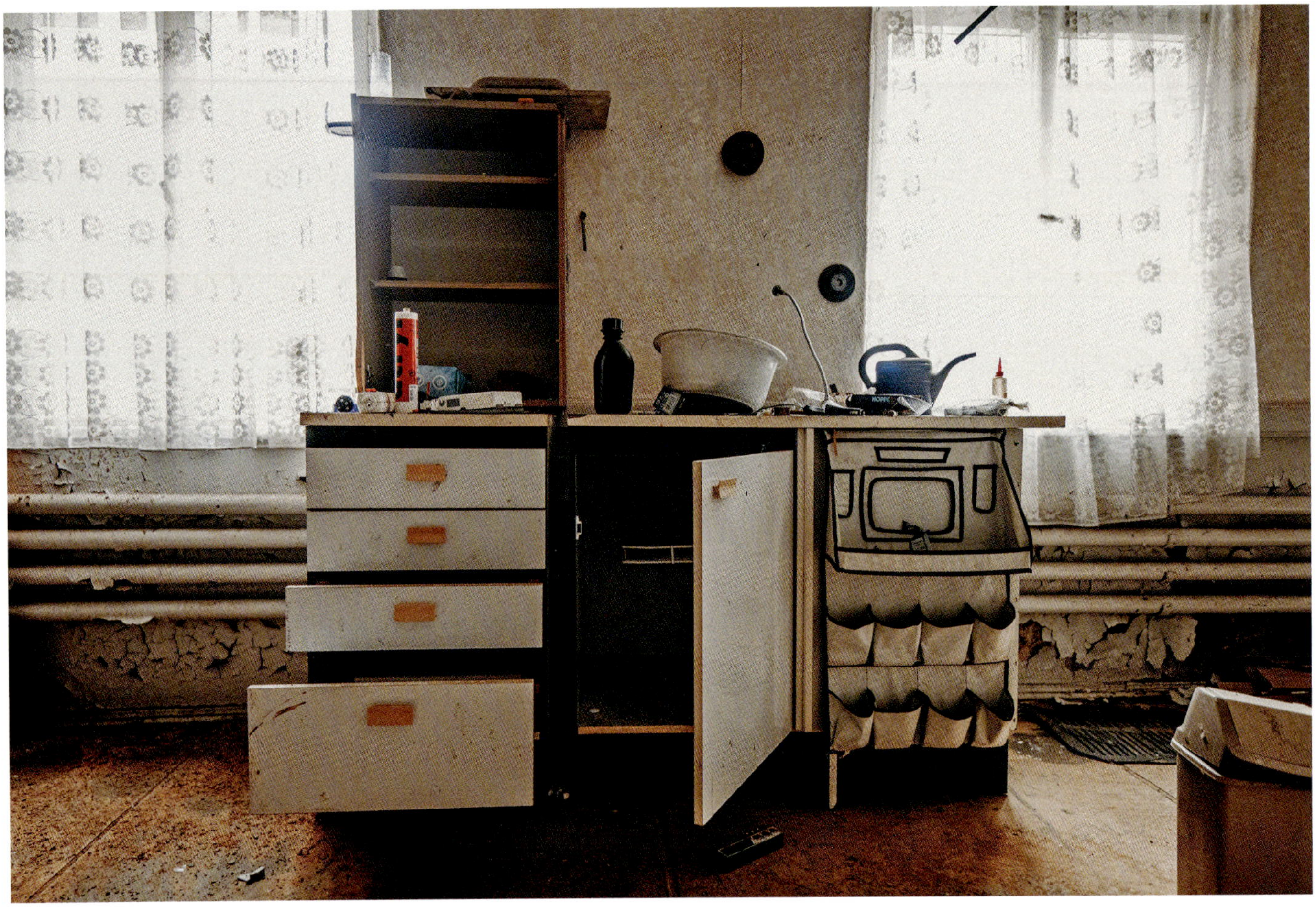

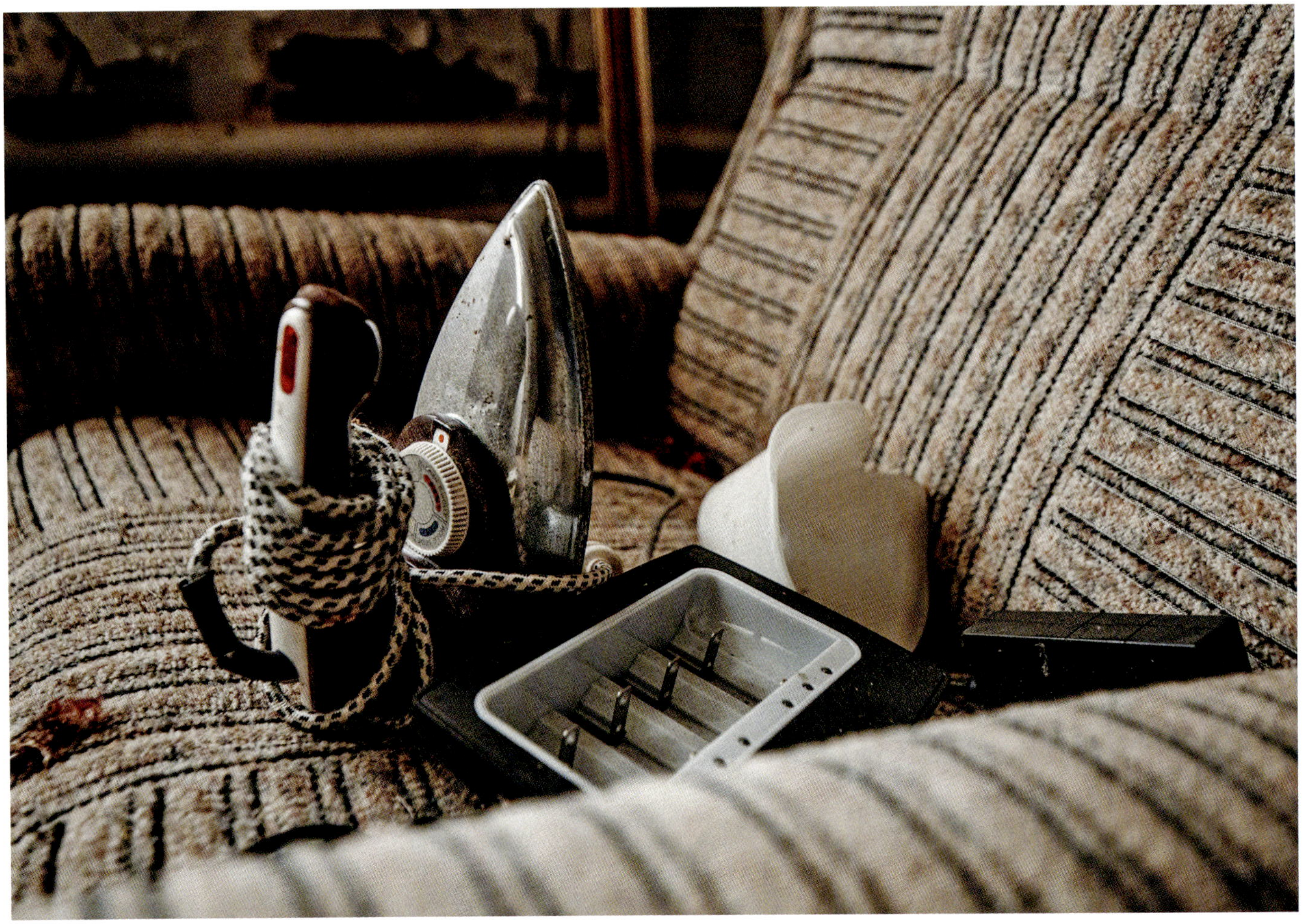

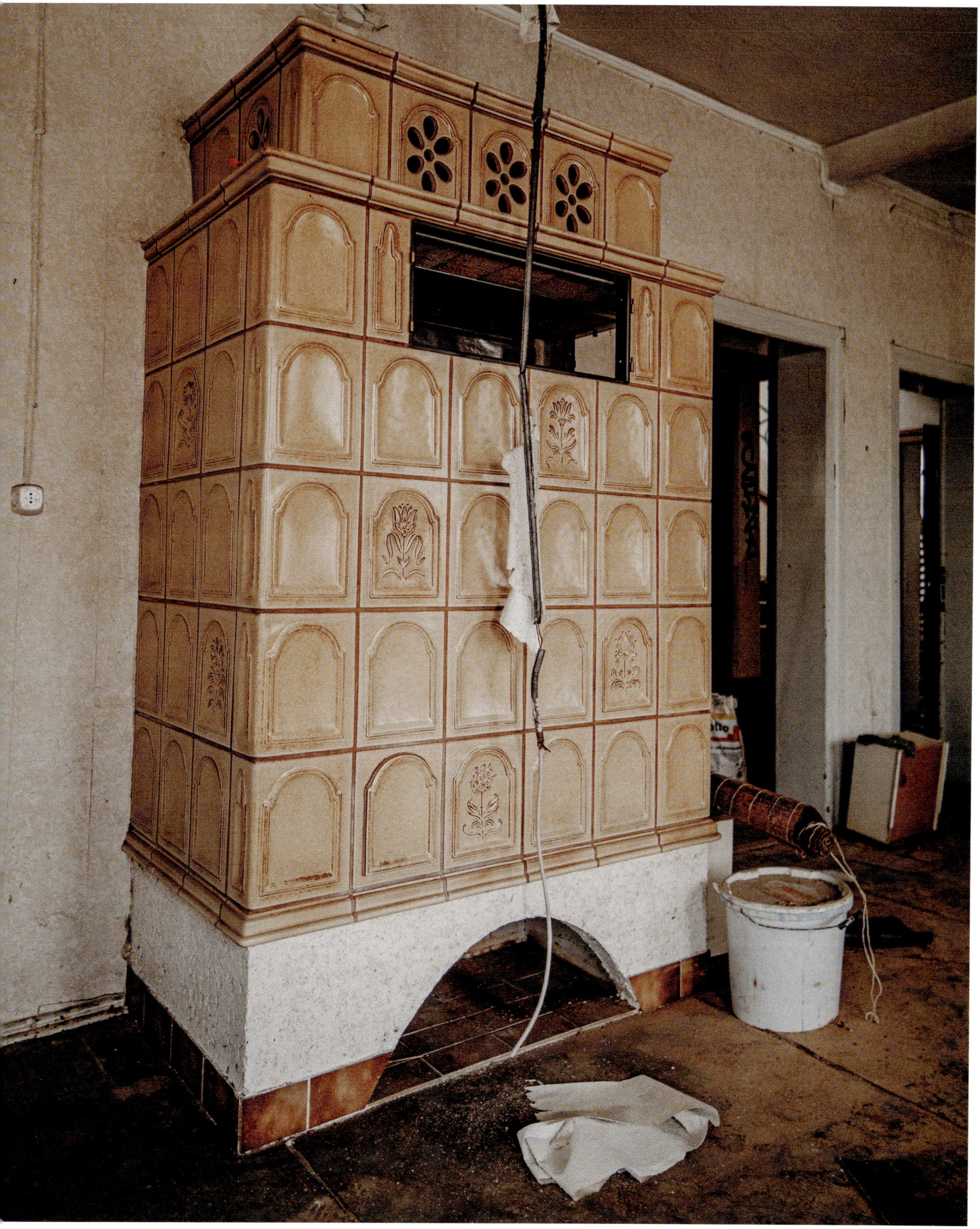

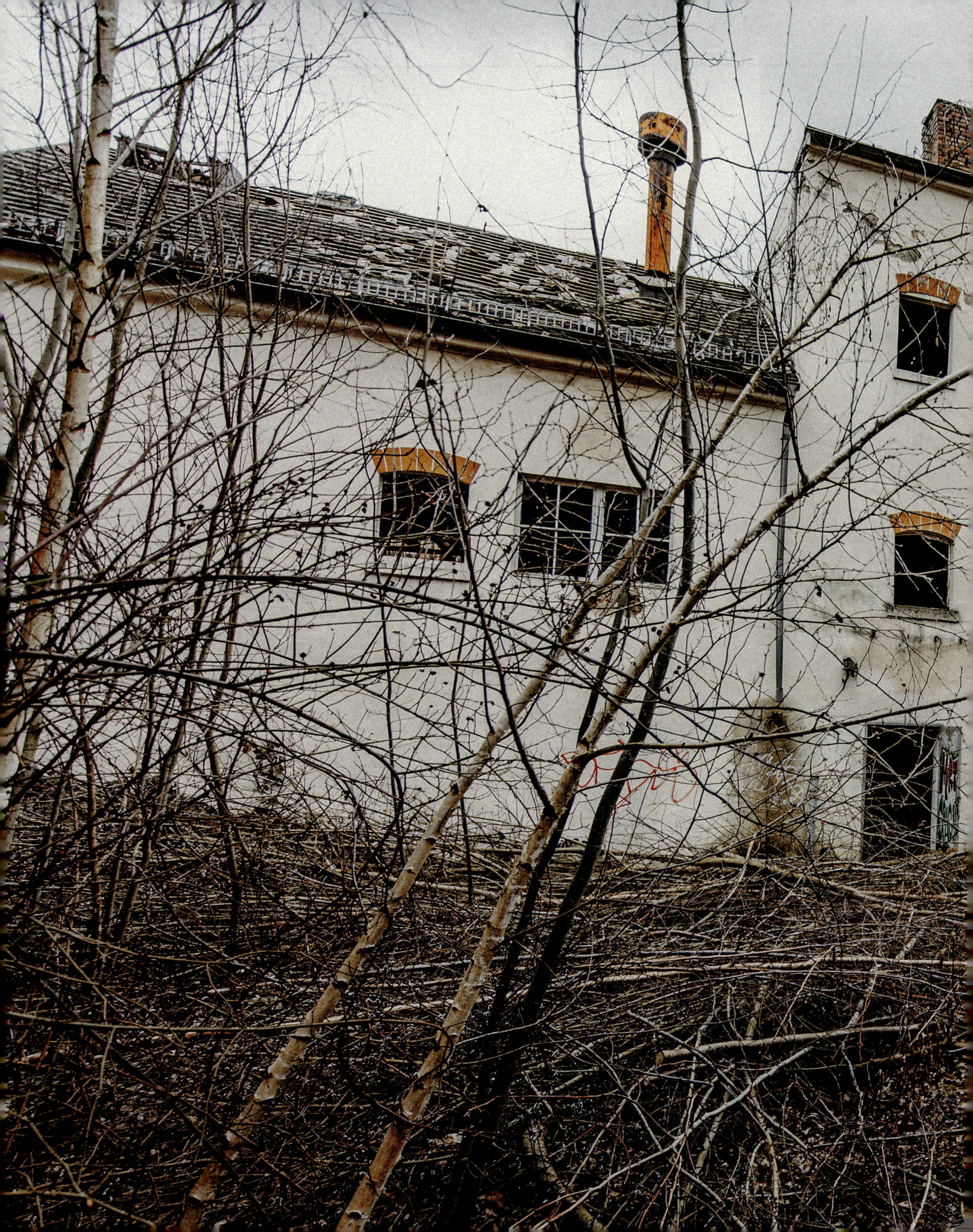

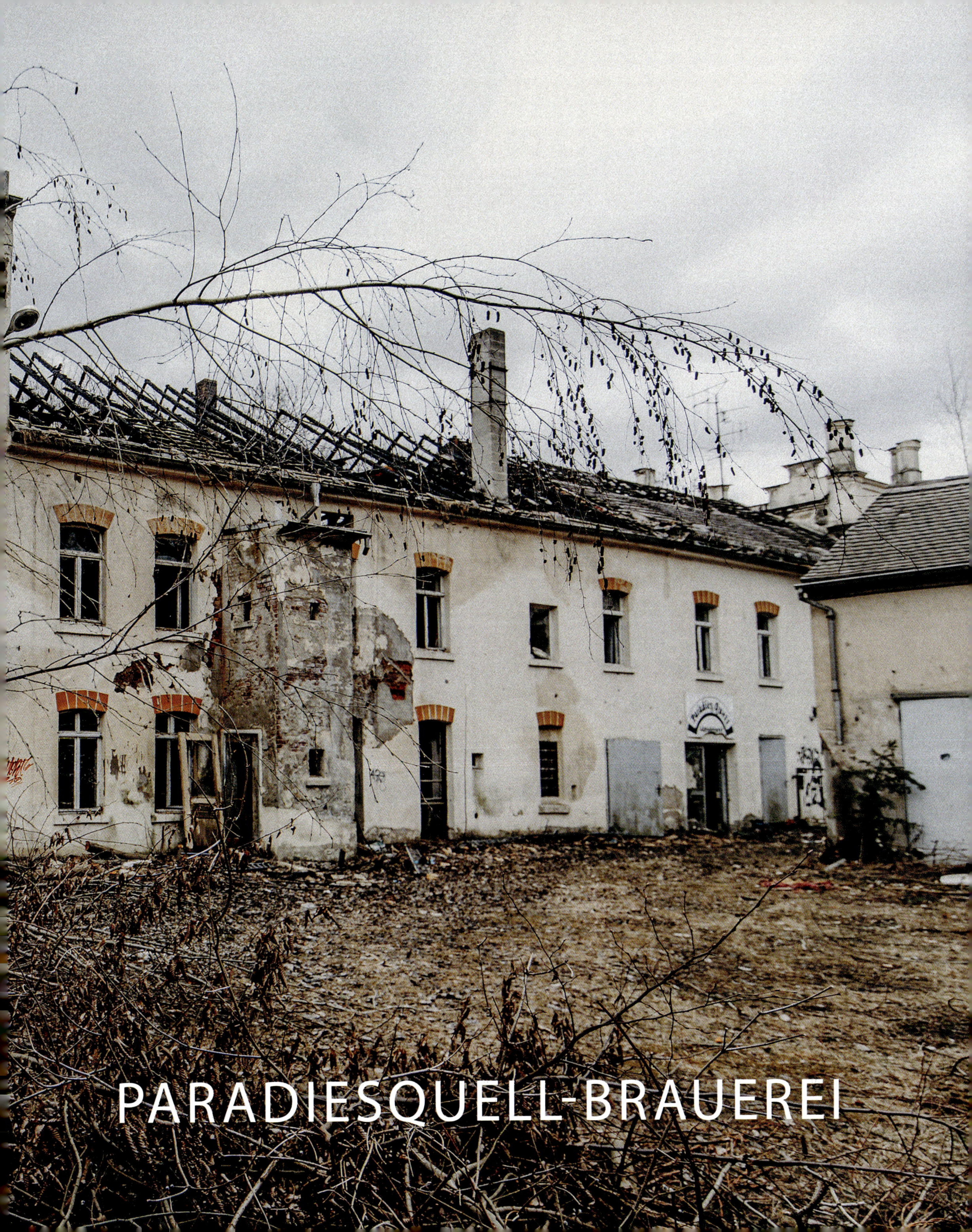

PARADIESQUELL-BRAUEREI

PARADIESQUELL-BRAUEREI

Im Jahr 1872 wurde die Paradiesquell-Brauerei von Carl Louis Oettel in einer westsächsischen Textilstadt gegründet. Sowohl den Ersten als auch den Zweiten Weltkrieg überstand die Brauerei größtenteils unbeschadet. Sie blieb auch zu Zeiten der DDR weiterhin in Privatbesitz. Erst 1972 – zur letzten Enteignungswelle – wurde die Brauerei zum volkseigenen Betrieb. Nach der politischen Wende 1989 erfolgte die Rückfirmierung zu einer GmbH, zur Jahrtausendwende wurde der Betrieb allerdings stillgelegt. Erst am 10. Dezember 2020 machte das Objekt nochmal Schlagzeilen. Gegen 13.30 Uhr wurde die Feuerwehr gerufen. Zu diesem Zeitpunkt war der komplette Dachstuhl bereits auf 20 Meter Länge durchgebrannt, die Treppen zerstört und Teile der Decke eingestürzt. Der zugewachsene Hof musste vom Wildwuchs freigeschnitten werden, um die Drehleiter zum Löschen zu positionieren. Die Täter konnten nur einen Tag später durch Zufall gestellt werden, als die Polizei erneut zur Brauerei gerufen wurde. Hier randalierten ein Zehn- und ein Zwölfjähriger an einem der Zäune. Beide gaben gegenüber den Beamten zu, das Feuer gelegt zu haben.

Gegen 13.30 Uhr wurde die Feuerwehr gerufen. Zu diesem Zeitpunkt war der komplette Dachstuhl bereits auf 20 Meter Länge durchgebrannt.

Die Paradiesquell-Brauerei brannte fast bis auf die Grundmauern herunter und es wird wohl nur eine Frage der Zeit sein, bis sie komlett aus dem Stadtbild verschwindet.

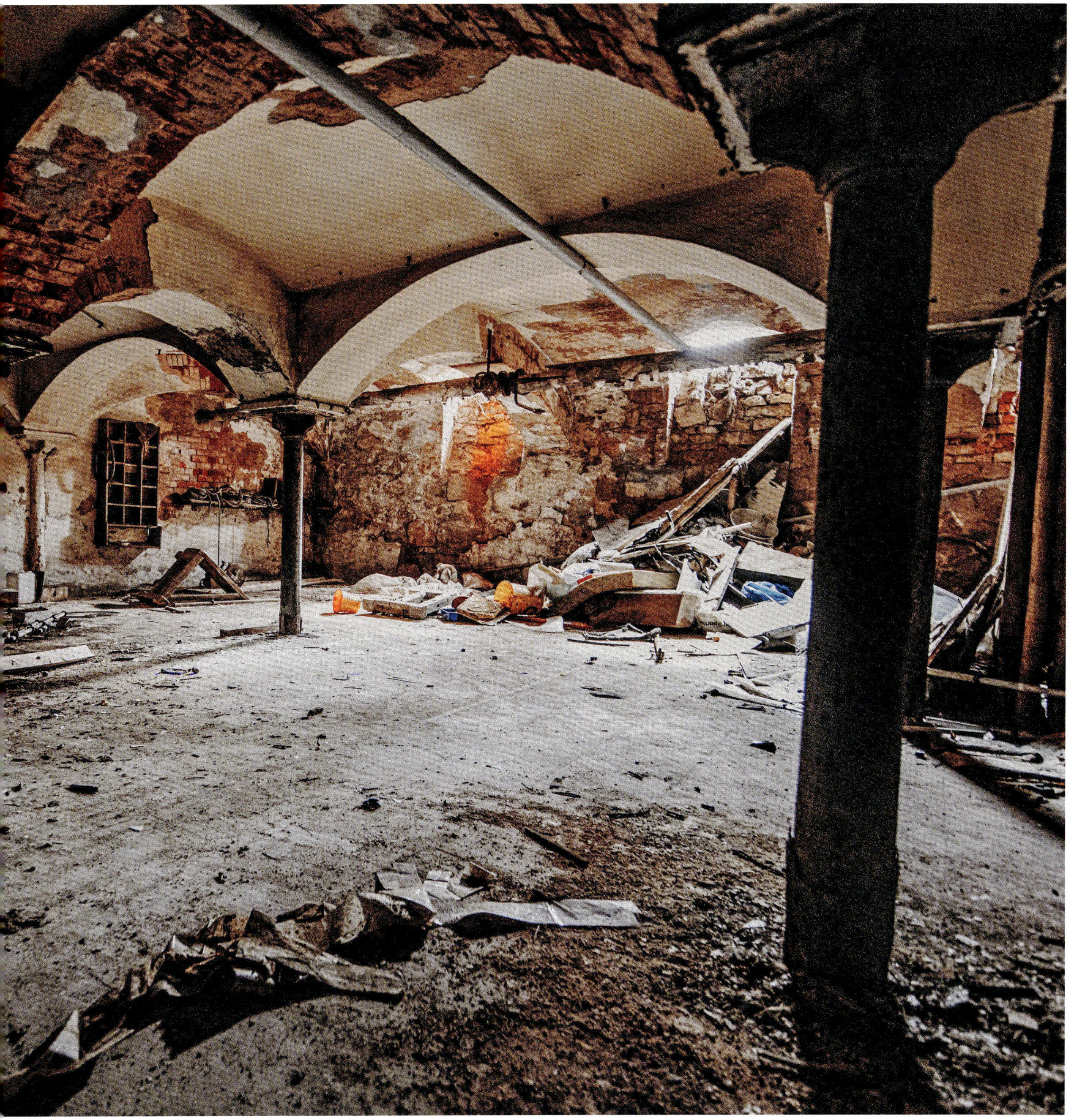

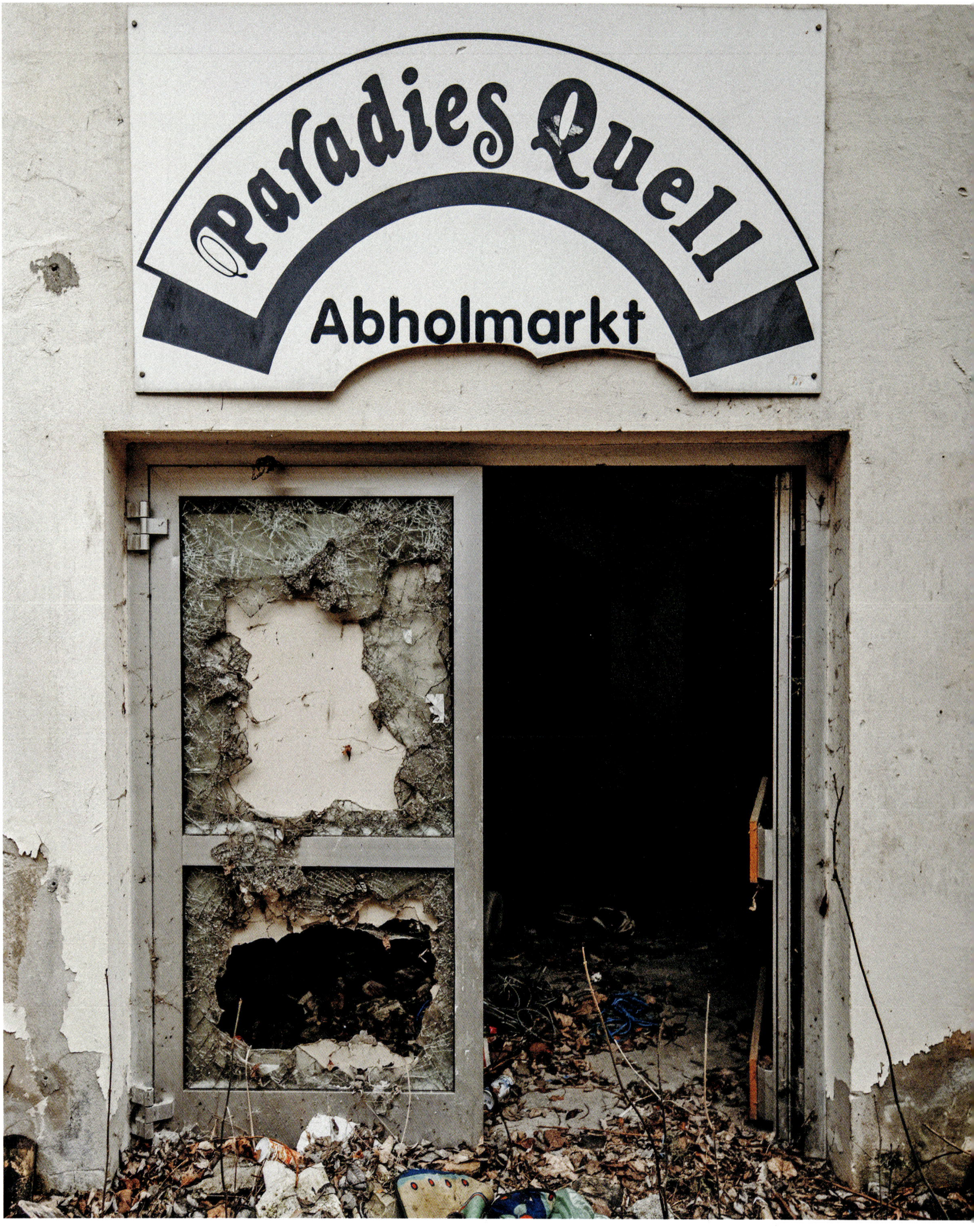
Paradies Quell
Abholmarkt

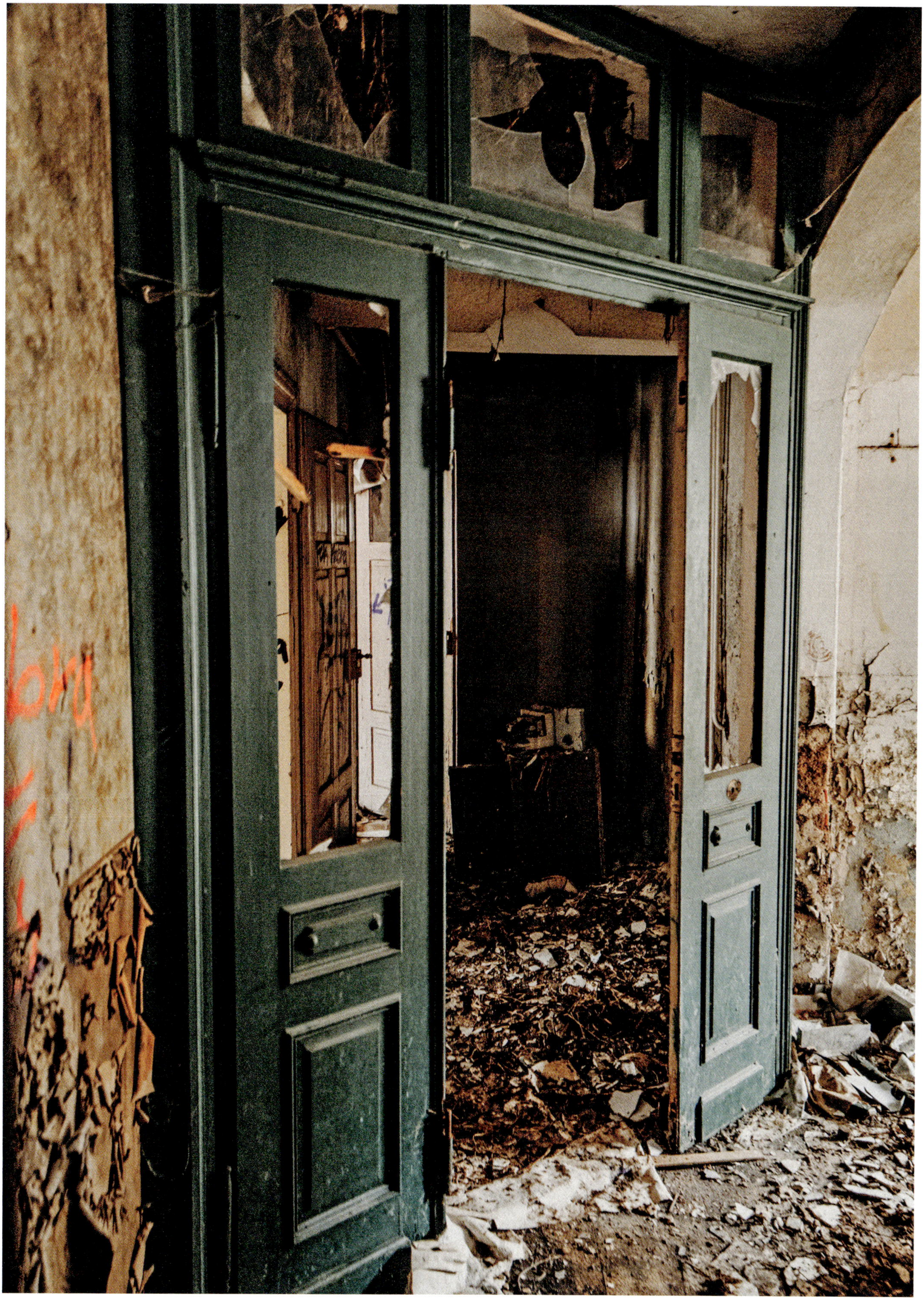

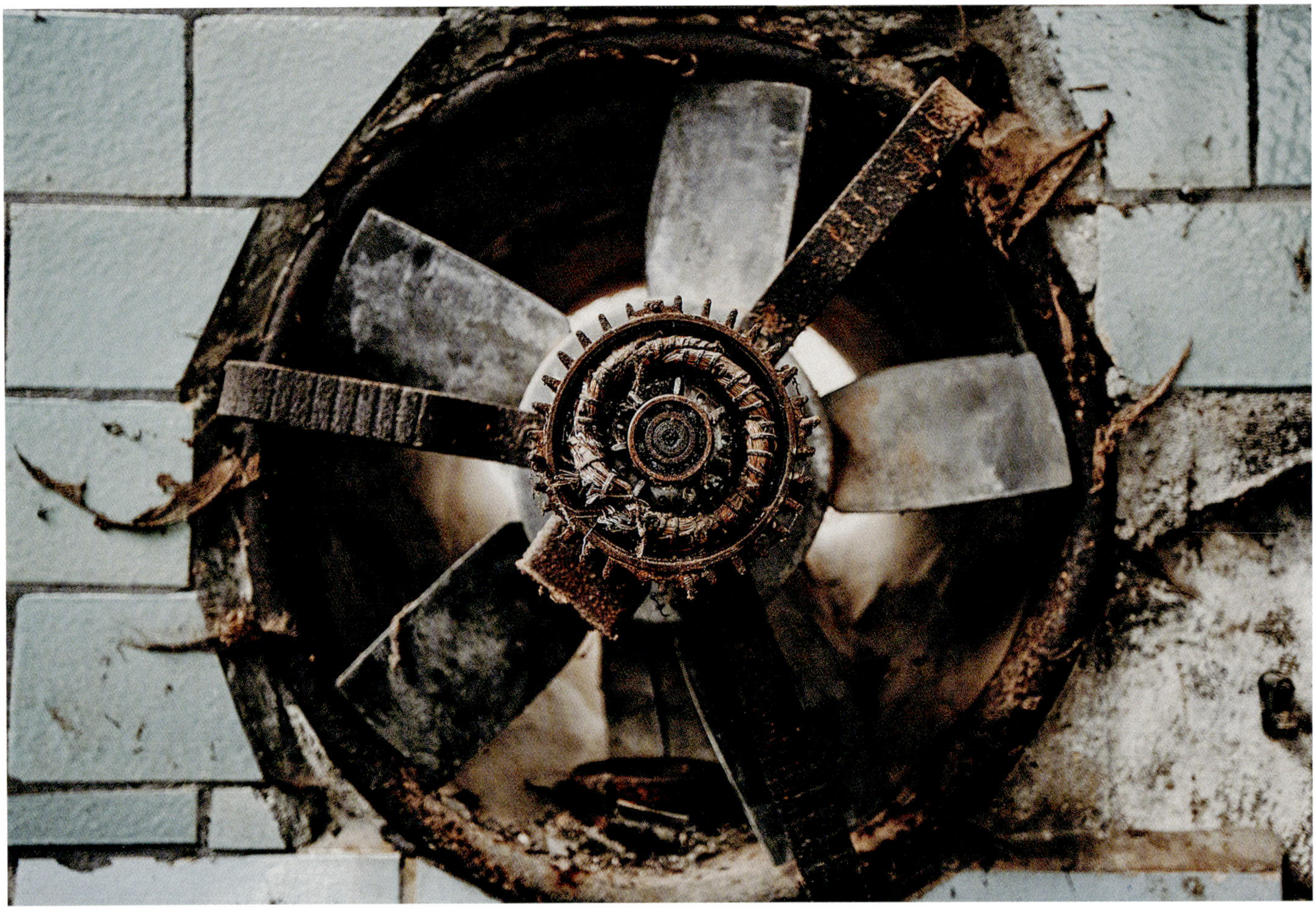

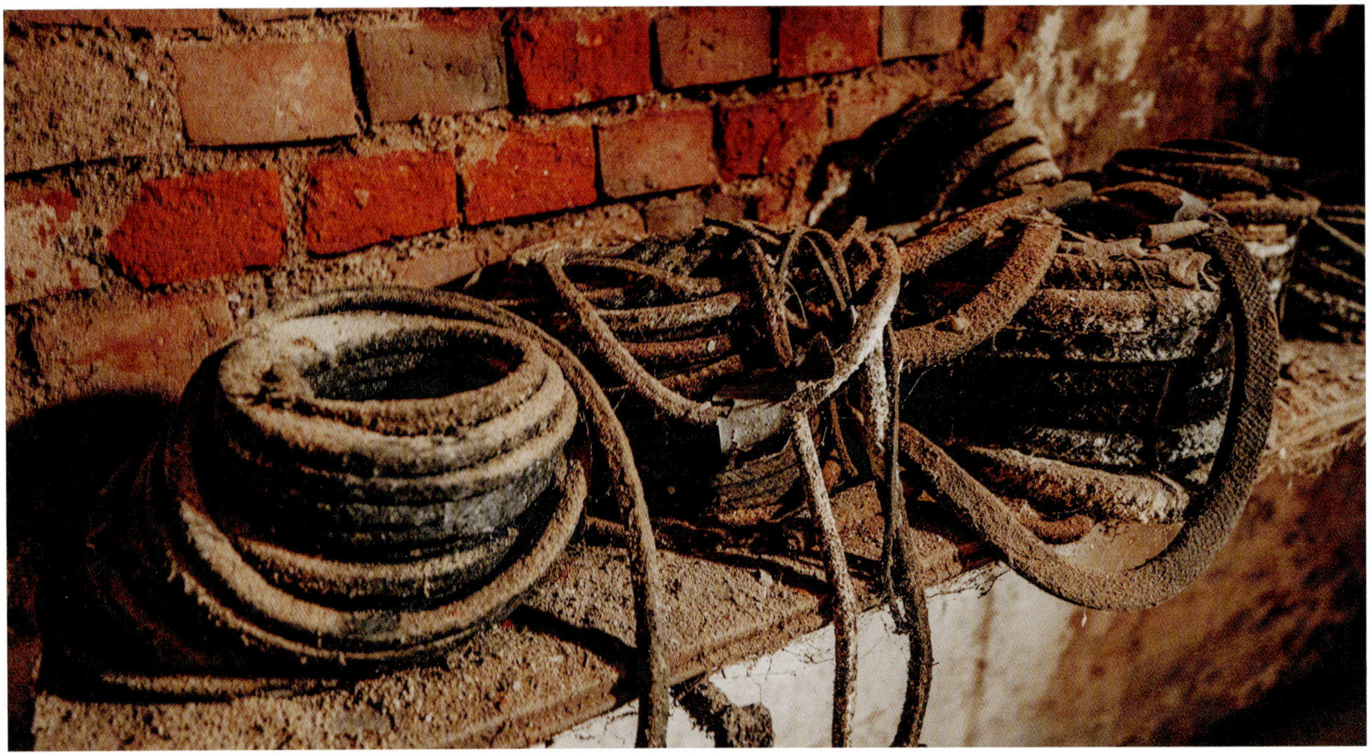

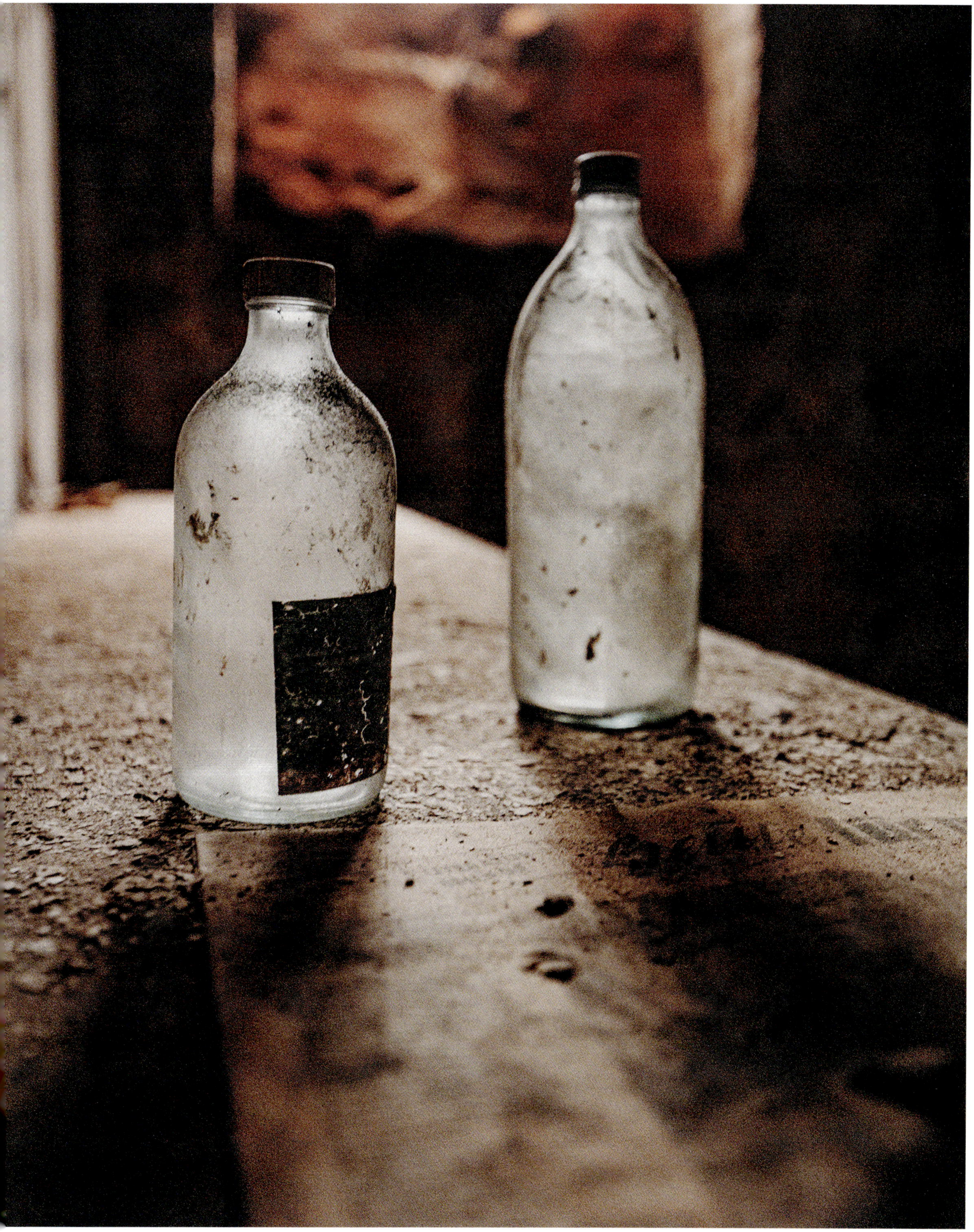

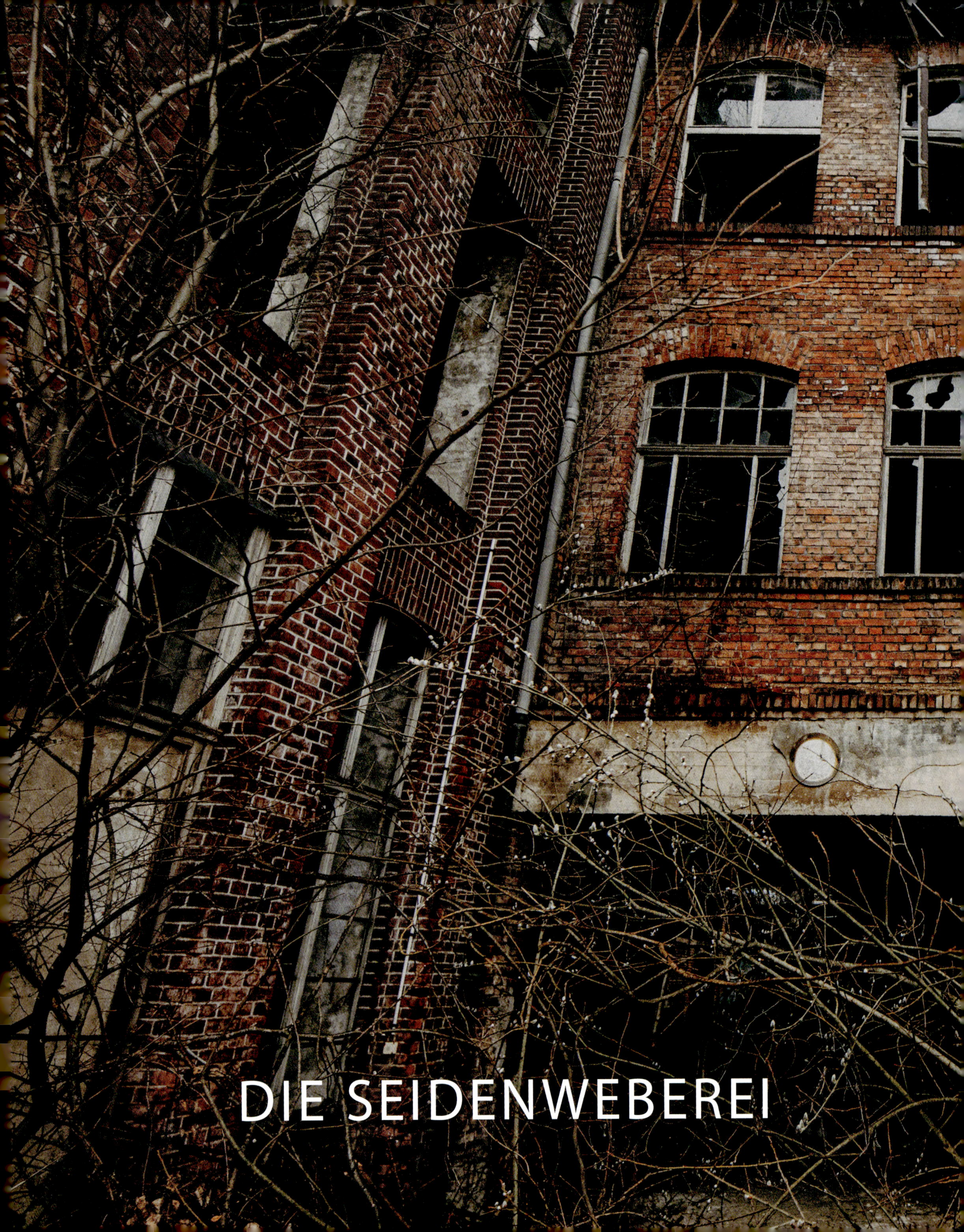

DIE SEIDENWEBEREI

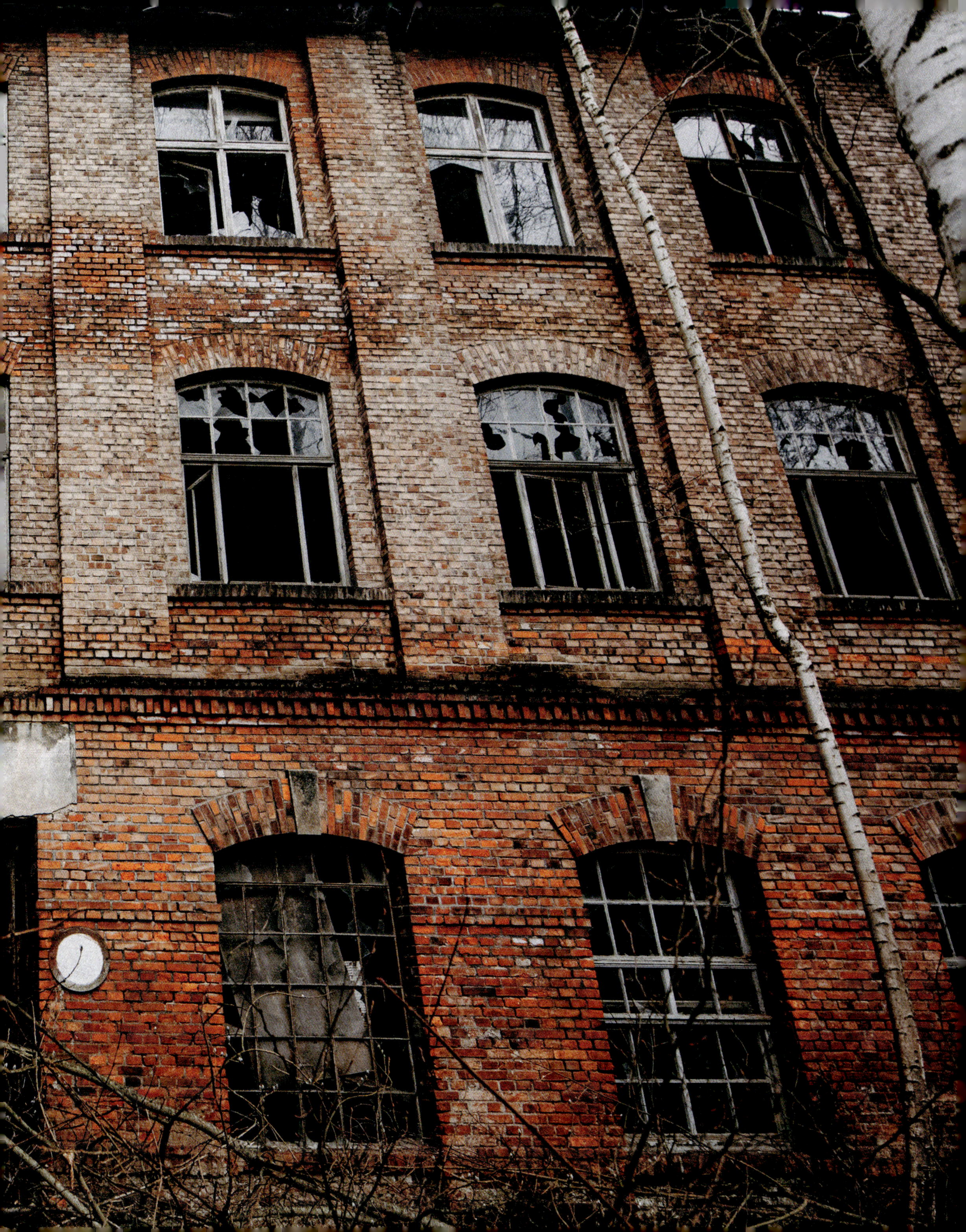

DIE SEIDENWEBEREI

Glauchau gehörte zu den bedeutendsten Textilstädten in ganz Deutschland. Mitte des 19. Jahrhunderts reihten sich im Stadtgebiet zahlreiche Webereien, Färbereien und Spinnereien dicht aneinander und so war die Stadt bald ein wichtiger Industriestandort mit internationalem Absatzmarkt. Die historische Basis für den heute als „Palla" bekannten Standort bildete der VEB Textilwerke „Einheit". Der Betrieb war ein Zusammenschluss der Webereien Ernst Seifert, Boessneck & Meyer sowie weiterer bereits verstaatlichter Betriebe wie dem VEB Silka Seidenweberei Glauchau. Mit dieser Vereinigung wollte man die Fertigung zentralisieren und optimieren. Rechtsnachfolger des Betriebes, eines der wichtigsten und größten Unternehmen Glauchaus, wurde 1990 die Textilwerke Palla GmbH. Seit der Insolvenz und Stilllegung liegt das Werk allerdings brach, einige Produktionsgebäude wurden bereits abgerissen, Verwaltungsgebäude wollte man schützen und mit einer neuen Nutzung erhalten. Die Seidenweberei und alte Färberei verfiel aber bis ins Jahr 2020. Auf dem gesamten Grundstück gibt es zahlreiche einsturzgefährdete Bereiche, da der Eigentümer der Instandhaltung nicht nachkam. Ein Kaufvertrag mit der Stadt Glauchau kam lange Zeit nicht zustande, da es keine handlungsfähigen Ansprechpartner und auch keine Eintragung im (Handels-) Register gab. Ende 2019 wurde der Kaufvertrag dann aber geschlossen, im September 2020 entschied der Stadtrat den Abbruch der Industriebrache. Dazu zählen auch der benachbarte FUN-Park und ein ehemaliges Fahrzeuggetriebewerk. Das Gebiet soll revitalisiert und für eine Nachnutzung vorbereitet werden. Hierfür wurden Fördergelder in Millionenhöhe bereitgestellt. Inzwischen dürften auf dem Gelände der ehemaligen Färberei bereits die Bagger rollen und die rund 28 Gebäude werden nach und nach verschwinden. Mit dem Abriss stirbt ein weiteres Stück Geschichte Glauchaus und nicht jeder Bürger dürfte damit zufrieden sein.

Inzwischen dürften auf dem Gelände der ehemaligen Färberei bereits die Bagger rollen und die rund 28 Gebäude werden nach und nach verschwinden.

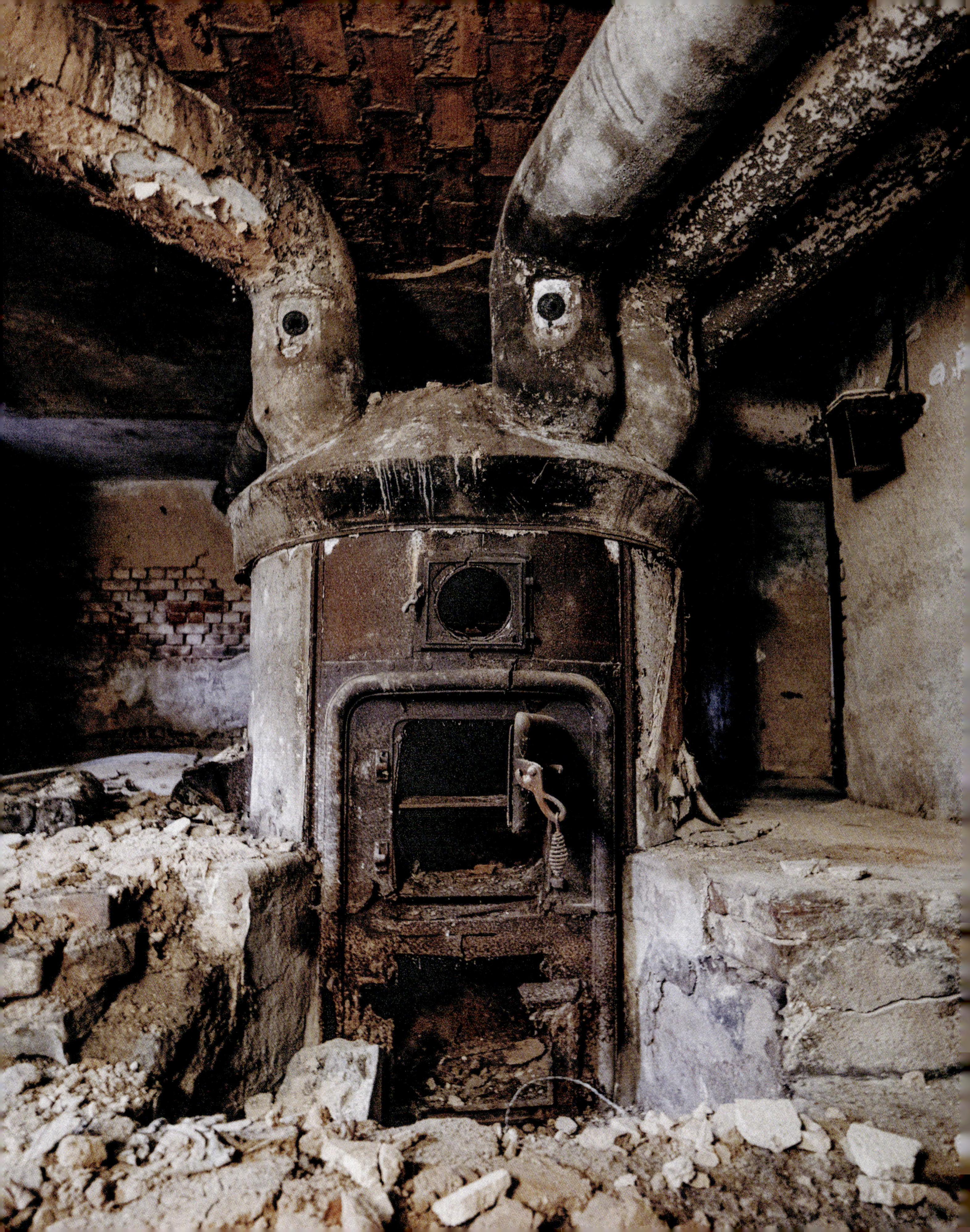

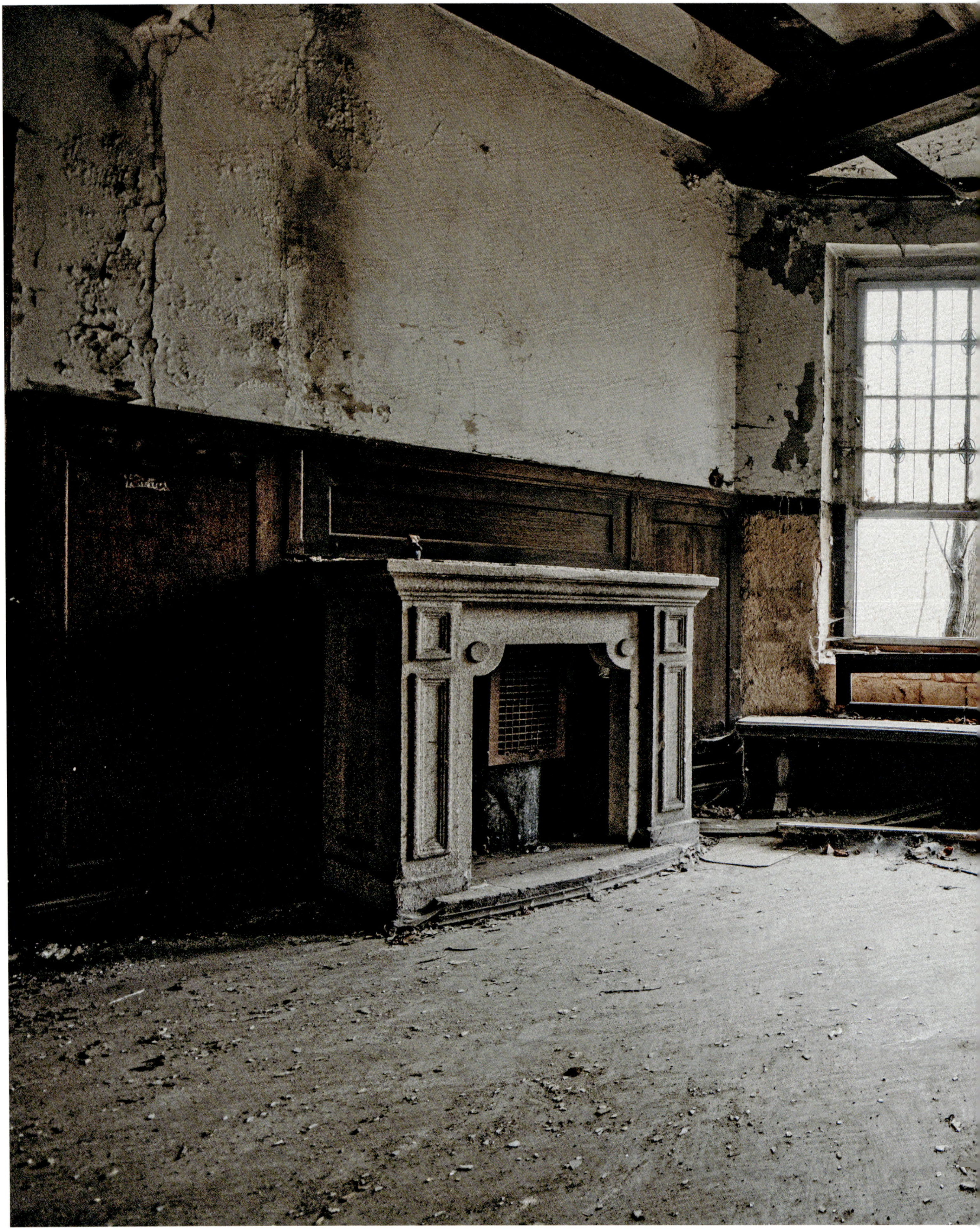

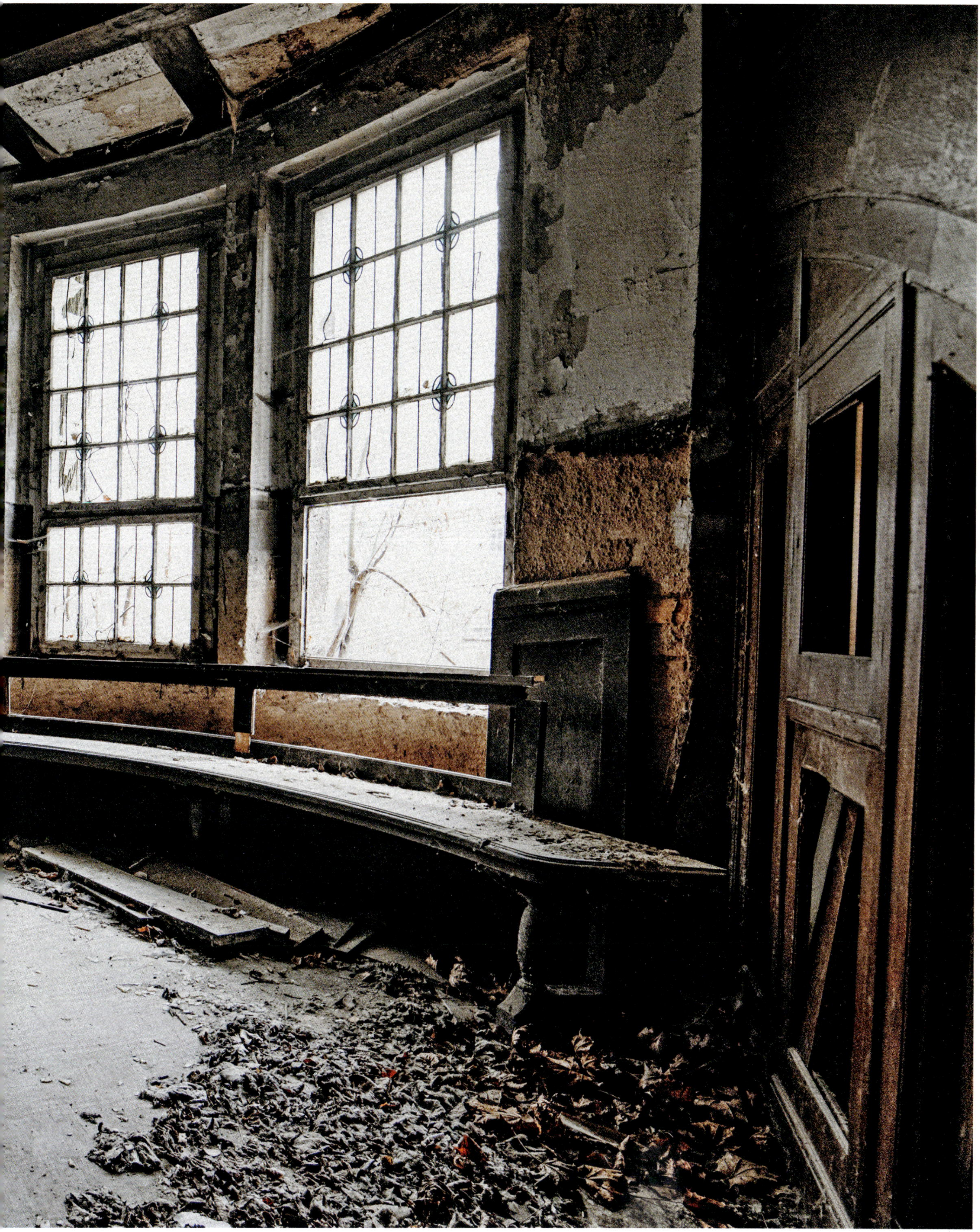

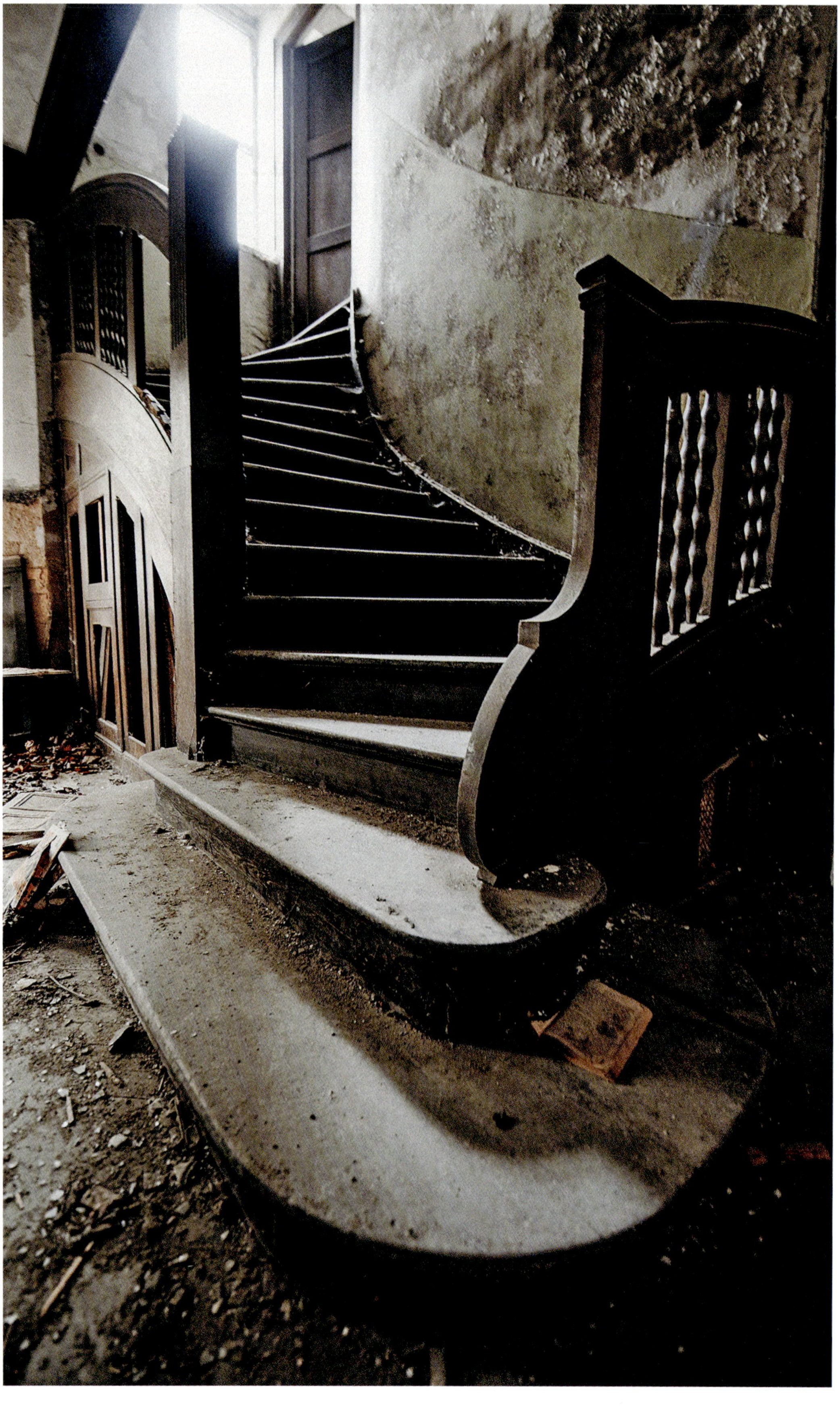

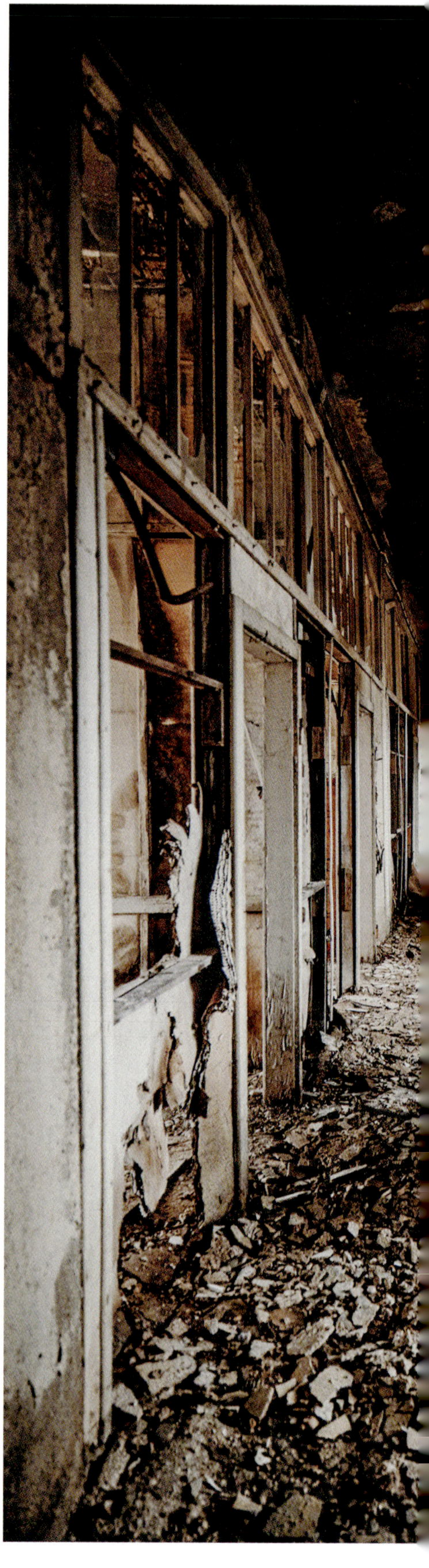

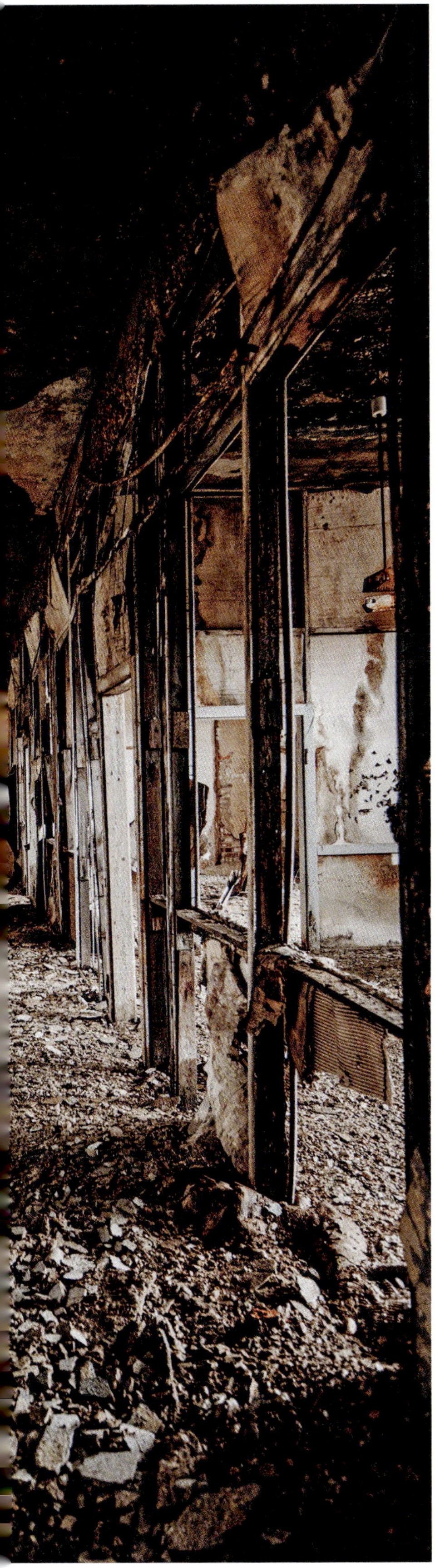

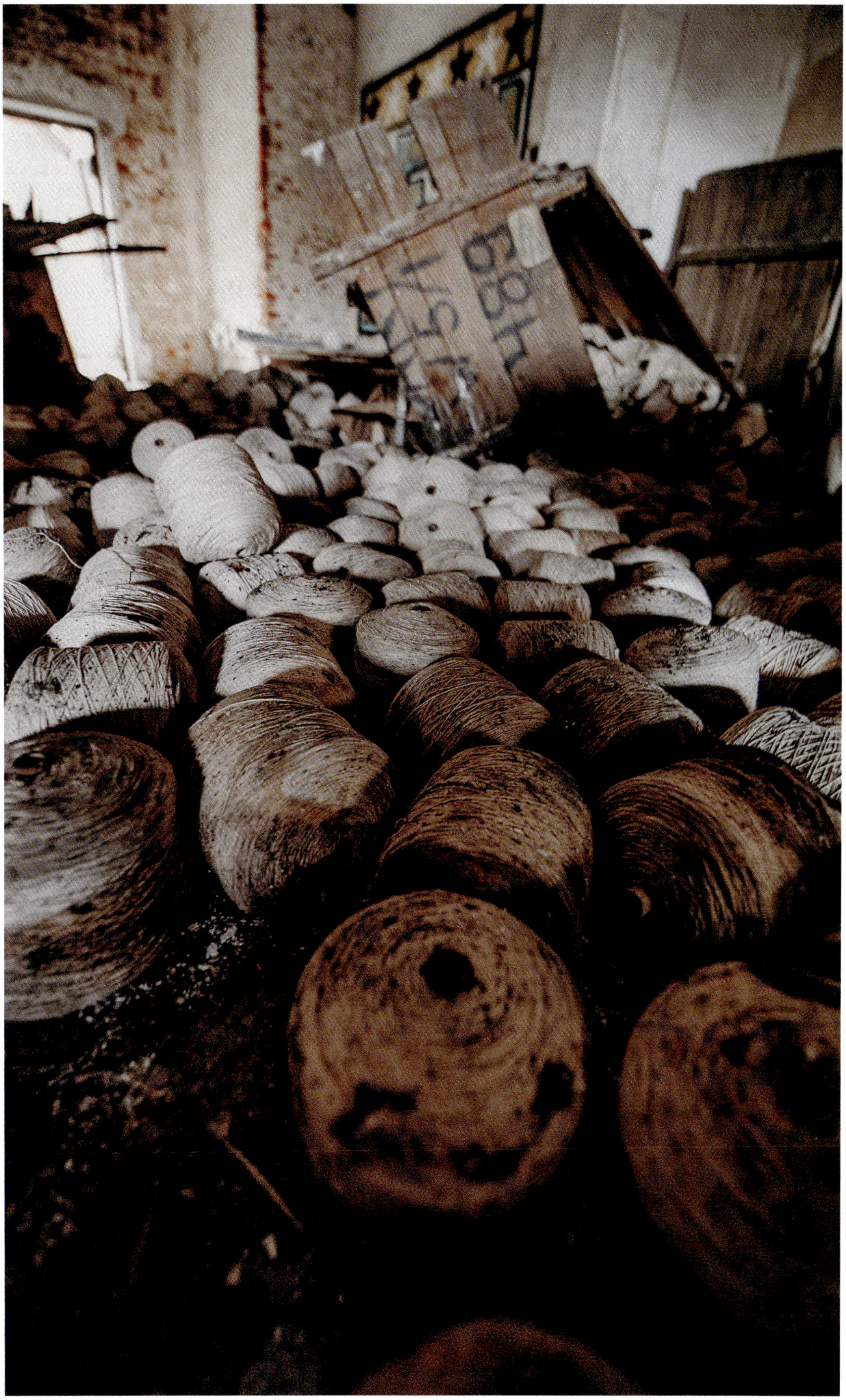

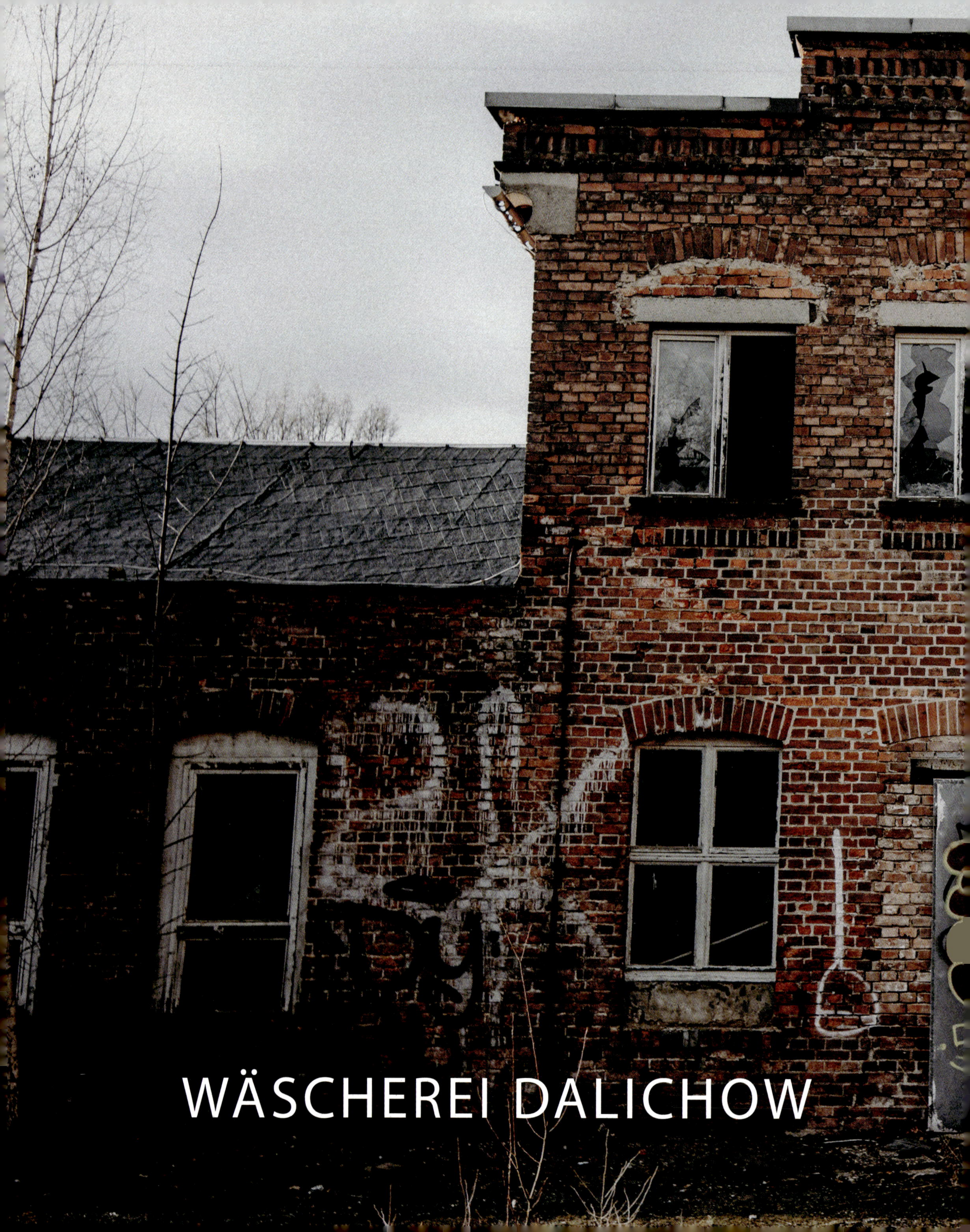

WÄSCHEREI DALICHOW

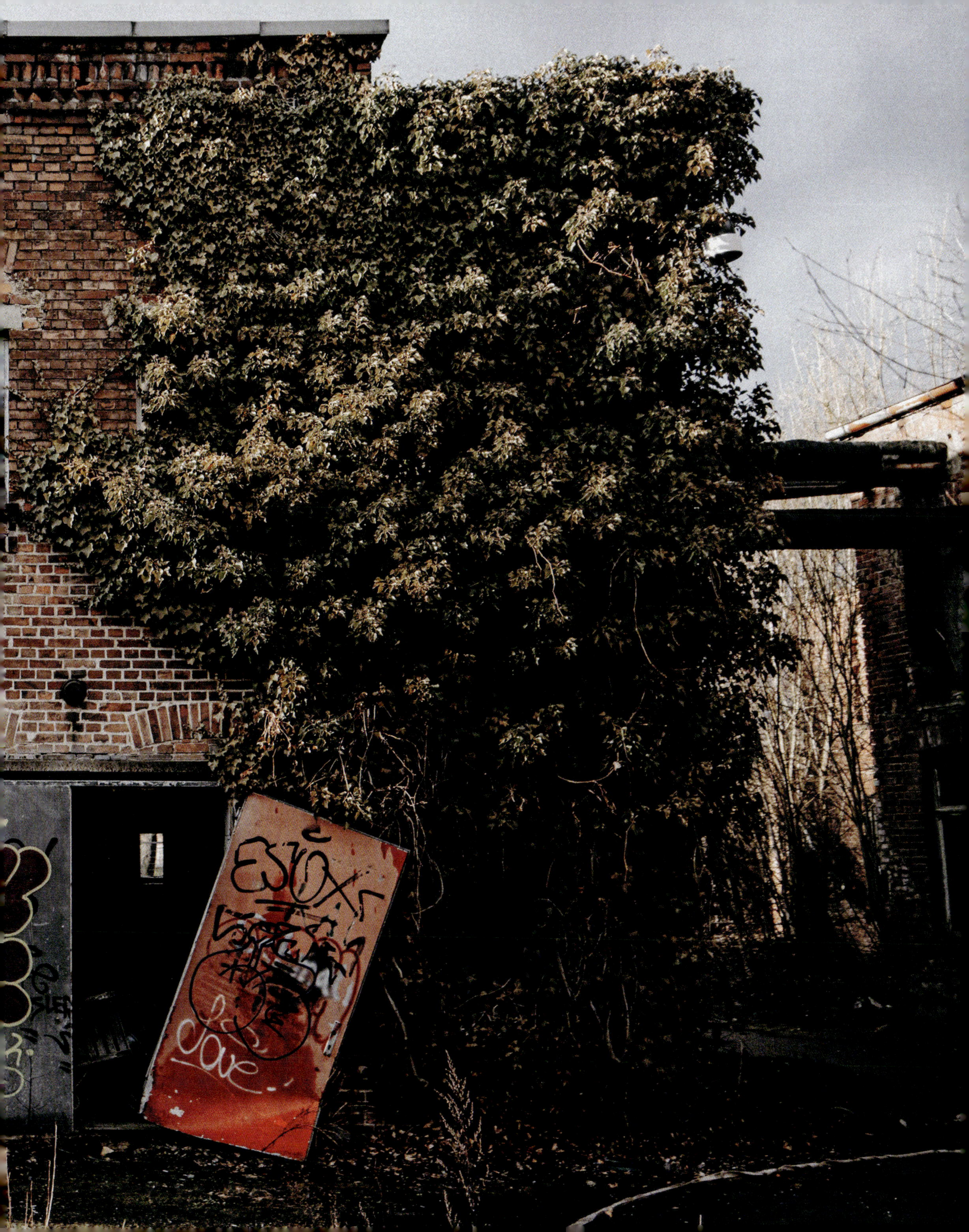

WÄSCHEREI DALICHOW

Wenn ein industrieller Standort aufgegeben wird und mit den Jahren verfällt, führt das unweigerlich zu Problemen. Zum einen kostet ein Abriss unverhältnismäßig viel Geld, zum anderen wird eine Nachnutzung mit der Zeit immer unwahrscheinlicher. Außerdem haben alte Objekte oft auch Altlasten, die einer Neunutzung im Wege stehen und die Natur im Umfeld langfristig schädigen. Abgesehen davon werden solche Brachen allzu oft Opfer von Brandstiftern, Zerstörern oder anderen dunklen Gestalten. Die alte Dalichow-Wäscherei ist ein Paradebeispiel dafür. Zur Geschichte des Unternehmens findet man leider nur wenig. Wahrscheinlich kaufte ein Ernst Bormann um 1918 die chemische Reinigung und Wäscherei Bernhard Dalichow. Nach der Übernahme der Allierten am Ende des Zweiten Weltkriegs durfte hier – wie in allen Glauchauer Betrieben – aufgrund eines Produktionsverbots nicht weitergearbeitet werden. Im Mai 1945 nahm der Betrieb seine Arbeit allerdings wieder auf. Er überlebte die DDR und wurde erst 2008 geschlossen. Weswegen das passierte, bleibt leider unklar. 2018 brannte es auf dem Gelände und die Feuerwehr mit rund 100 Kameraden war über vier Stunden lang mit dem Brand beschäftigt. Heute steht der Komplex zum Verkauf, doch die Stadt möchte mit der Brache nichts anfangen. Die Kosten für den Abriss wären immens, und angesichts der Altlasten lässt sich gar nicht abschätzen, wieviel es am Ende tatsächlich kosten würde. 2021 hat man mit einer teuren Ersatzmaßnahme zur Gefahrenabwehr begonnen. Mit einer Grundwasserreinigung soll die Ausbreitung von Gefahrenstoffen und Altlasten aus der Textilreinigung gestoppt werden. Die dabei eingesetzten finanziellen Mittel werden später dem Eigentümer in Rechnung gestellt. Innerhalb der nächsten Jahre sind wohl weitere Untersuchungen und Planungen zur Sanierung beabsichtigt, um die Grundwasserqualität nachhaltig zu verbessern. Da mittlerweile das Förderprogramm Efre der Europäischen Union ausgelaufen ist, ist ein Abriss der Brache in den kommenden Jahren aber weiterhin unwahrscheinlich.

2018 brannte es auf dem Gelände und die Feuerwehr mit rund 100 Kameraden war über vier Stunden lang mit dem Brand beschäftigt.

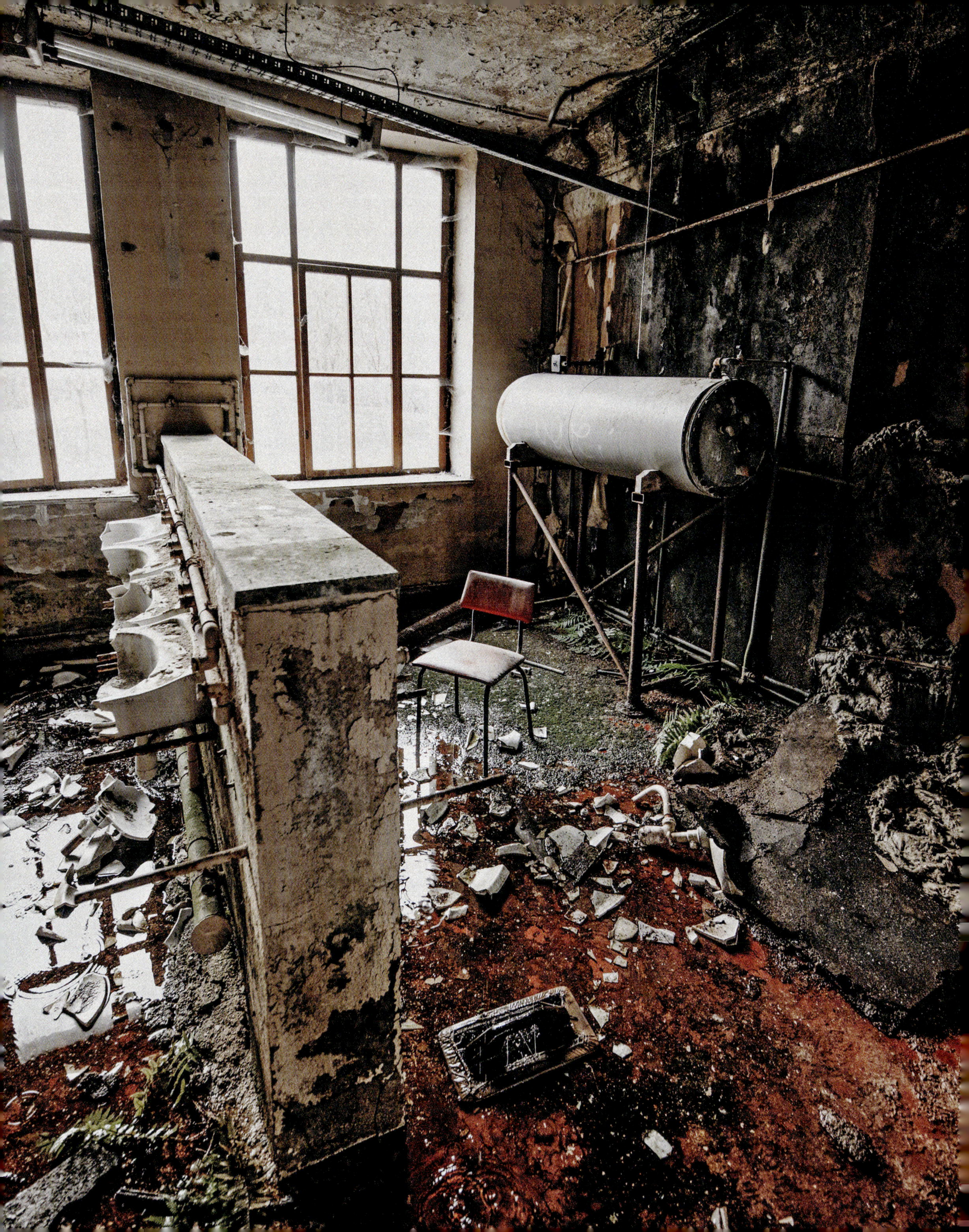

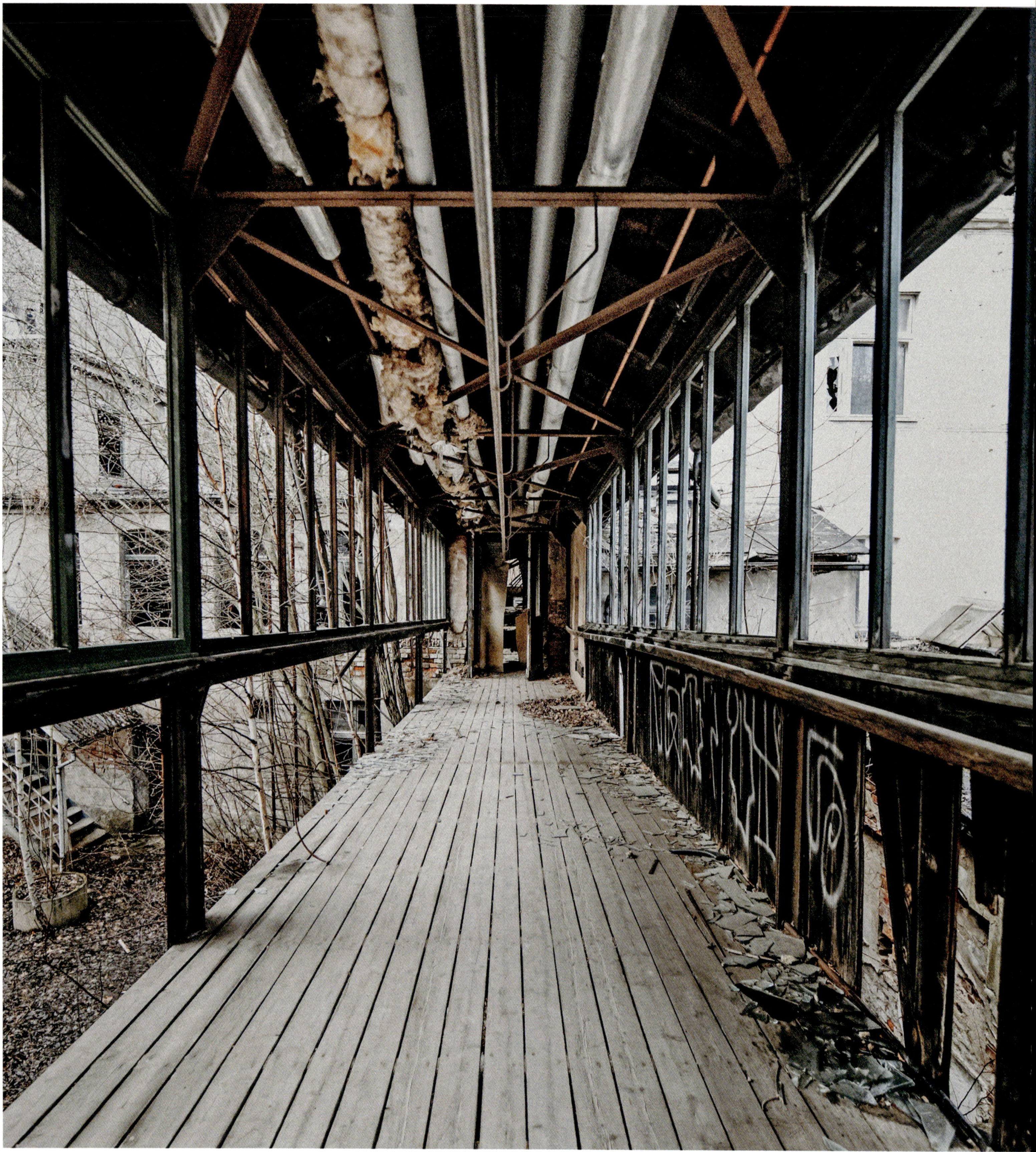

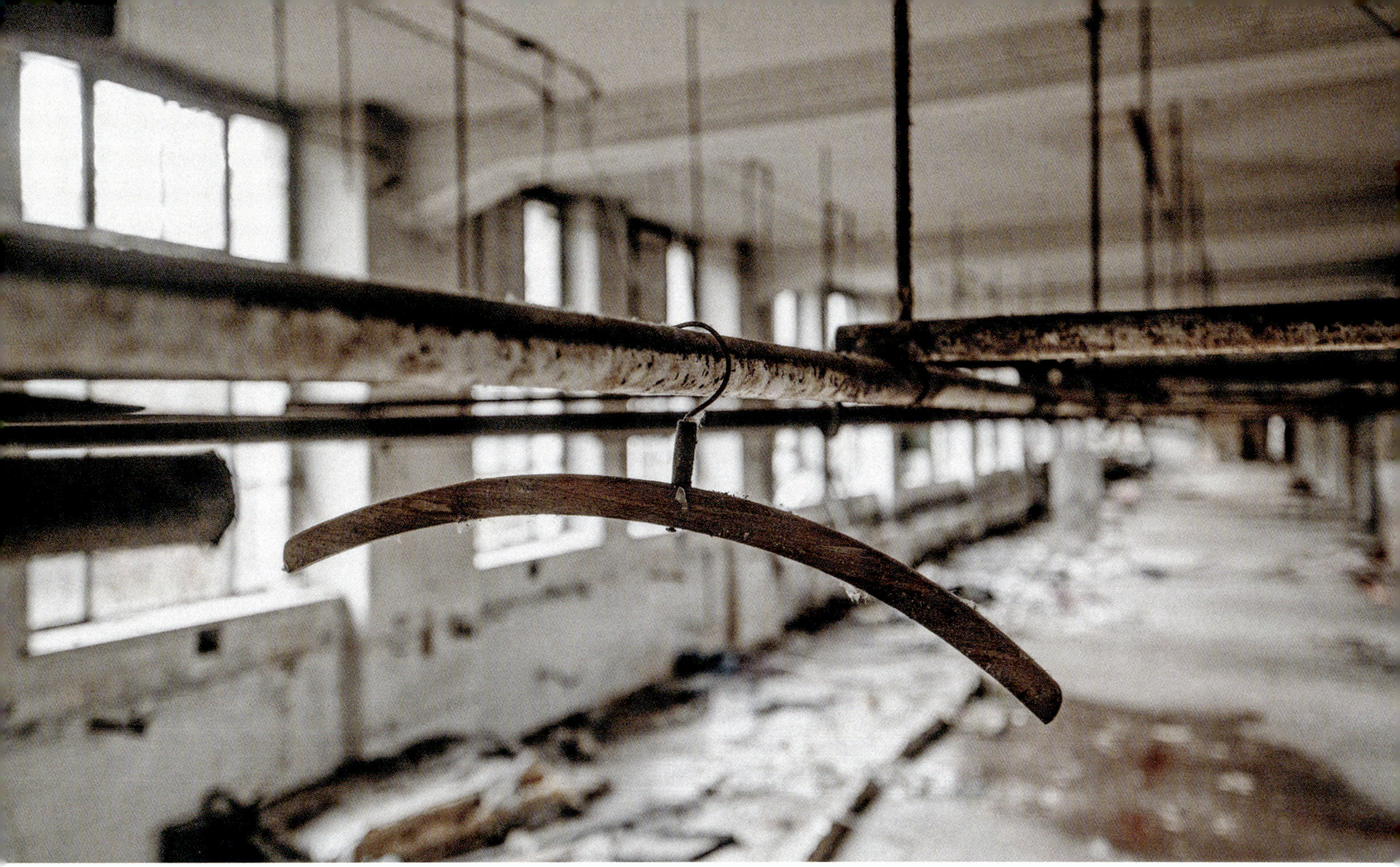

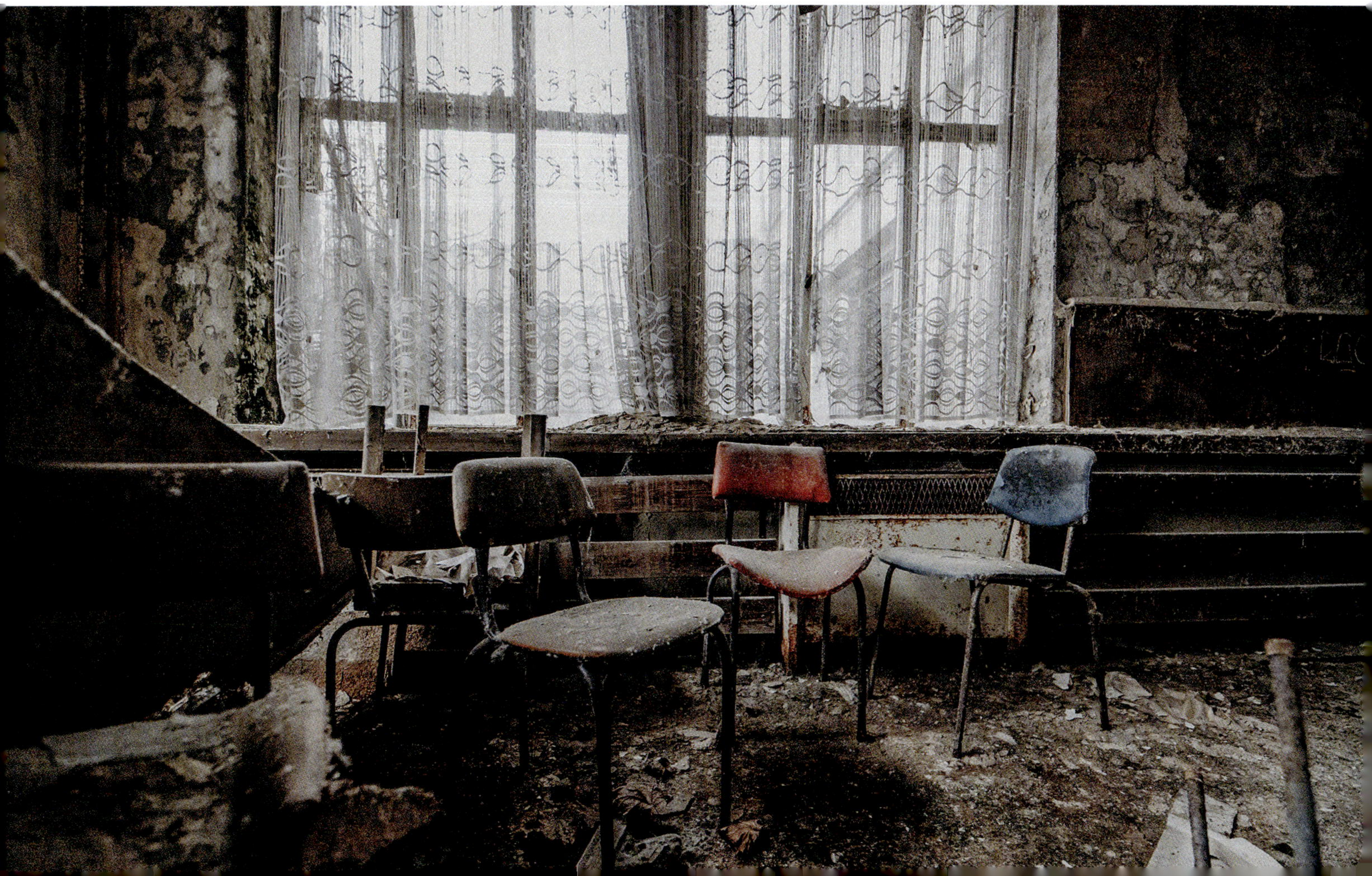

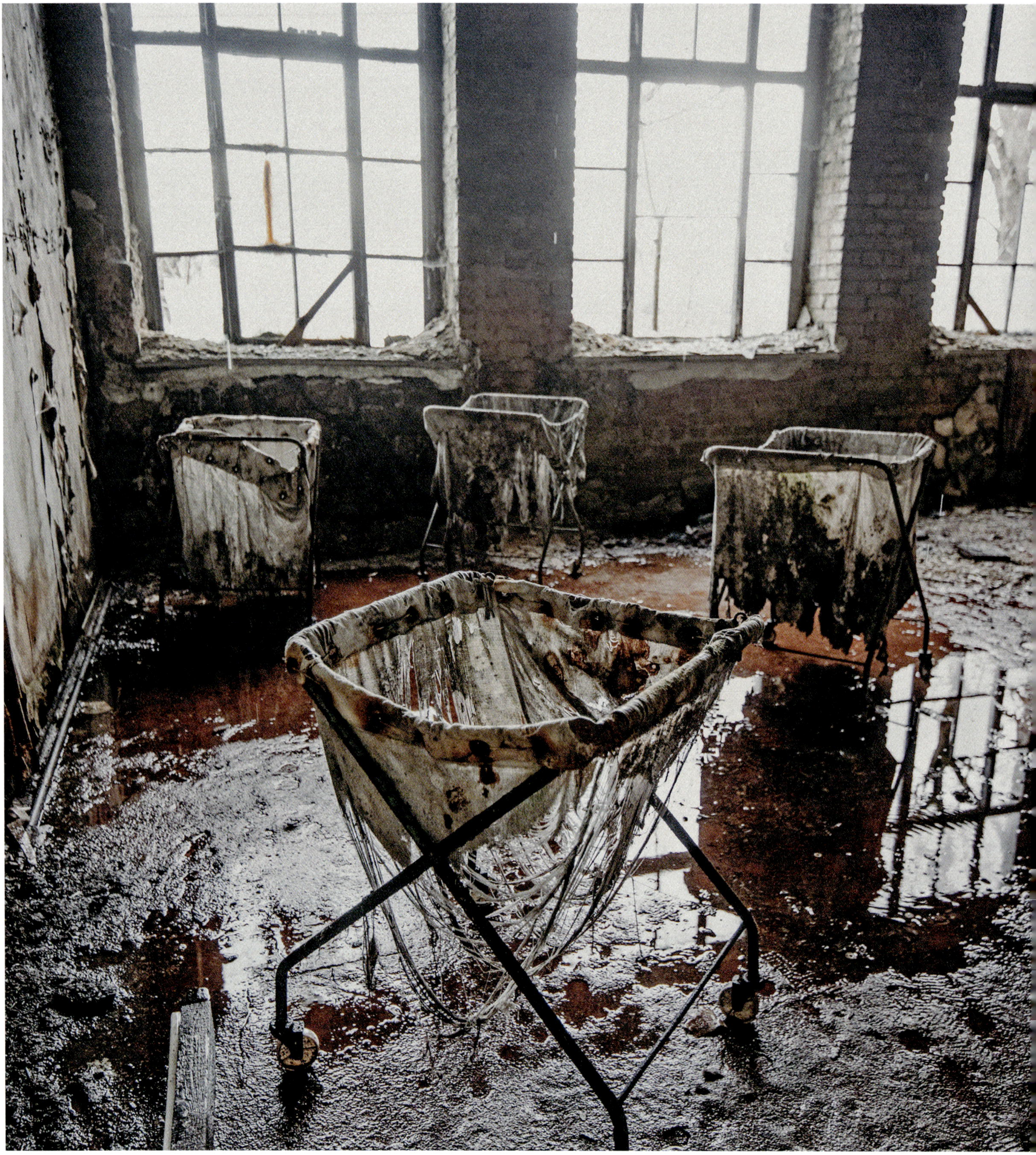

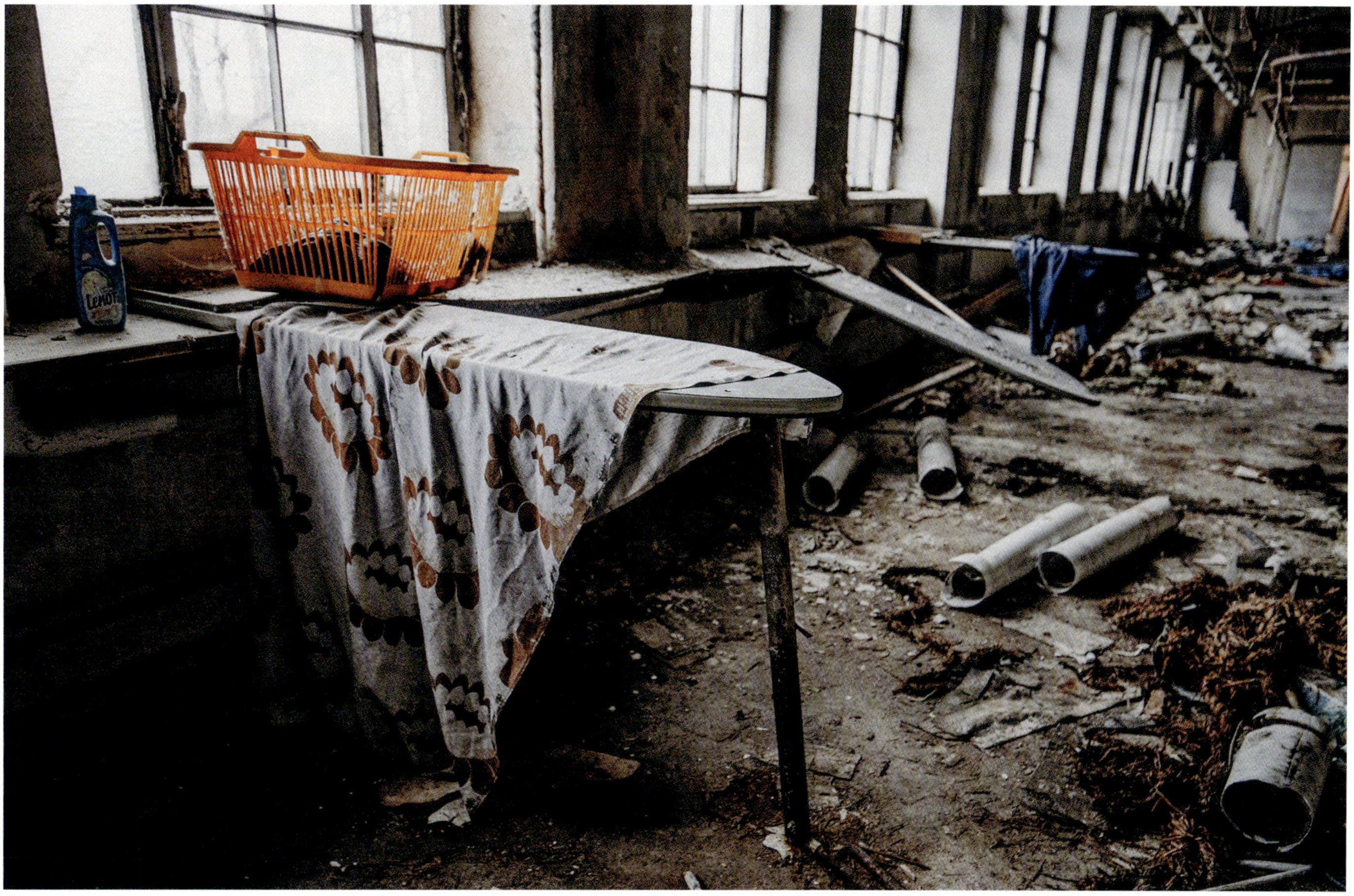

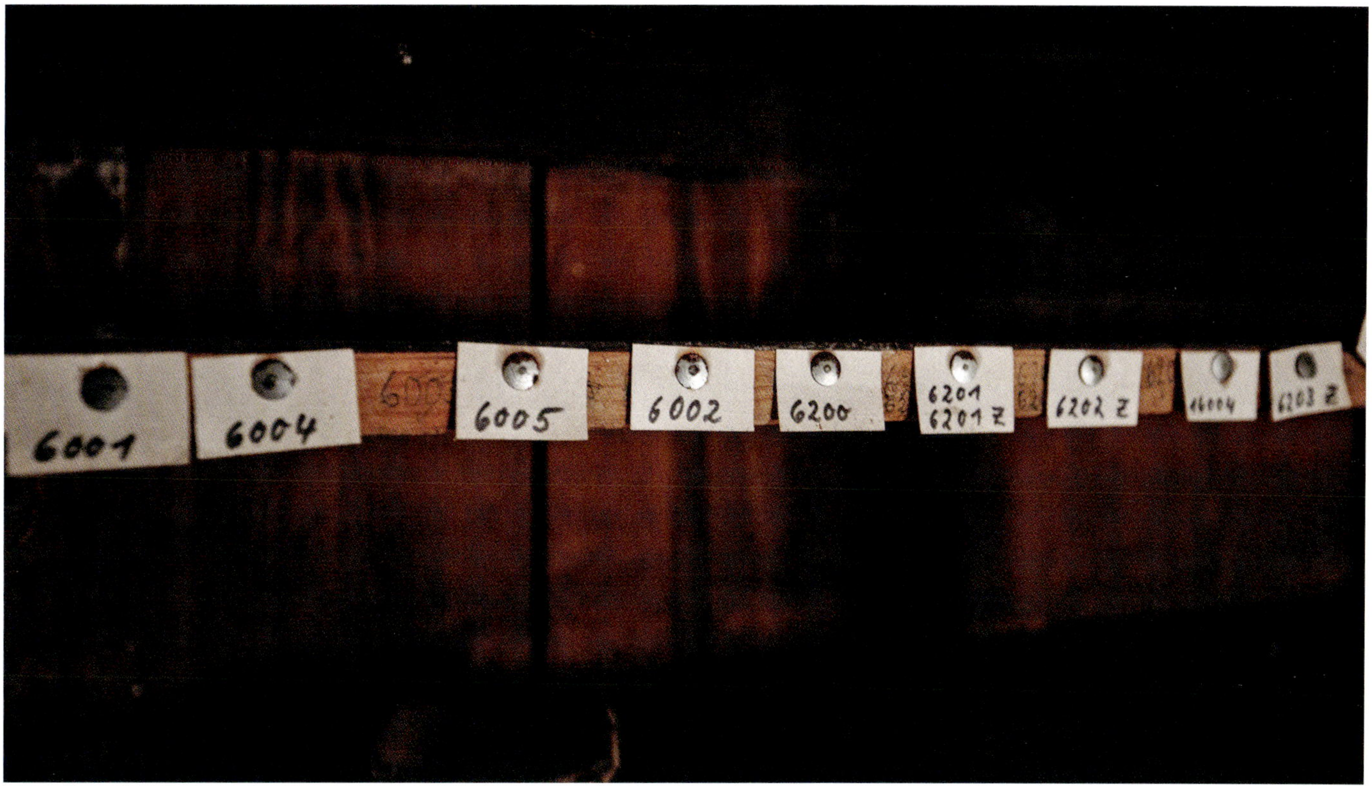
6001
6004
6005
6002
6200
6201
6201 Z
6202 Z
6203 Z

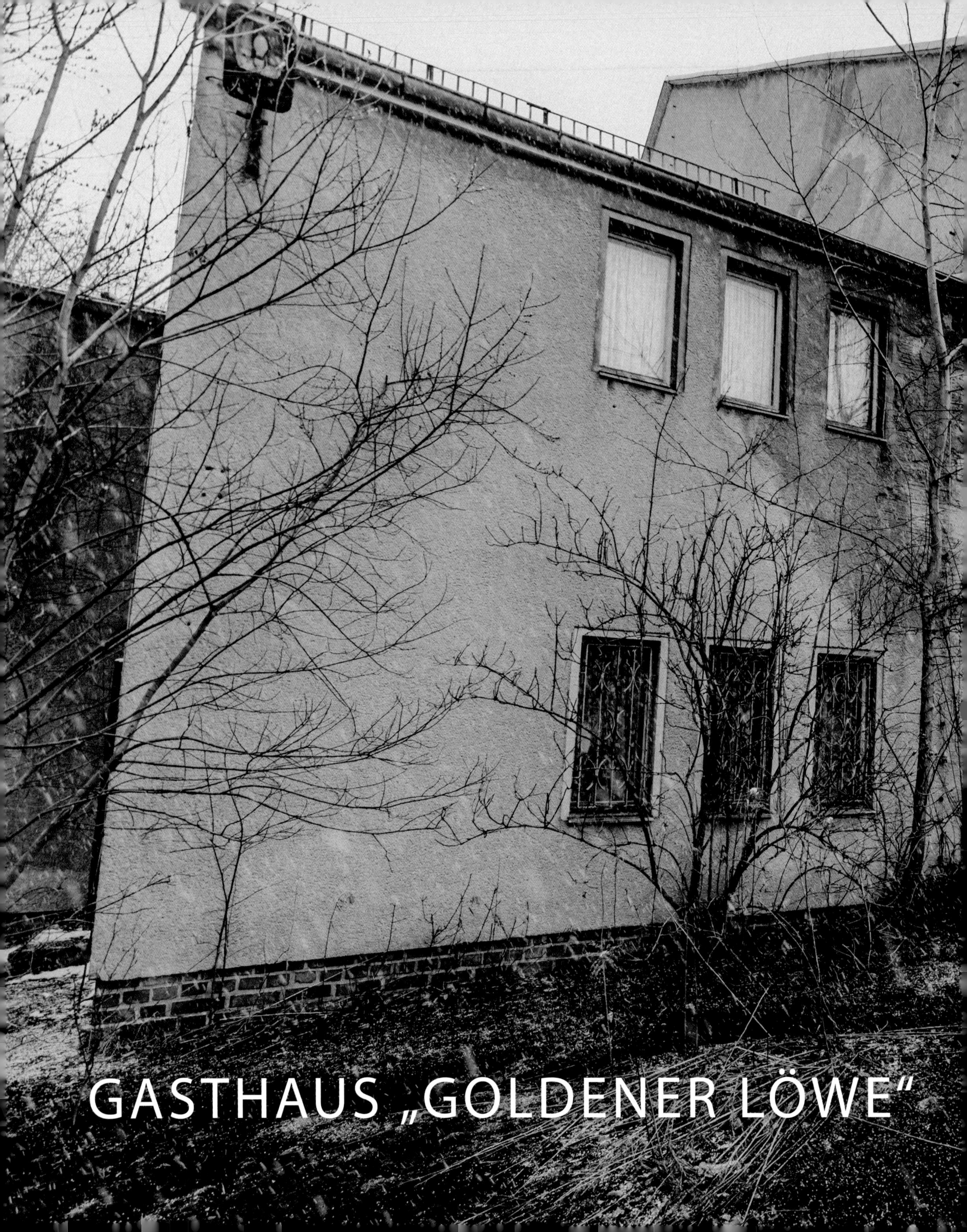

GASTHAUS „GOLDENER LÖWE"

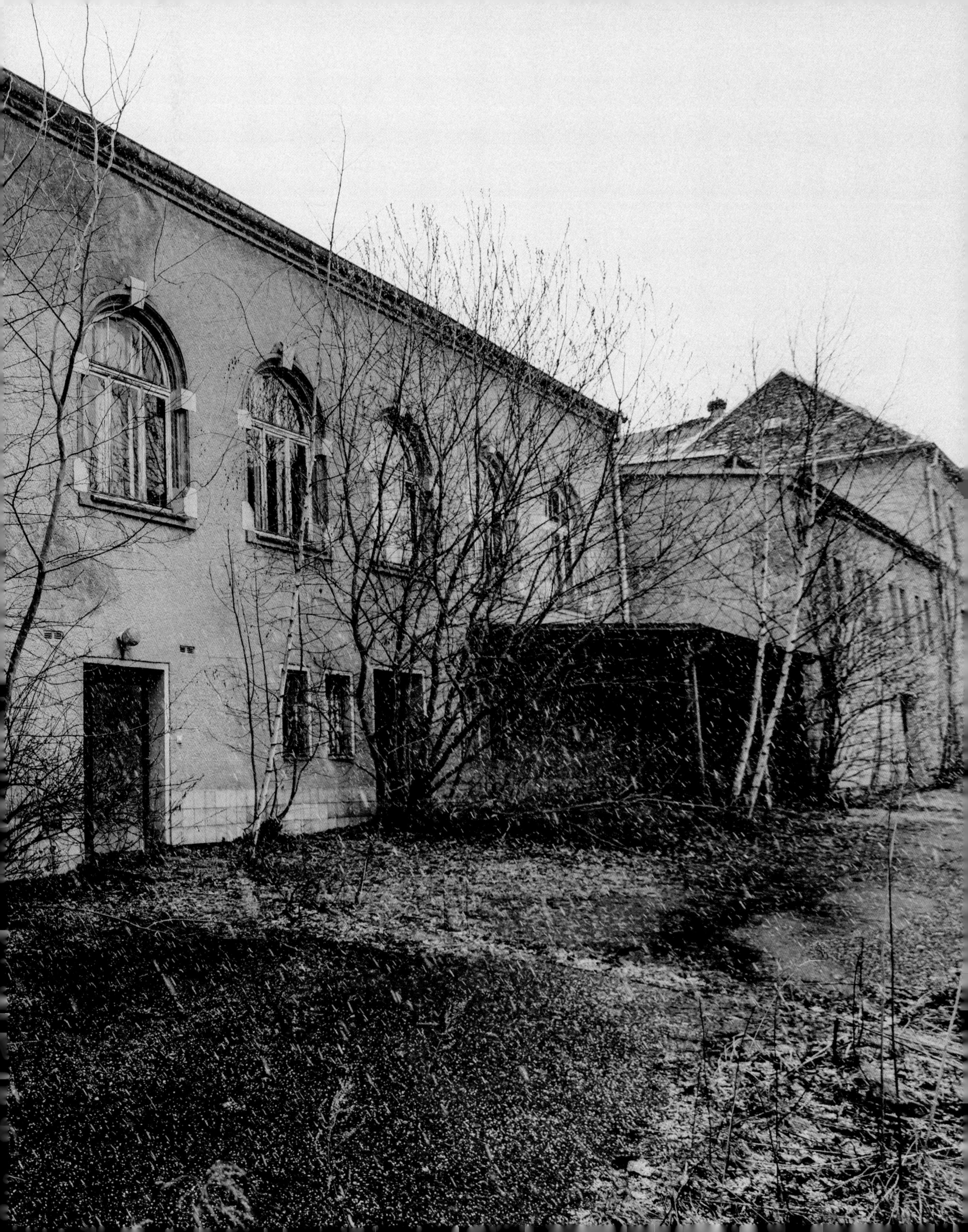

GASTHAUS „GOLDENER LÖWE"

Es war Mitte des 12. Jahrhunderts, als die Herrschaft der Rabensteins begann. Die Herren von Waldenburg errichteten eine Burg als Herrschafts- und Siedlungsmittelpunkt, welche fortan Schloss Rabenstein genannt wurde. In ihrem Schutz entstand auch Oberrabenstein und in der Gasse hinauf zur Burg siedelten sich verschiedene Gewerke wie Müller, Schmied, Brauer und auch eine kleine Kneipe an, die „Gäßnerschenke". Deren Geschichte reichte noch bis ins 18. Jahrhundert. Im Zuge der Industrialisierung im 18. Jahrhundert wurde der angrenzende Wald schnell zu einem bekannten Erholungsgebiet, das Oberrabenstein jede Menge Besucher bescherte. In dieser Zeit blühten vor allem auch die Gasthöfe im Umkreis auf, und so wurde im Jahr 1882 auf den Grundmauern der „Gäßnerschenke" der Gasthof „Goldner Löwe" mit großem Ballsaal, Kutscherstube, Gaststube und Biergarten errichtet. 1925 entstand ein Anbau, der Übernachtungsplätze bot. Drei Jahre später kaufte der Verein Volkshaus für Rabenstein und Umgebung eGmbH das Objekt, aber 1934 kam es zur Zwangsenteignung des Hauses mit Zuschlag an eine Privatperson. 1937 wurde der Gasthof erneut umgebaut, nach dem Zweiten Weltkrieg jedoch wieder enteignet. Nunmehr in staatlichem Eigentum, wurde er ab 1953 als HO-Gaststätte und Hotel „Goldener Löwe" weitergeführt. Da der FDGB (Freier Deutscher Gewerkschaftsbund) in den 60er-Jahren erste Urlaubsreisen anbot, gestaltete man den einst ruhmvollen Gasthof zur polnischen Nationalitätengaststätte um. Seine Glanzzeiten waren vorbei, das ursprünglich nur als Provisorium errichtete Unterkunftshaus von 1925/26 ist allerdings bis heute erhalten geblieben. Mit dem Ende der DDR wurde der Betrieb wieder privatisiert und teilweise aufgegeben. Man nutzte das Haus vorwiegend für Werbeverkaufsveranstaltungen. Der Veranstaltungssaal mit seinen früher so beliebten Tanzabenden blieb trotz Protest der Bevölkerung geschlossen. Die „Braustube Löwenbar" blieb noch bis 2002 in Betrieb, vereinzelt wurde der Biergarten bis 2005 immer mal geöffnet. Dann wurde der Betrieb endgültig eingestellt und das Gebäude sich selbst überlassen. Immer wieder tauchten Gerüchte für eine Weiternutzung (zum Beispiel als Altersheim) in Rabenstein auf, doch der Gasthof steht noch heute leer. Somit bleiben nur die Erinnerungen der Rabensteiner an durchtanzte Nächte, leckeres Essen und sonnige Tage im Biergarten.

Somit bleiben nur die Erinnerungen der Rabensteiner an durchtanzte Nächte, leckeres Essen und sonnige Tage im Biergarten.

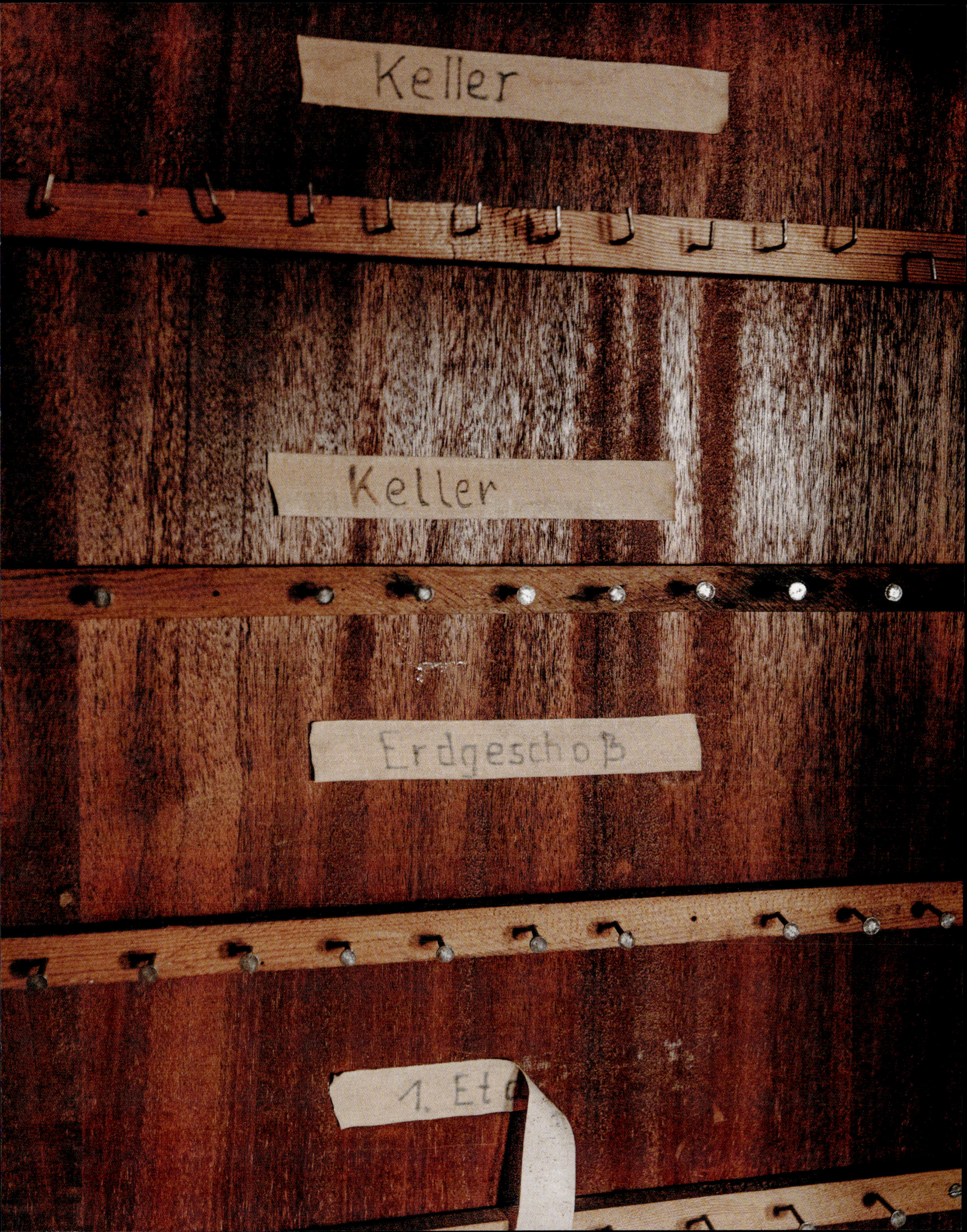
Keller
Keller
Erdgeschoß
1. Et

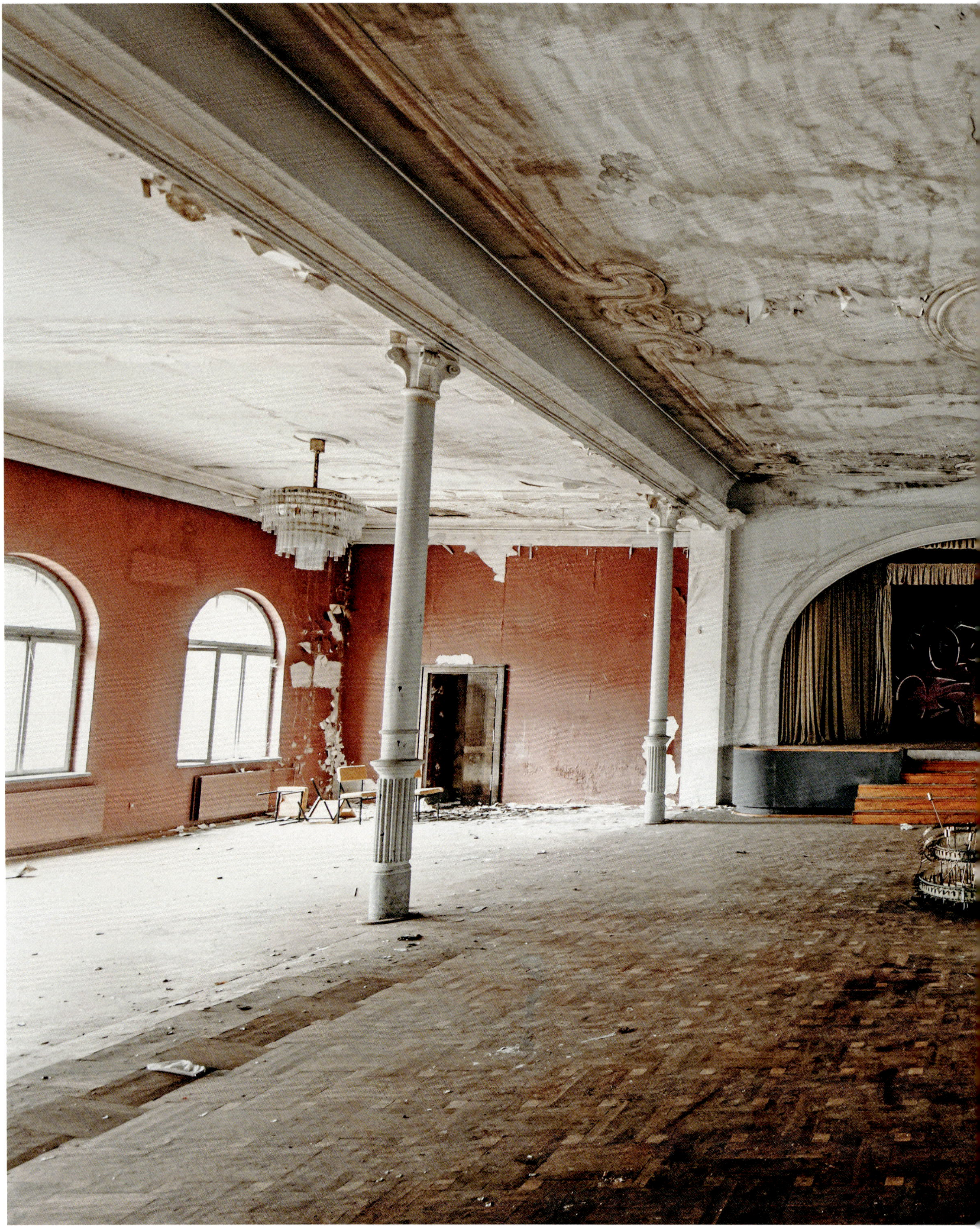

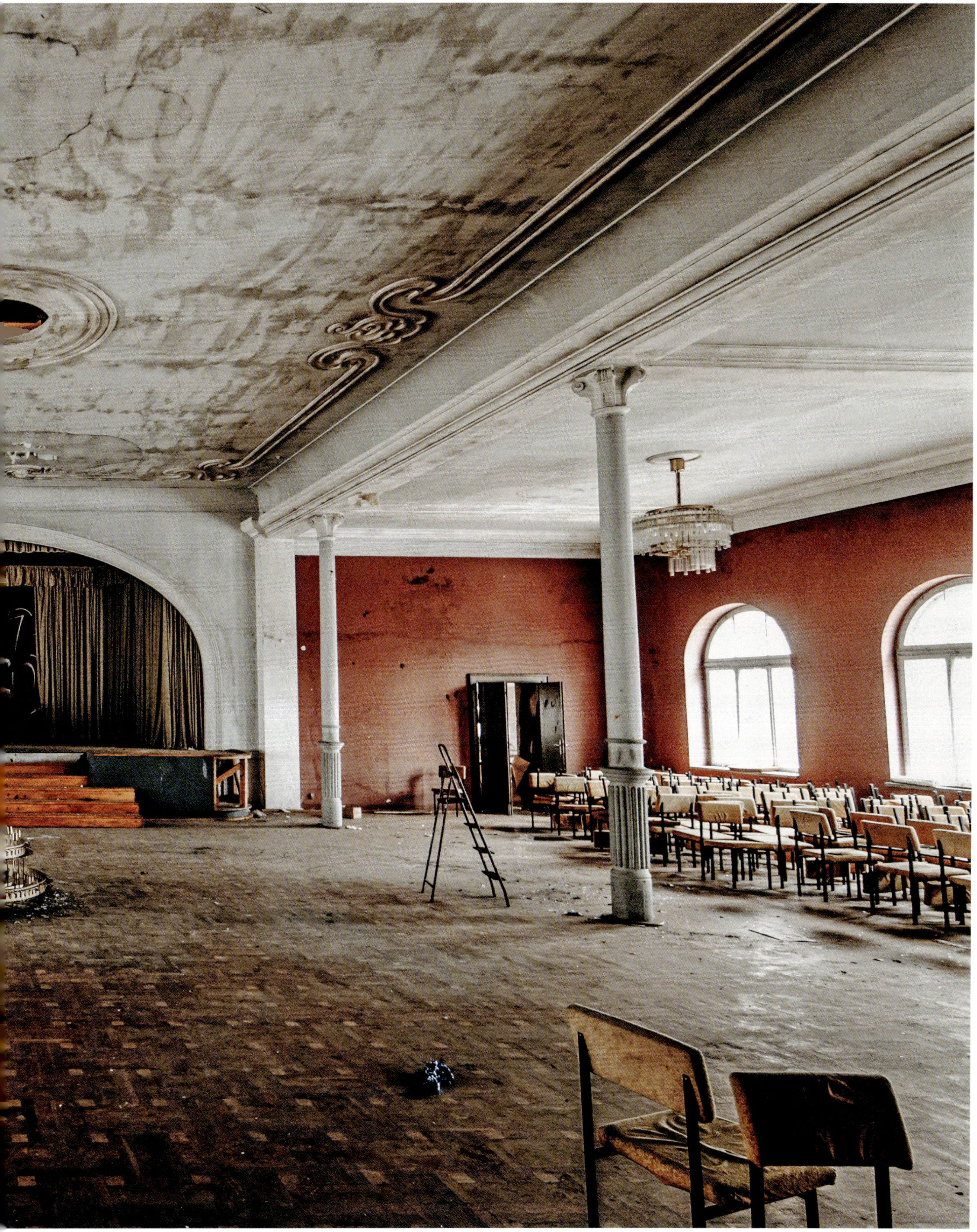

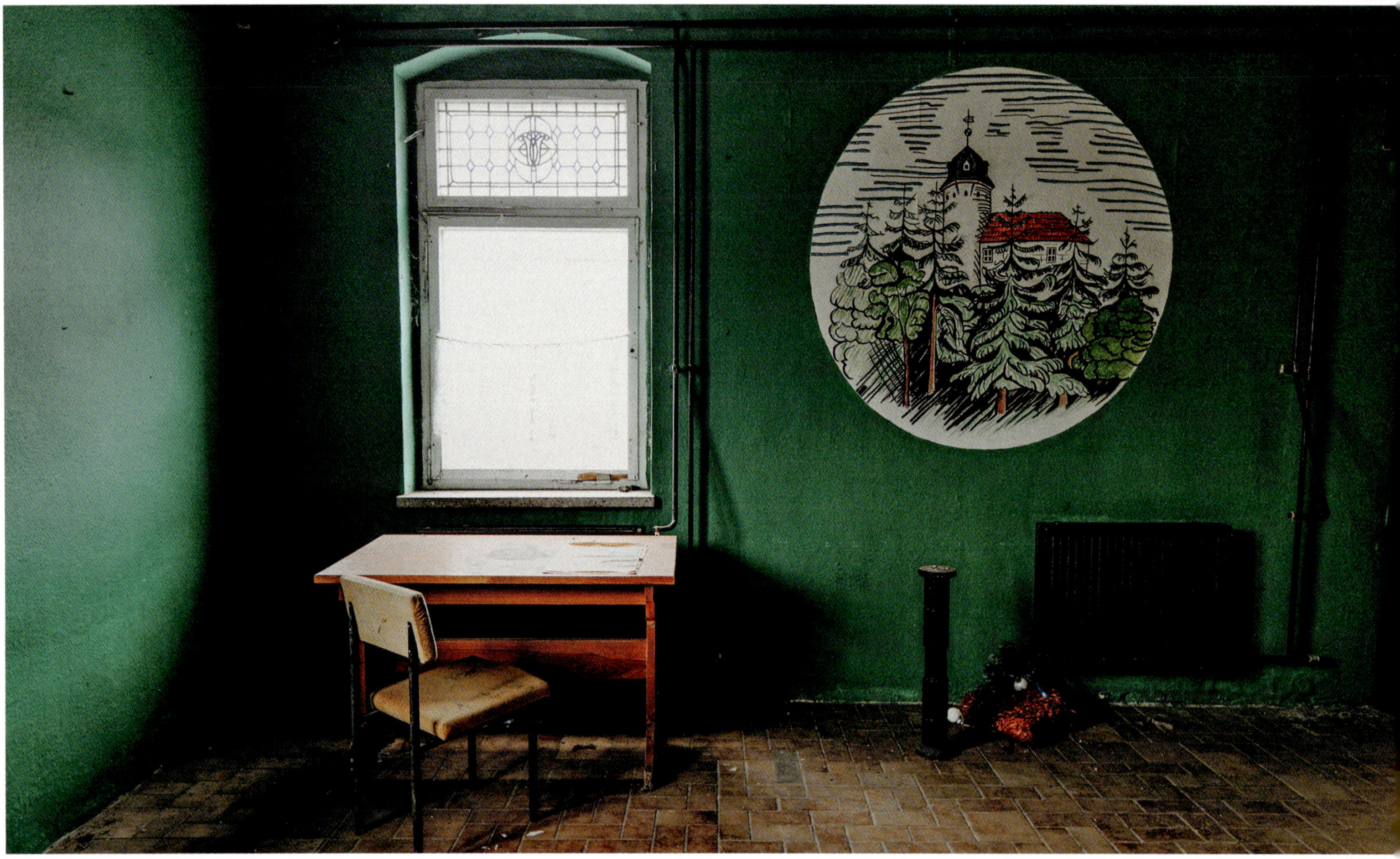

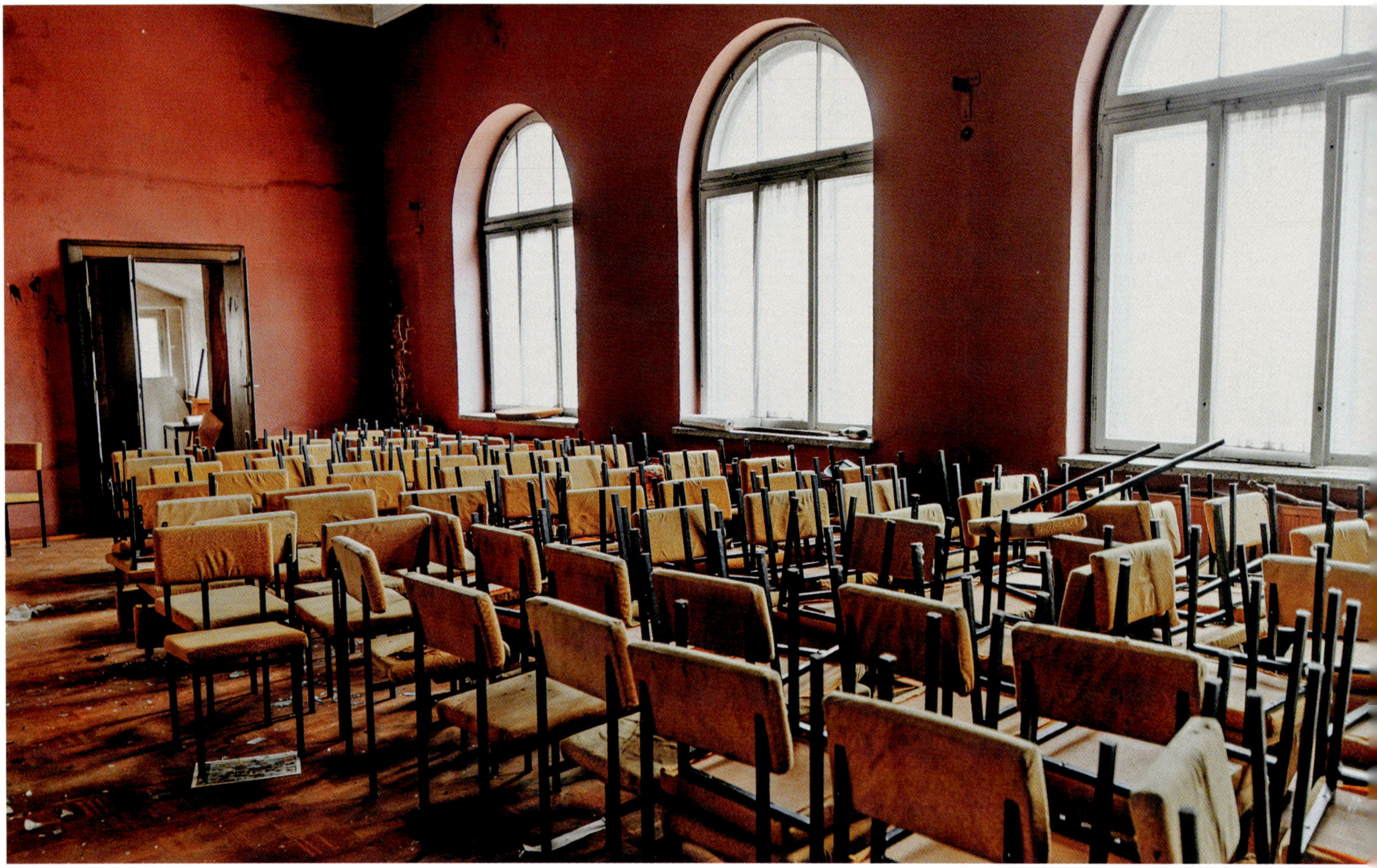

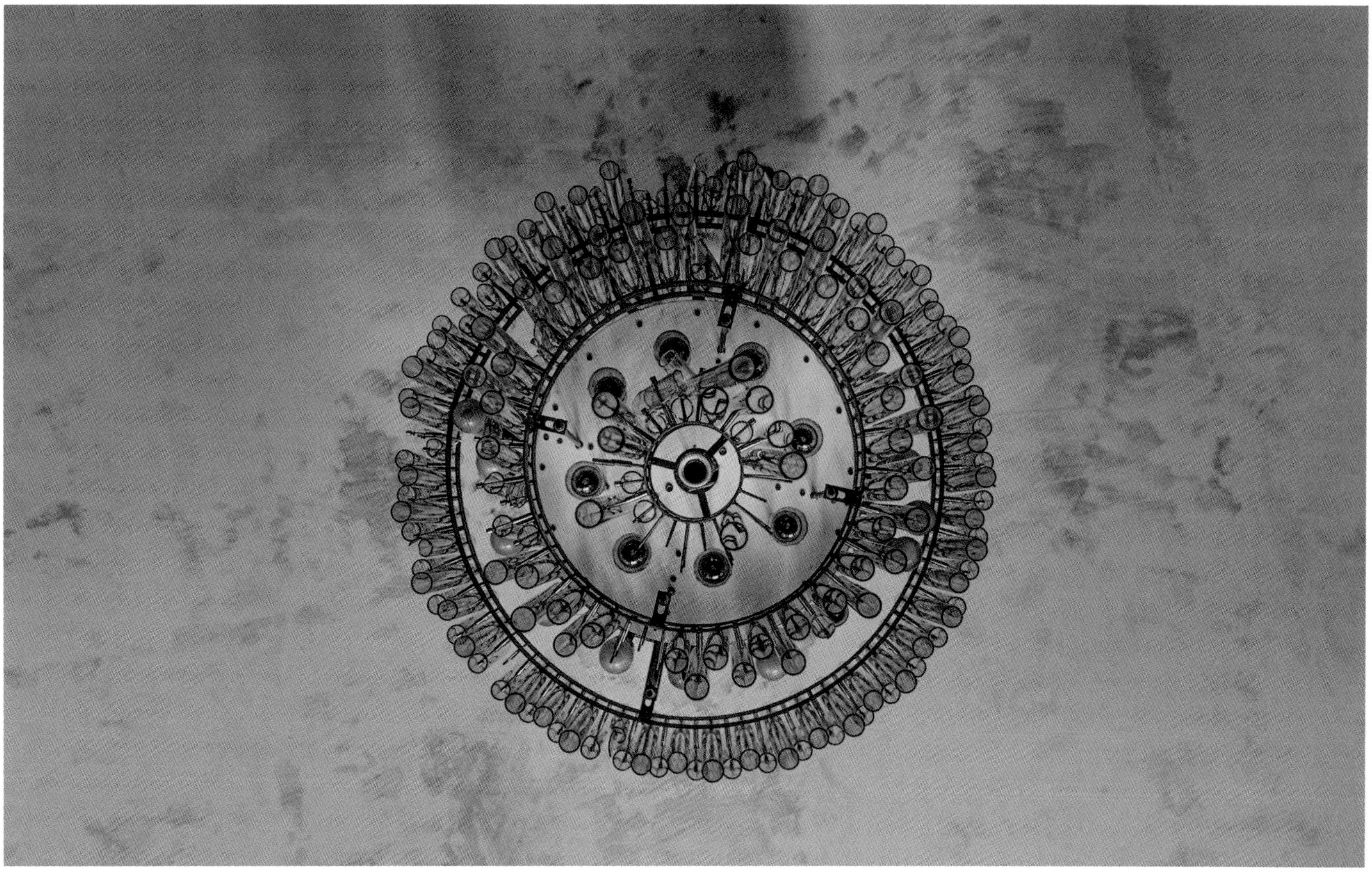

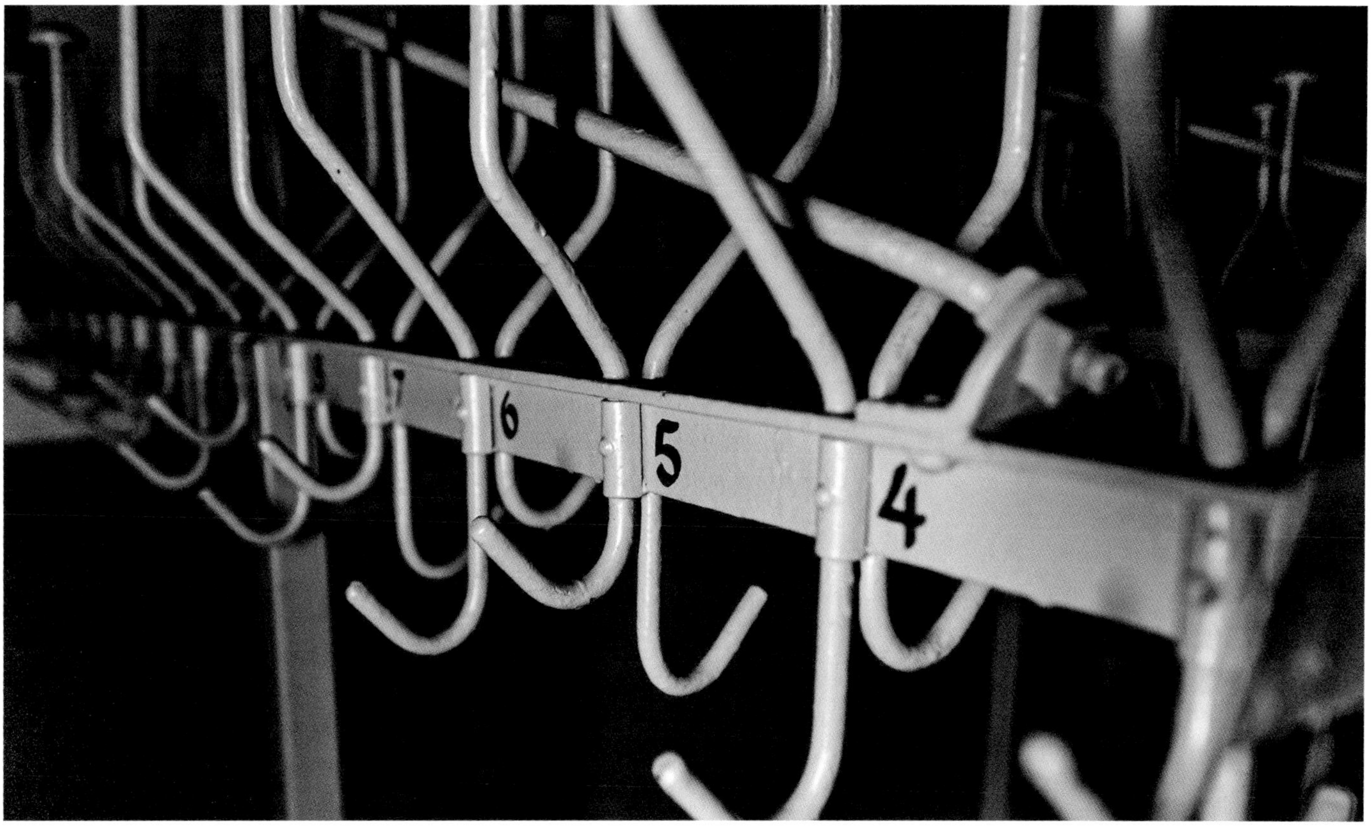
7
6
5
4

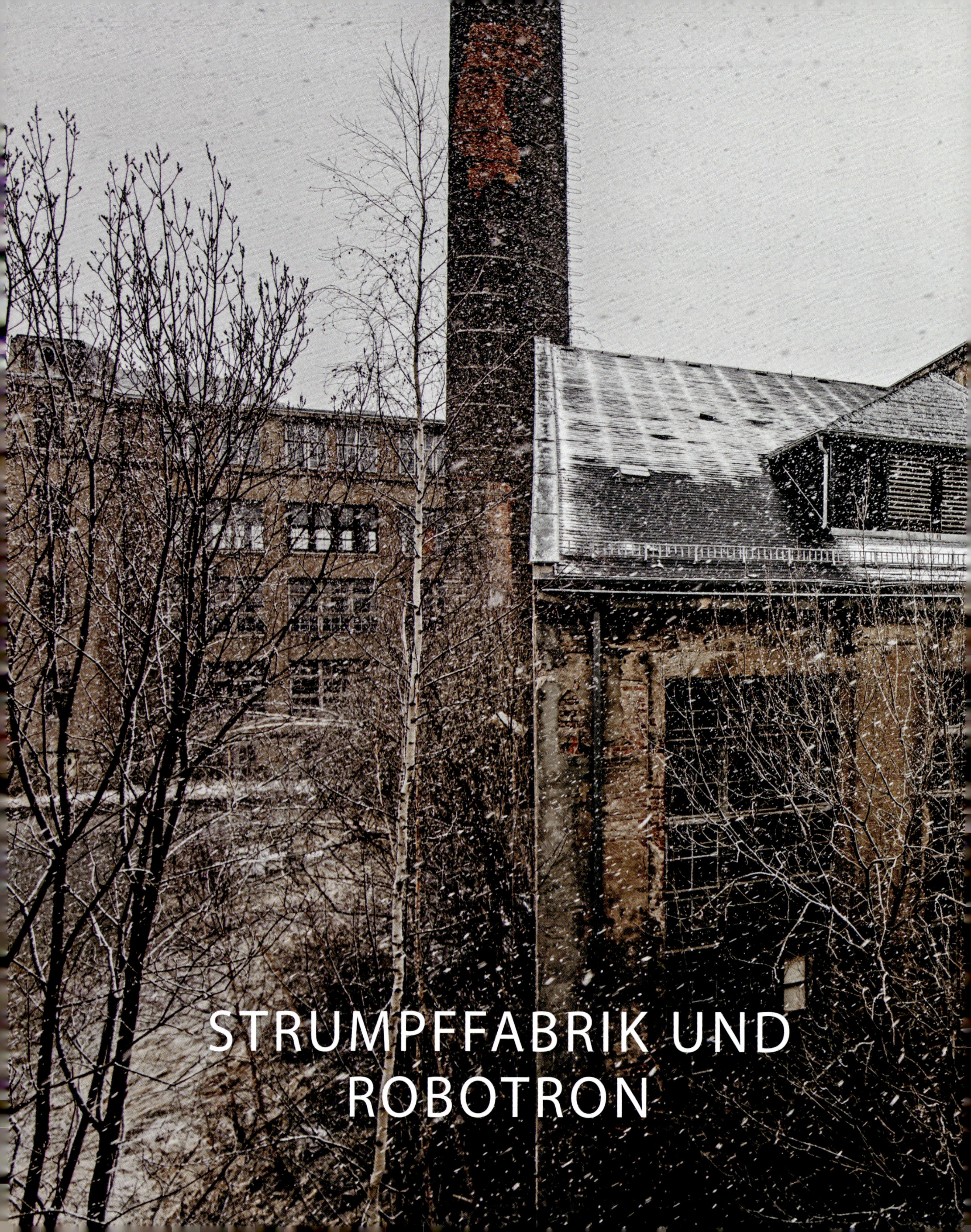

STRUMPFFABRIK UND ROBOTRON

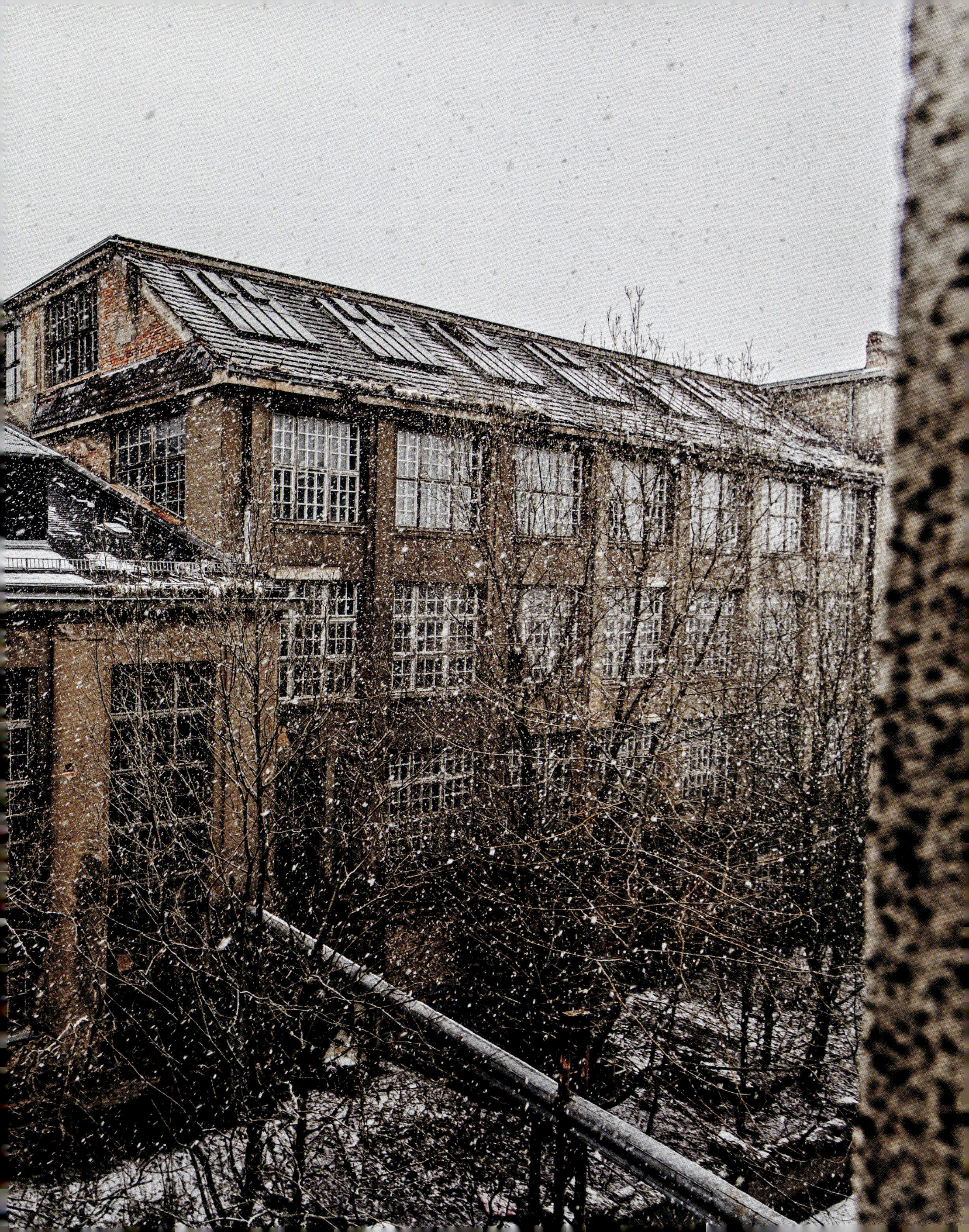

STRUMPFFABRIK UND ROBOTRON

Eine der ersten Handschuhfabriken in der Chemnitzer Region entstand 1812 auf Initiative der Firma C.F. Kröhne. Sie wurde aber schon 1825 von der 1813 in Chemnitz gegründeten Strumpffabrik Gläser übernommen, die neben der Strumpffabrik von Moritz Samuel Esche als älteste Marken-Strumpffabrik Deutschlands galt. Nach umfangreichem Ausbau des Firmengeländes der ehemaligen Handschuhfabrik zog man 1830 ein und stellte die Produktion auf Strumpfwaren um. Von Anfang an standen Gläser-Strümpfe für hohe Qualität und man gewann zahlreiche Auszeichnungen. So erhielten die Erzeugnisse aus Sachsen auf der ersten Londoner Industrie-Weltausstellung eine Medaille und ein Diplom. Mehrfach wurde die Fabrik in den kommenden Jahren baulich stark erweitert, um monatlich etwa eine Million Strümpfe produzieren zu können. Über 100 Arbeiterinnen erwirtschafteten hier rund zehn Millionen Mark pro Jahr, jeder vierte Damenstrumpf in Deutschland stammte von Gläser. Um die Jahrhundertwende schloss sich nebenan das weitläufige Areal der Wanderer-Werke AG an. Der Zweite Weltkrieg beendete die Erfolgsgeschichte der Firma Gläser durch massive Zerstörung. Firmeninhaber Rolf Gläser versuchte zwar einen Wiederaufbau, doch die Enteignung und Überführung in einen volkseigenen Betrieb (VEB Chemnitzer Feinstrumpfwerke) führte dazu, dass Gläser erst nach Westberlin und später nach Heidelberg ging, um einen Neuanfang zu wagen. Nur kurze Zeit später gliederte man der Fabrik den VEB Robotron Dresden an. Das Kombinat war einer der größten ostdeutschen Elektronikhersteller – hier arbeiteten zur Zeit der politischen Wende 68.000 Mitarbeiter. Das Unternehmen bestand aus mehreren Werken. In der ehemaligen Gläser-Fabrik fand die Robotron Bürotechnik ihren Platz, die als einer der ersten Betriebe der DDR-Computerindustrie in Eigenentwicklung den Großrechner R300 herstellte. Aber auch verschiedene computerbezogene Hardwareprodukte, Radios und Fernsehgeräte wurden hier produziert. Am 30. Juni 1990 wandelte man die Computerindustrie der DDR rund um den VEB Robotron und die Geschäftsbereiche in verschiedene Kleinunternehmen um. Später wurden diese von Siemens und IBM übernommen. Einige Jahre lang nutzte die Bürotechnik Chemnitz GmbH die Gebäude, doch 1995 wurde das Werk endgültig geschlossen. Heute sind die Hallen leer und einige Räume werden von Obdachlosen als Unterschlupf genutzt. Auf dem großen Hof findet man neben Müll auch die Überreste zweier Autos – und immer wieder bricht der Wind Scherben aus den kaputten Fenstern. Ein verlassener Ort, der nur noch entfernt an eine glorreiche Zeit erinnert.

Von Anfang an standen Gläser-Strümpfe für hohe Qualität und man gewann zahlreiche Auszeichnungen.

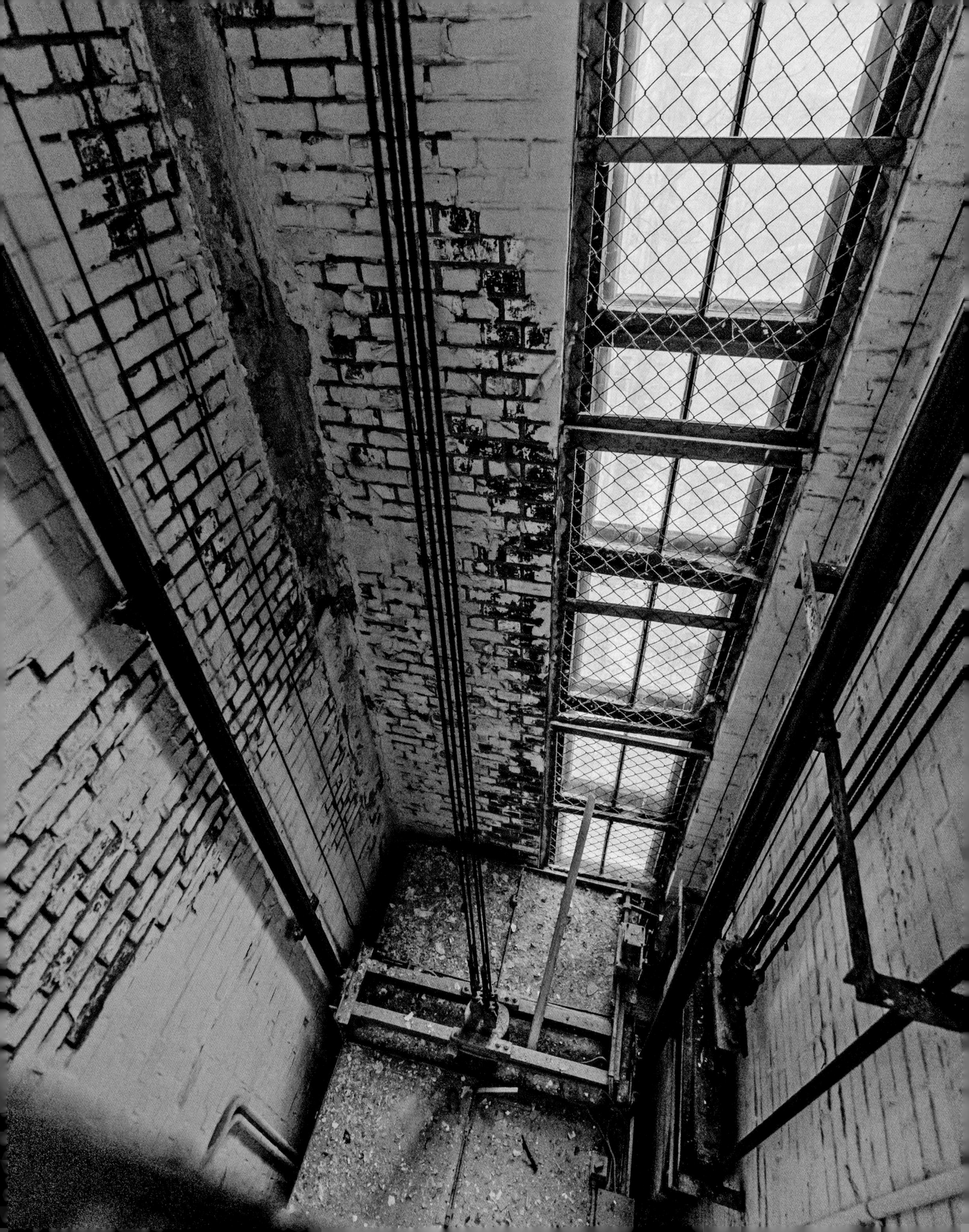

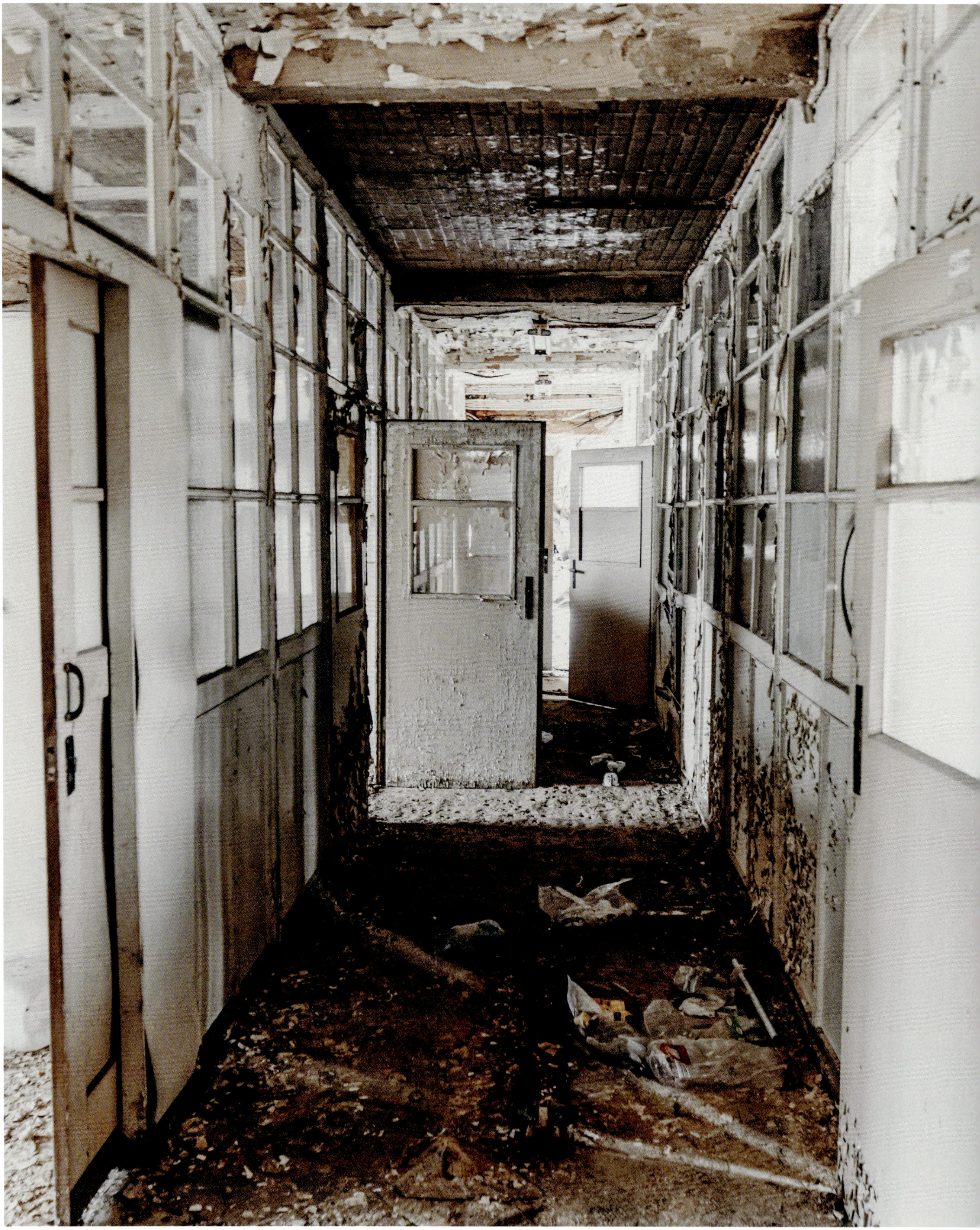

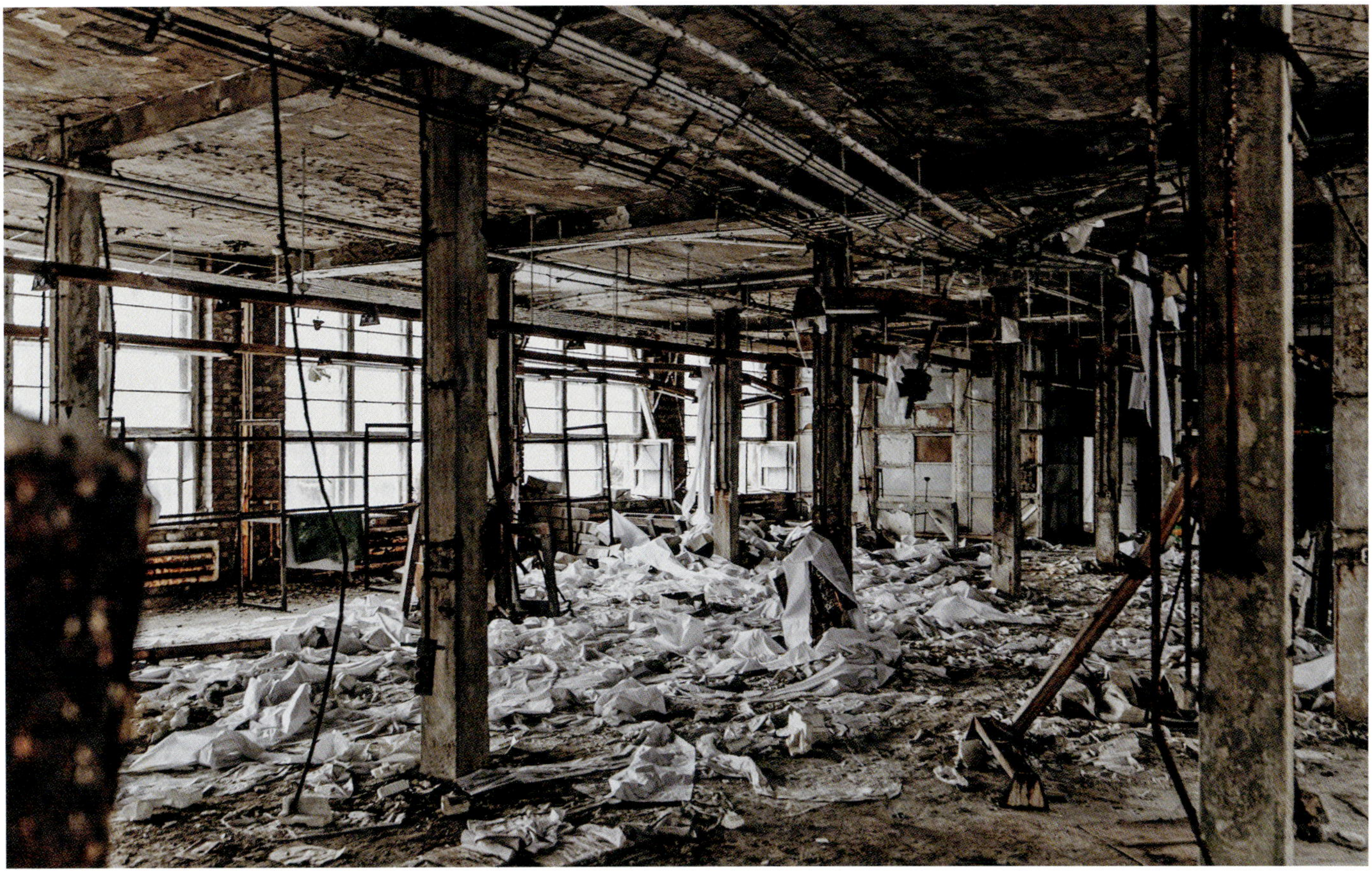

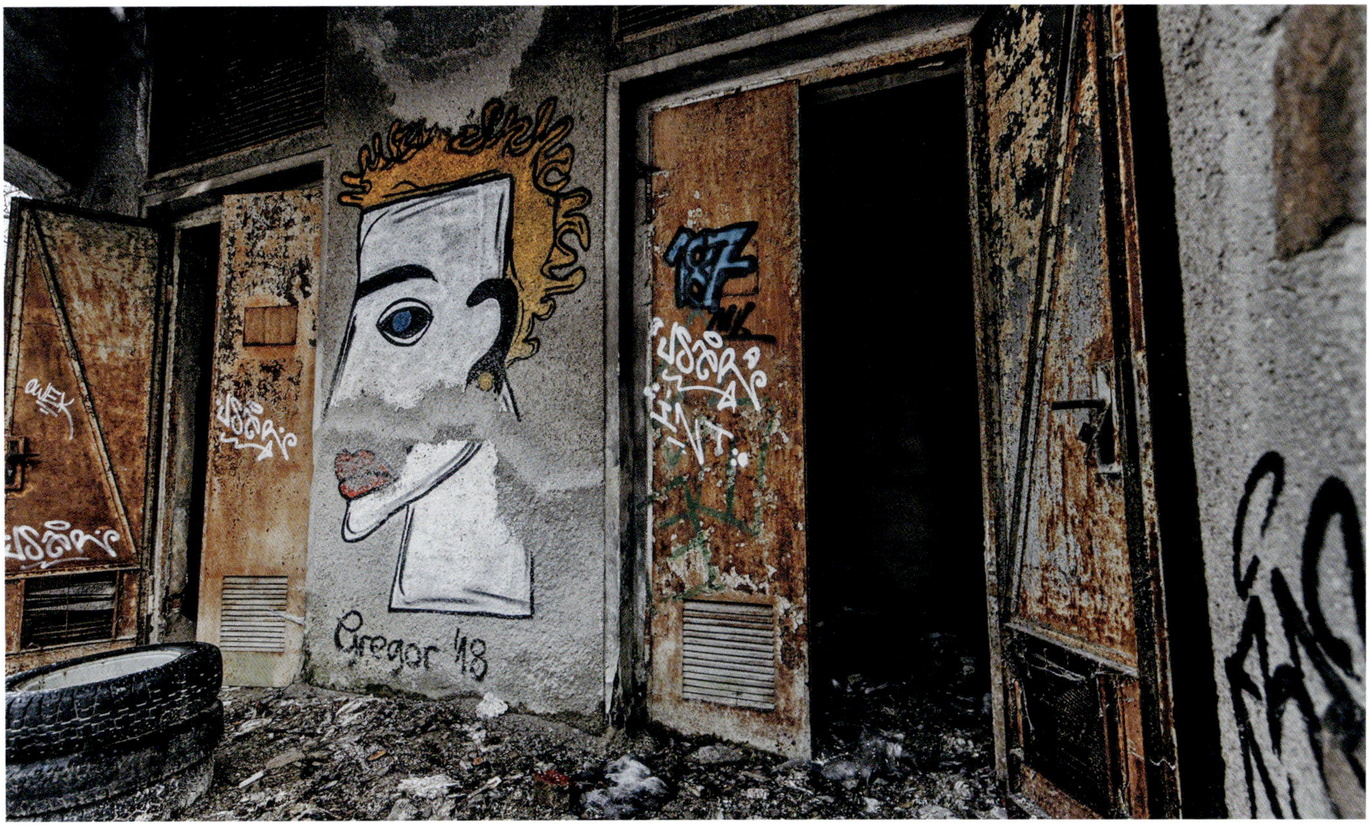
Gregor '18

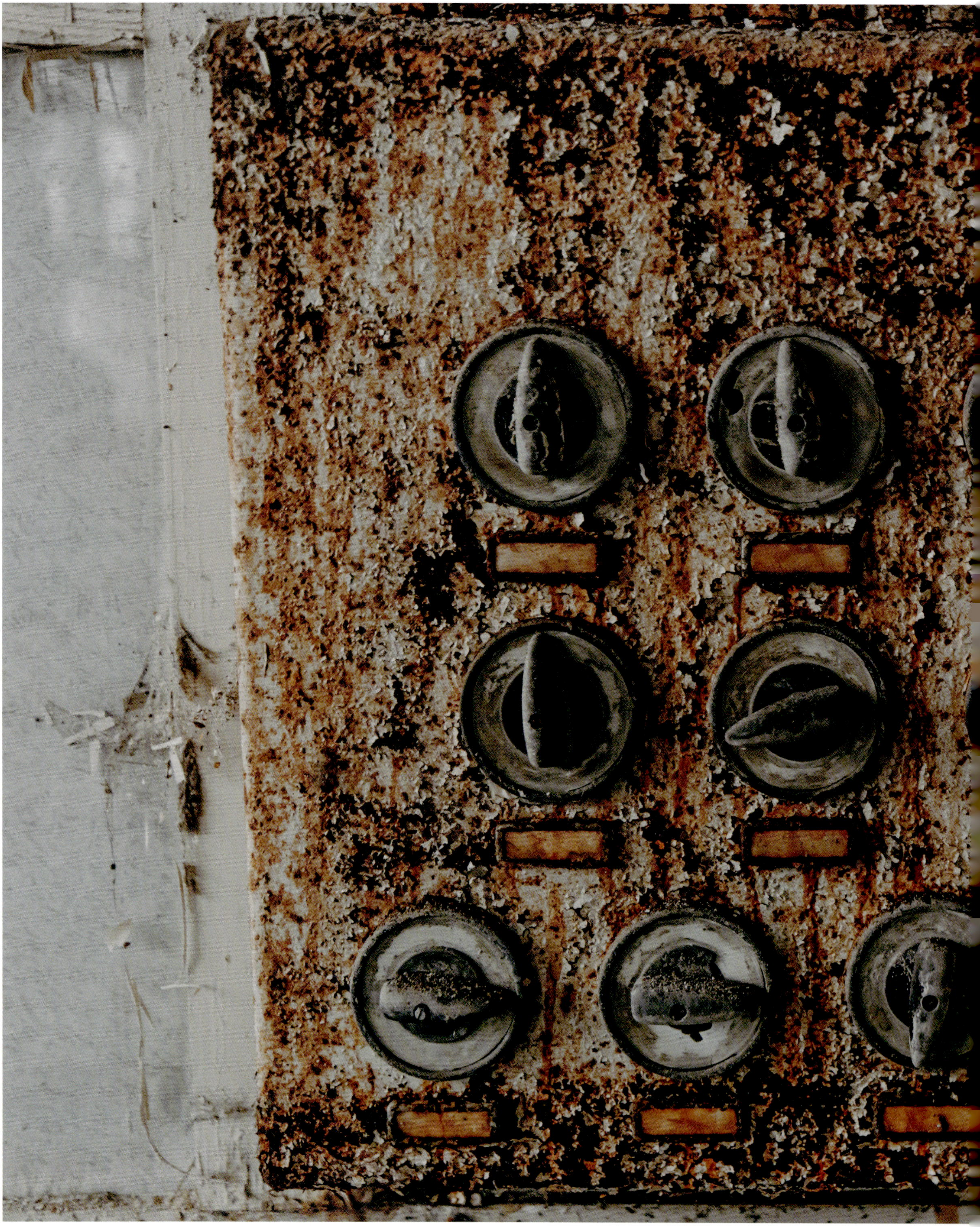

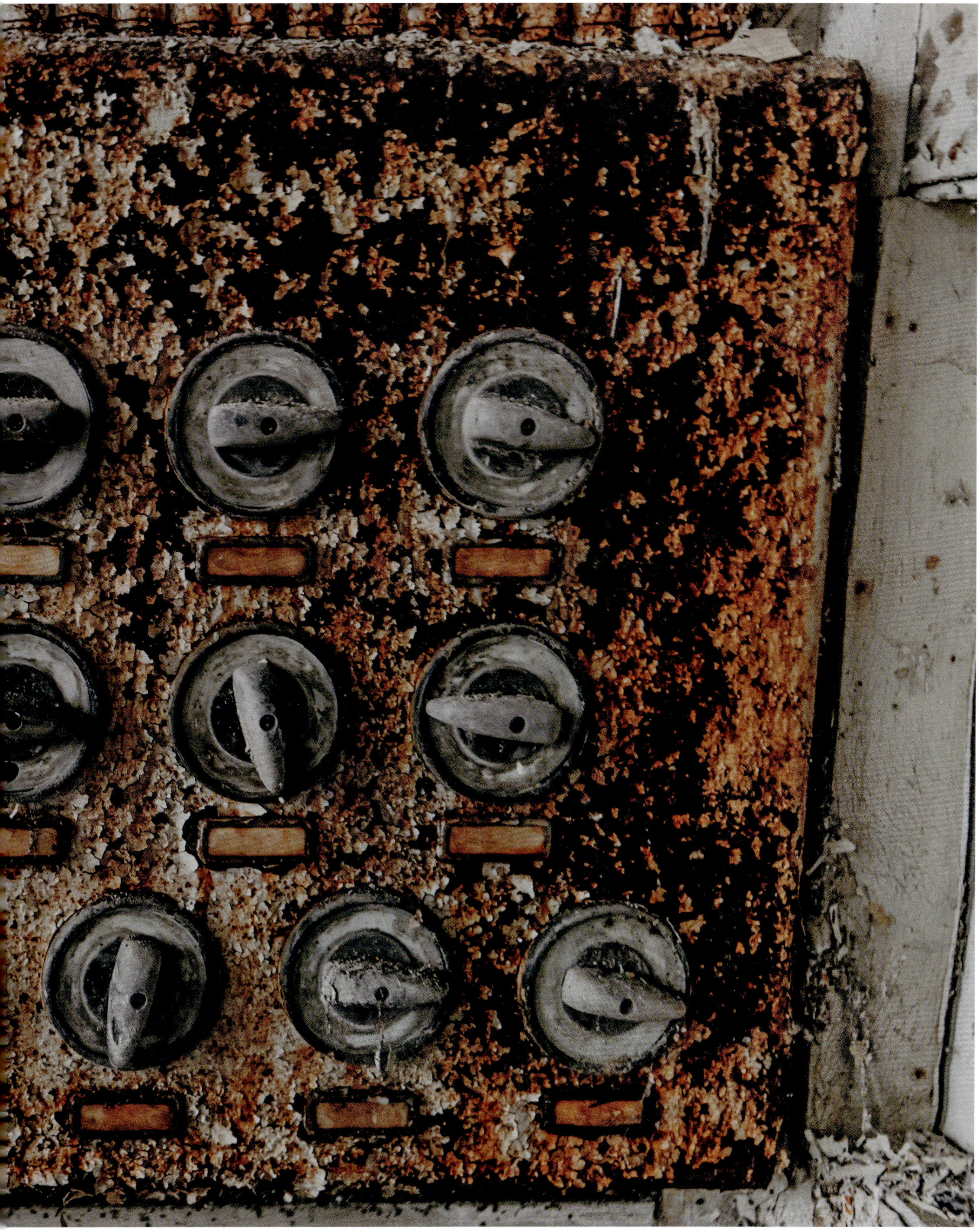

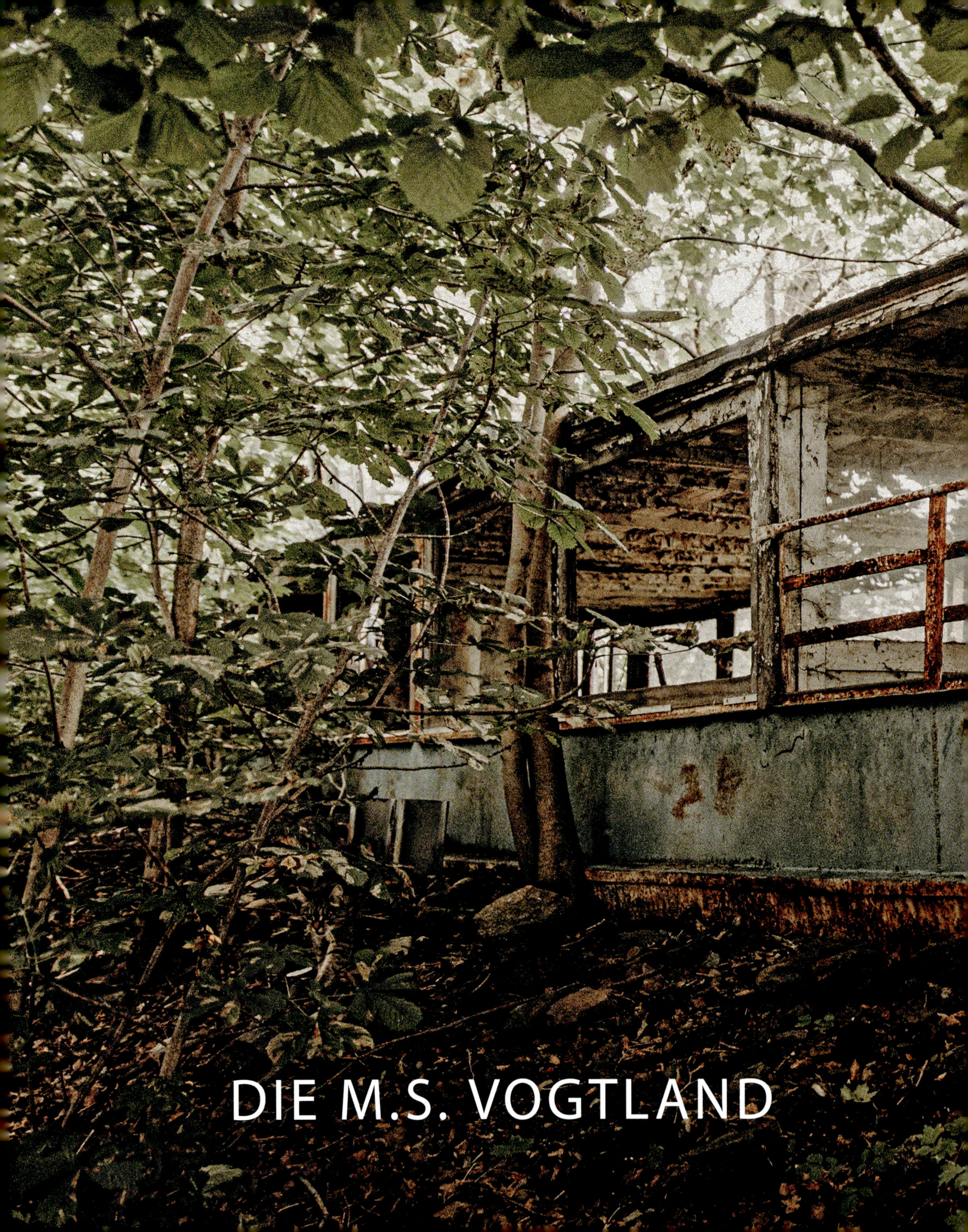

DIE M.S. VOGTLAND

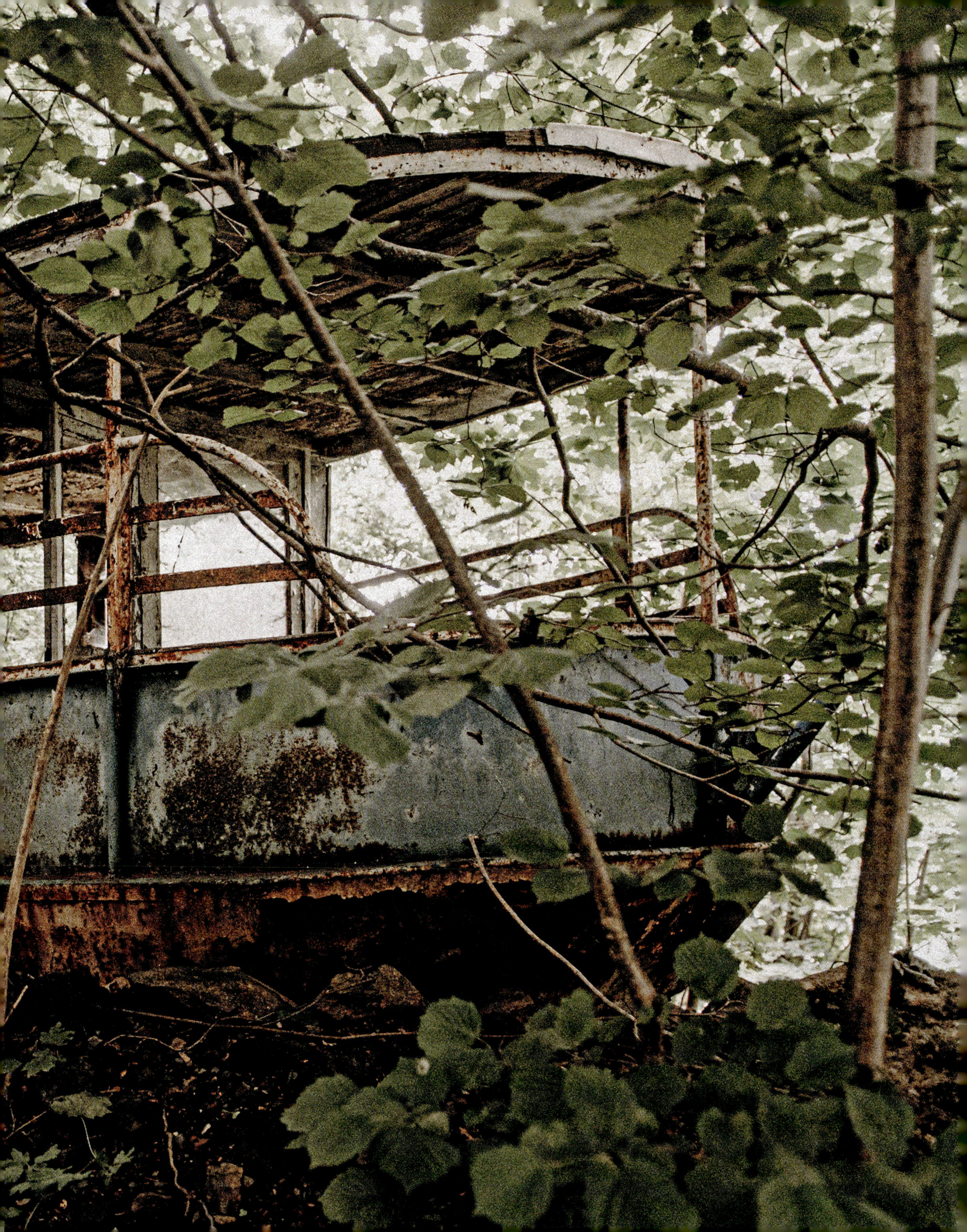

DIE M.S. VOGTLAND

Völlig zugewachsen und kaum sichtbar schlummert ein ehemaliger Ausflugsdampfer im Gebüsch an der drittgrößten Talsperre Sachsens: die M.S. Vogtland. Auf ihr durften früher zahlreiche Besucher über das kalte, klare Wasser der Talsperre Pöhl schippern. Alte Ansichtskarten zeigen, wie Menschen an der Anlegestelle Schlange stehen, um einen Platz auf dem 17,13 Meter langen und 3,26 Meter breiten Schiff zu bekommen. Bis zu 93 Personen konnte das Schiff bei einem Tiefgang von 0,90 Metern aufnehmen. Angetrieben wurde sie von einem Junkers 3 HK 65 Standmotor, der 30 PS lieferte. Gebaut 1912 unter dem Namen „Pieskow" in der Anker-Werft Rummelsburg (Berlin), gehörte die M.S. Vogtland während der DDR-Zeit zum VEB „Naherholung". Auf der Talsperre Pöhl war sie ab 1966 aktiv. 1979 wurde sie dann außer Dienst gestellt und als Gaststättenschiff verkauft, dann war sie dem Verfall preisgegeben. Abgelöst wurde die M.S. Vogtland dann von den beiden Dampfern „Plauen" und „Pöhl".

Bis zu 93 Personen konnte das Schiff bei einem Tiefgang von 0,90 Metern aufnehmen.

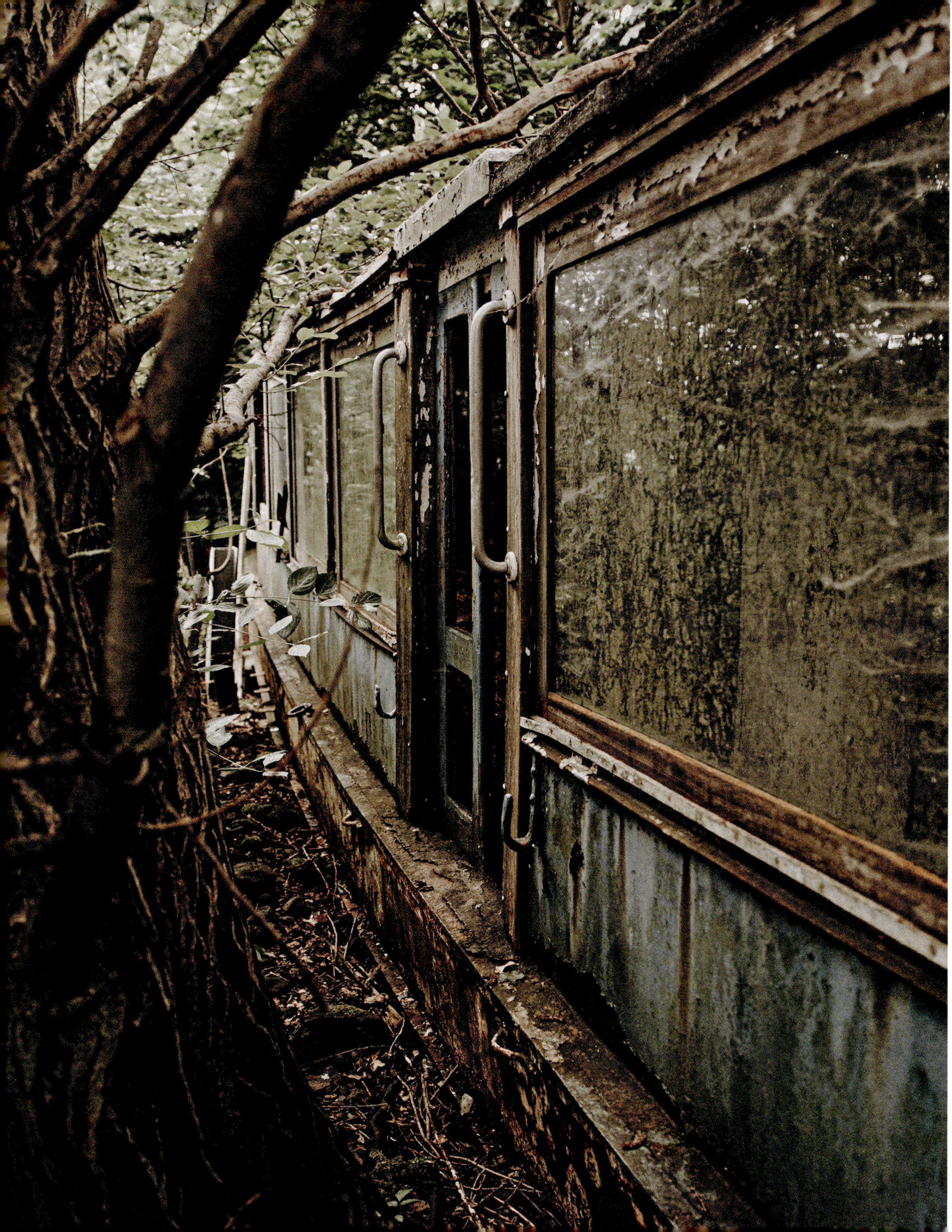

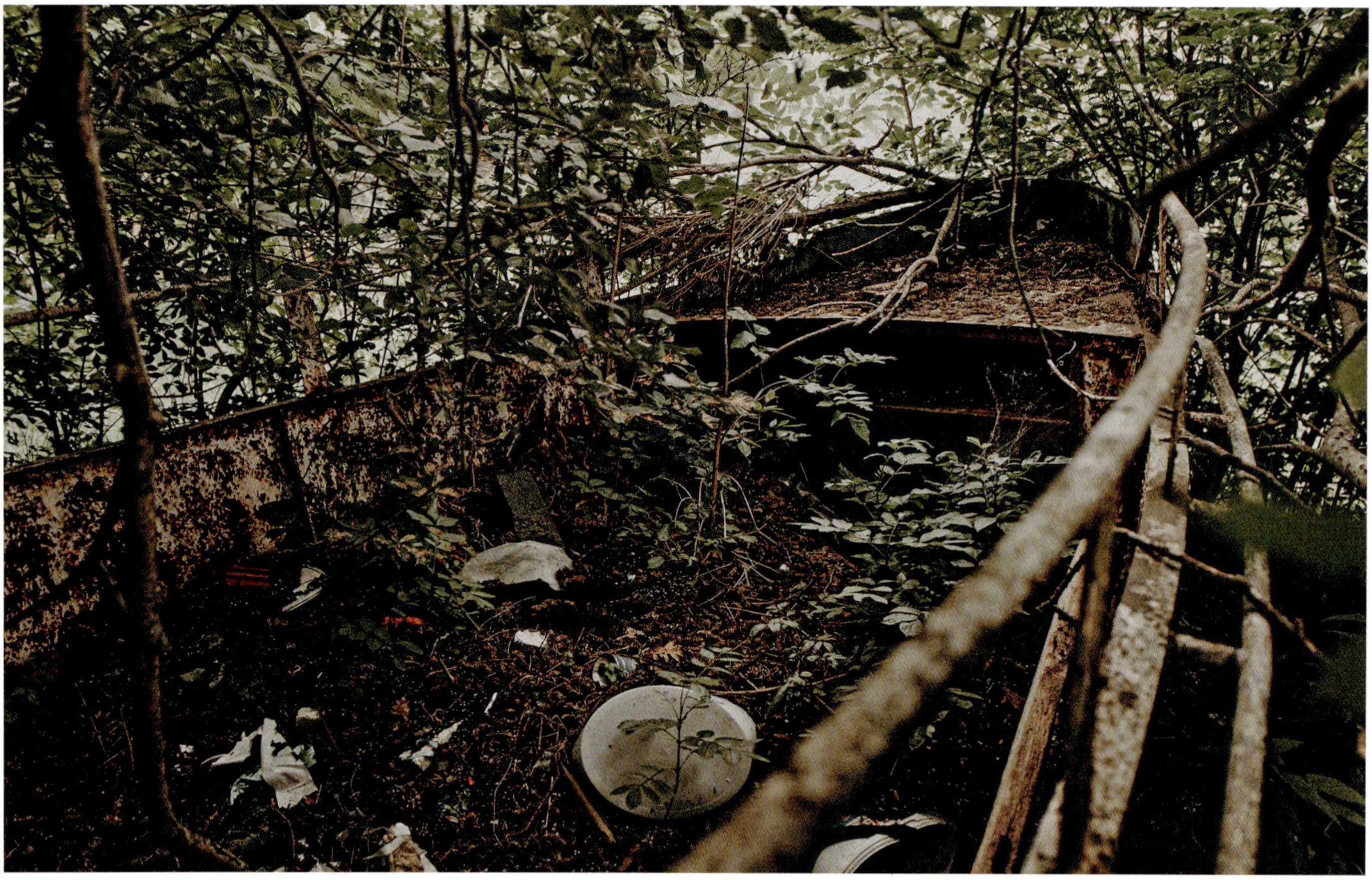

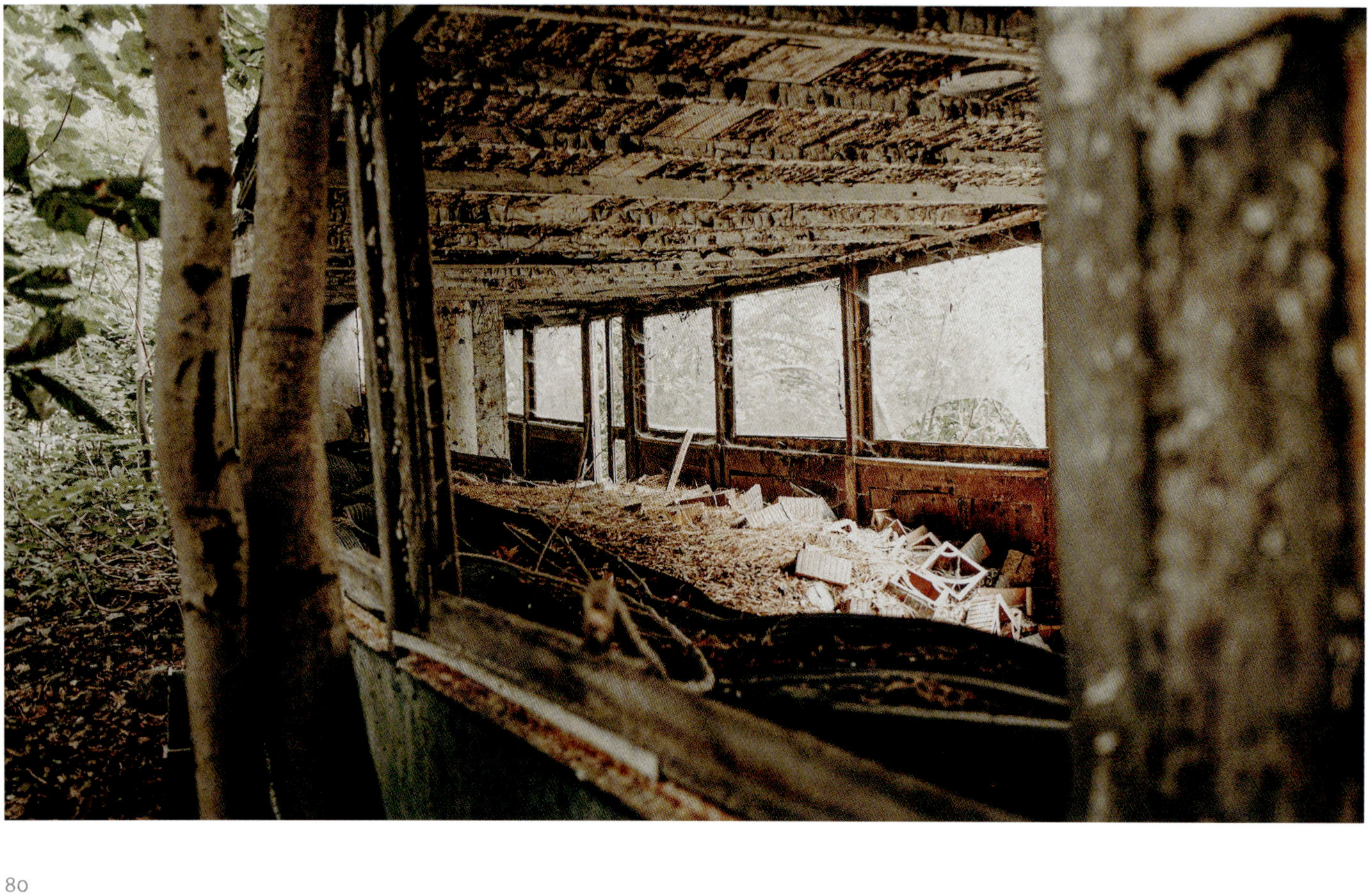

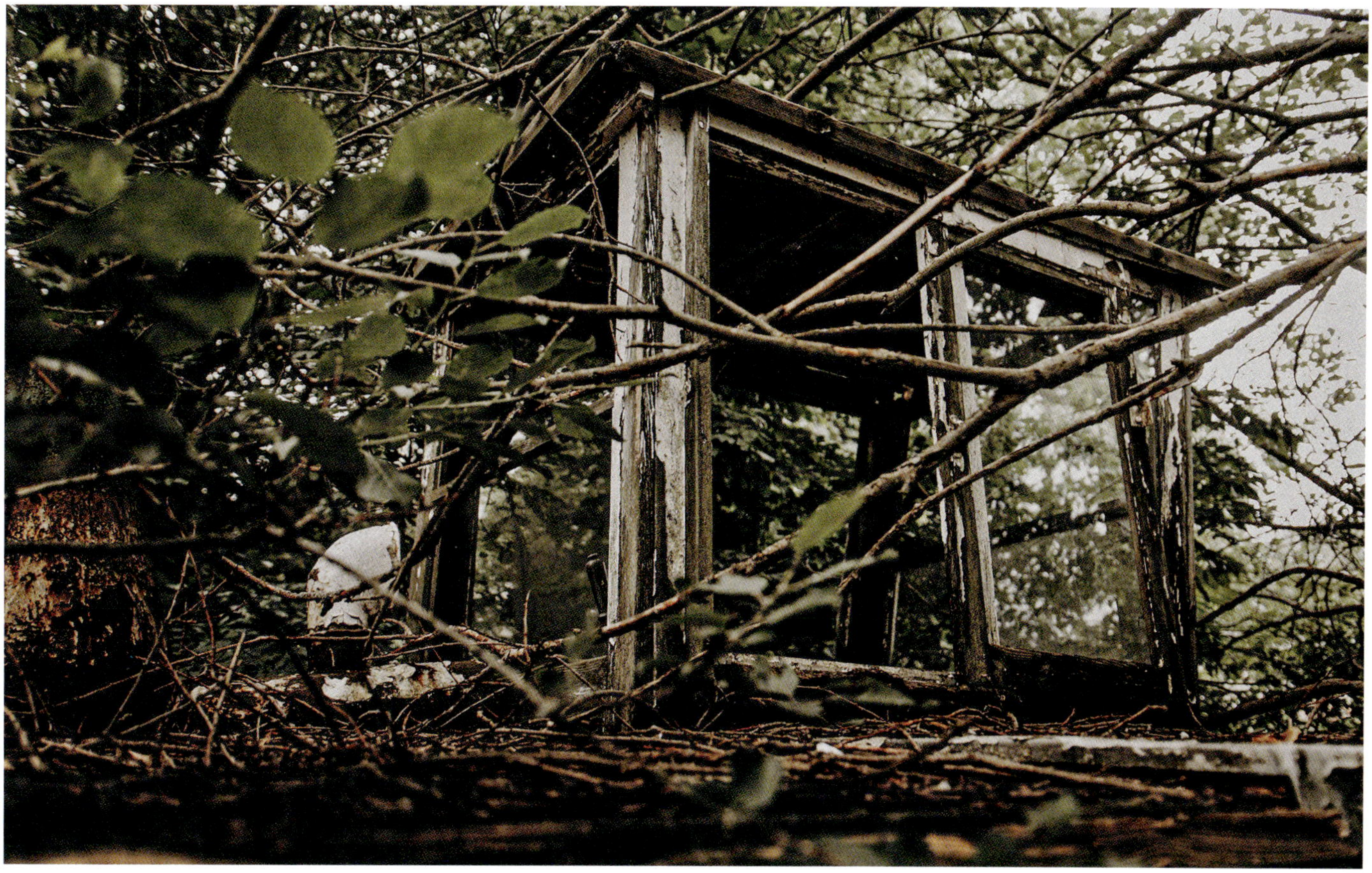

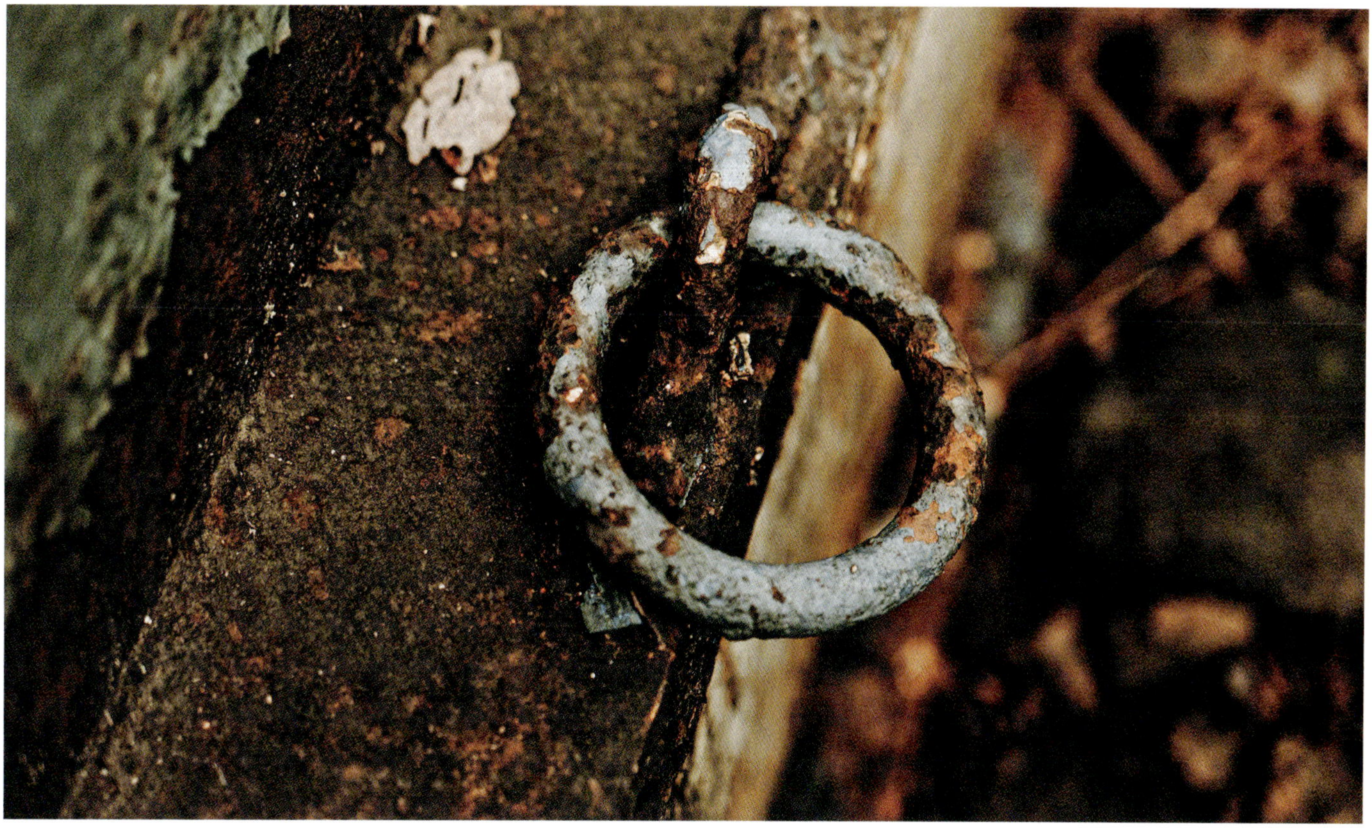

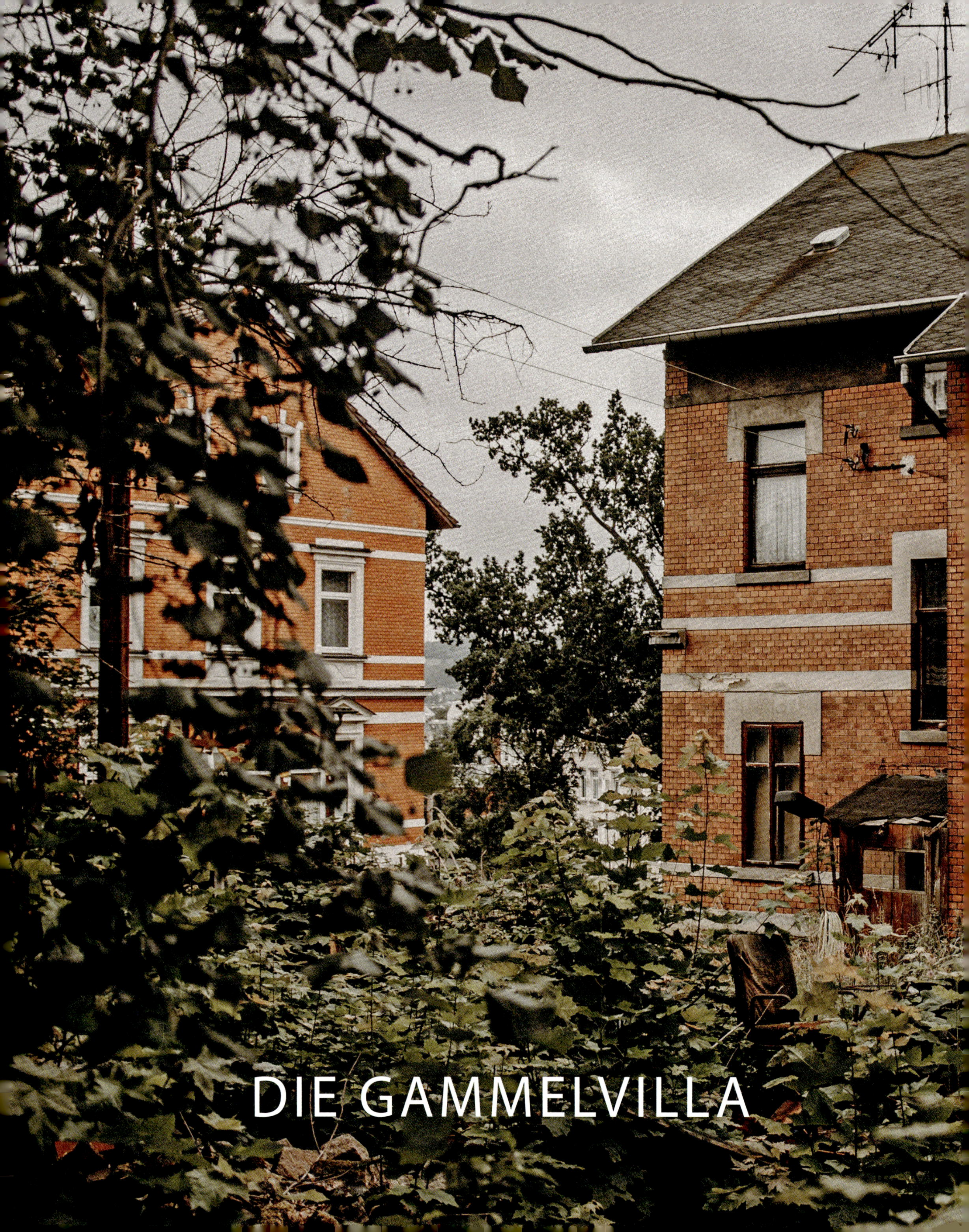
DIE GAMMELVILLA

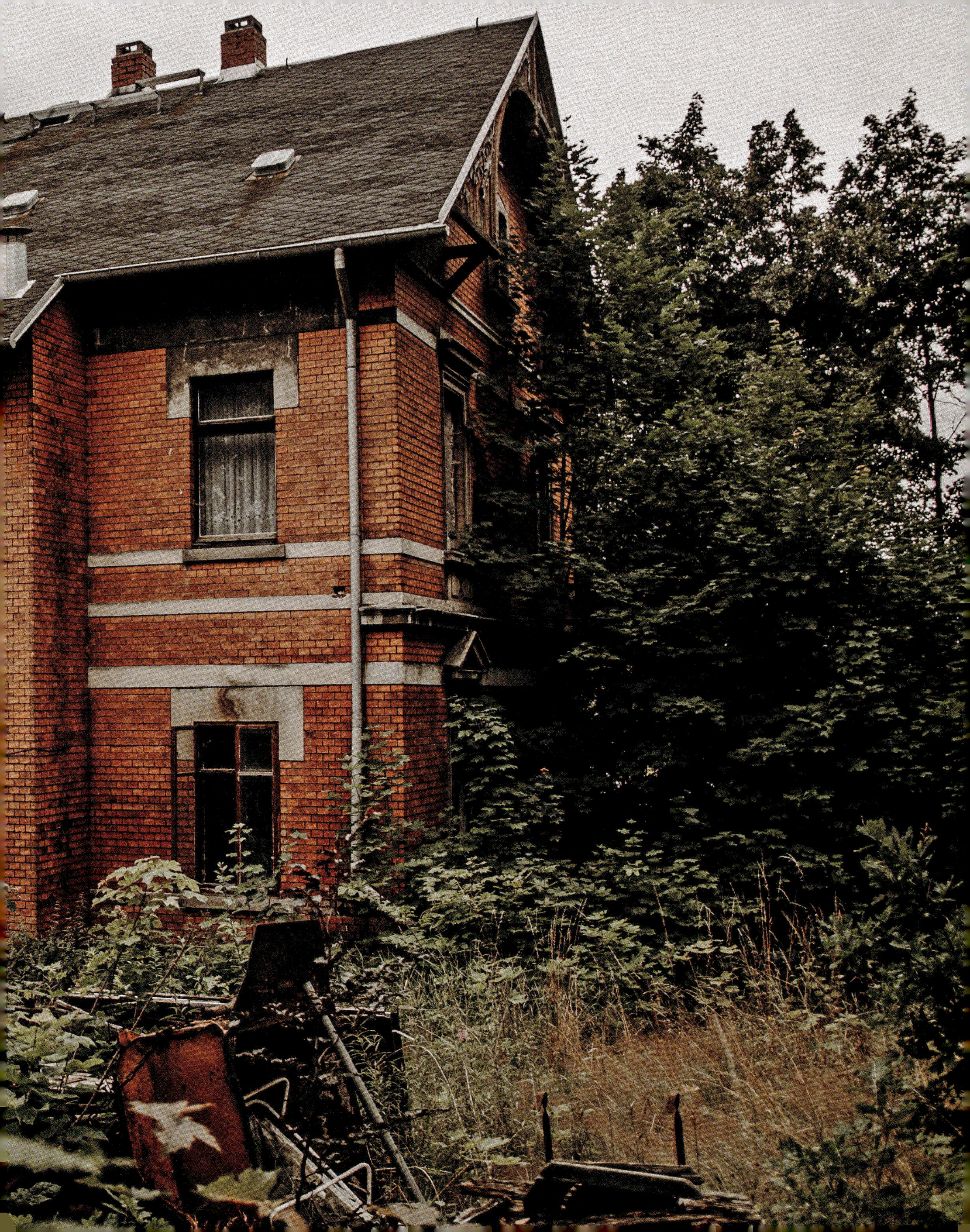

DIE GAMMELVILLA

Immer wieder schleicht sich dieses flaue Gefühl in die Magengegend, wenn man einen jener Lost Places betritt, die den Eindruck erwecken, als würde der Bewohner gleich wieder zur Tür reinkommen, sich einen Kaffee machen und auf der Couch einen gemütlichen Abend vor dem Fernseher verbringen. Die Villa zwischen Kleingartensiedlung und prunkvollen Häusern, die wir über das ausgedehnte Grundstück betreten, reiht sich da ein. Lediglich der Wildwuchs im Garten und einige schrottähnliche Gegenstände weisen darauf hin, dass dieser Ort wohl verlassen ist. Der Kleintransporter Barkas B 1000, den es als Kasten- und Pritschenwagen sowie als Kleinbus gab, versteckt sich im Gestrüpp, vielleicht wegen der rostigen Schönheitsflecke an seiner Karosse. Wir entdecken im Hof auch einen zugewachsenen PKW und einen kleinen Bagger.

Die Haustür steht offen, Spinnennetze signalisieren dem Besucher nicht unbedingt ein Willkommen. Normalerweise haben verlassene Orte ihren ganz eigenen Geruch. Oft riechen die alten Gemäuer etwas modrig und sind kühl, doch diesmal ist es anders. Ein stechender Gestank steigt in die Nase, sobald man das Haus betritt. Die Zimmer sind noch eingerichtet – eine Hantelbank und weitere Trainingsgegenstände erzählen davon, dass die Bewohner sportlich interessiert gewesen sein müssen. Zwischen verschiedenen Porno-VHS finden sich auch Zeitschriften über Fotografie. Ein Bild an der Wand zeigt ein junges Paar. Der Blick in die Küche offenbart, weshalb man innerhalb des Hauses so gut wie keine Luft bekommt und ständig mit Würgereiz kämpft. Hier türmen sich alte Lebensmittel – mehrere Töpfe sind noch gefüllt mit Essen, Gewürze stehen auf einem Schrank und verschiedene Zutaten gammeln seit Jahren vor sich hin. In der Wohnstube liegt die TV-Fernbedienung auf dem bequemen Sessel, um den herum hunderte leere Bierflaschen stehen. In den Schränken finden sich persönliche Unterlagen neben feiner Keramik. Es scheint, als wären die Bewohner einfach in den Urlaub gefahren und nicht zurückgekommen. Ein Ort, der viele Fragen offenlässt und dessen Geschichte im Verborgenen bleibt.

Es scheint, als wären die Bewohner einfach in den Urlaub gefahren und nicht zurückgekommen.

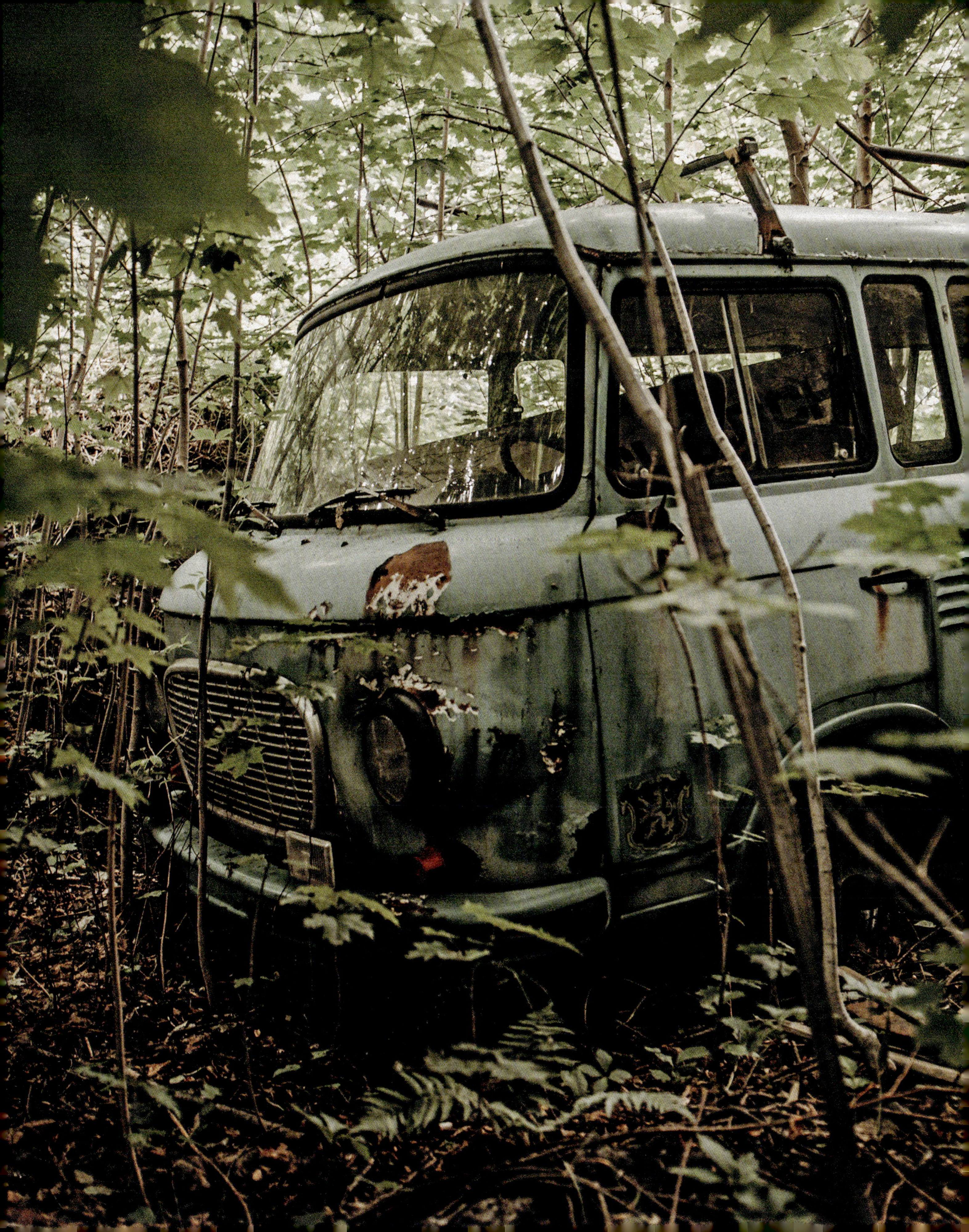

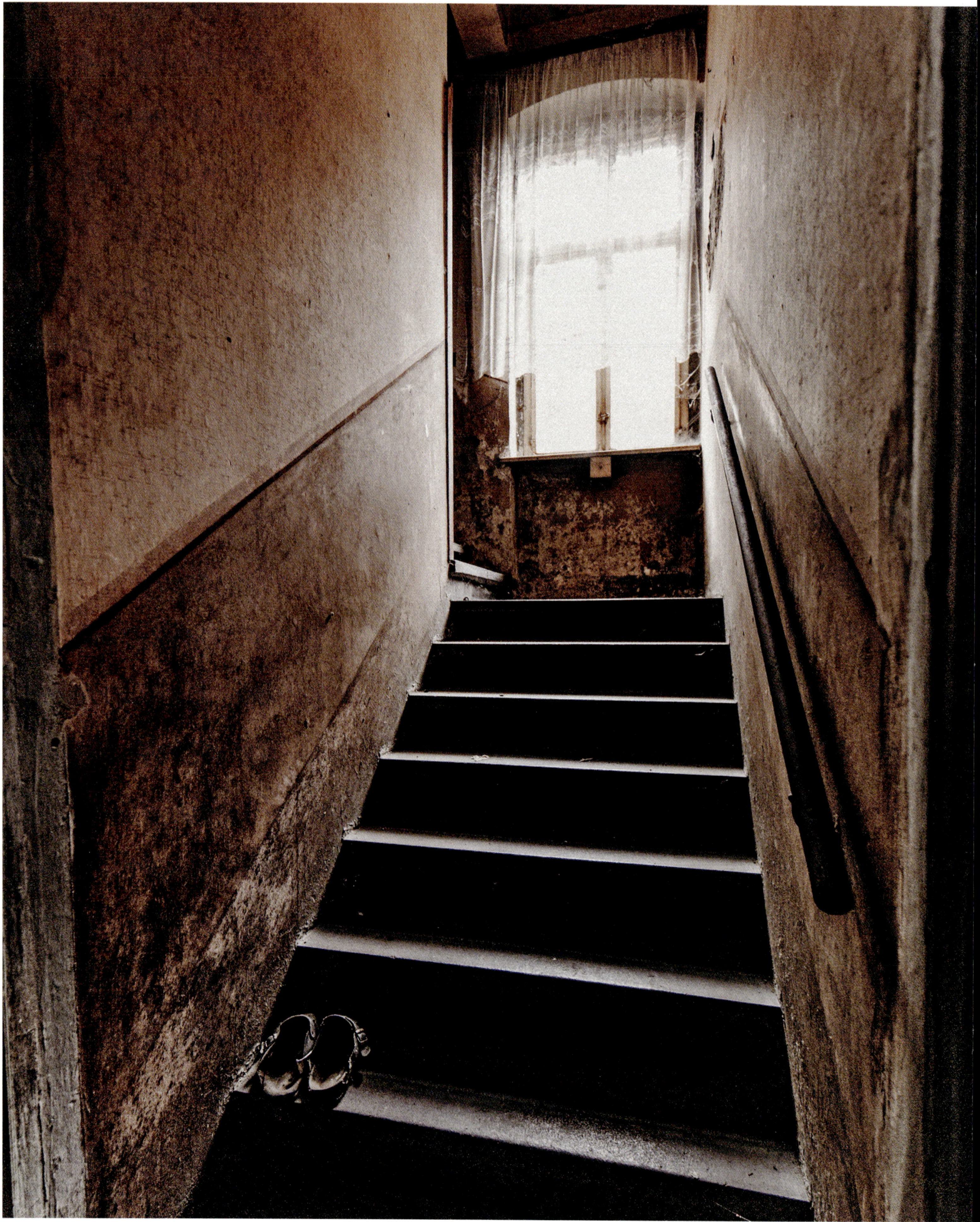

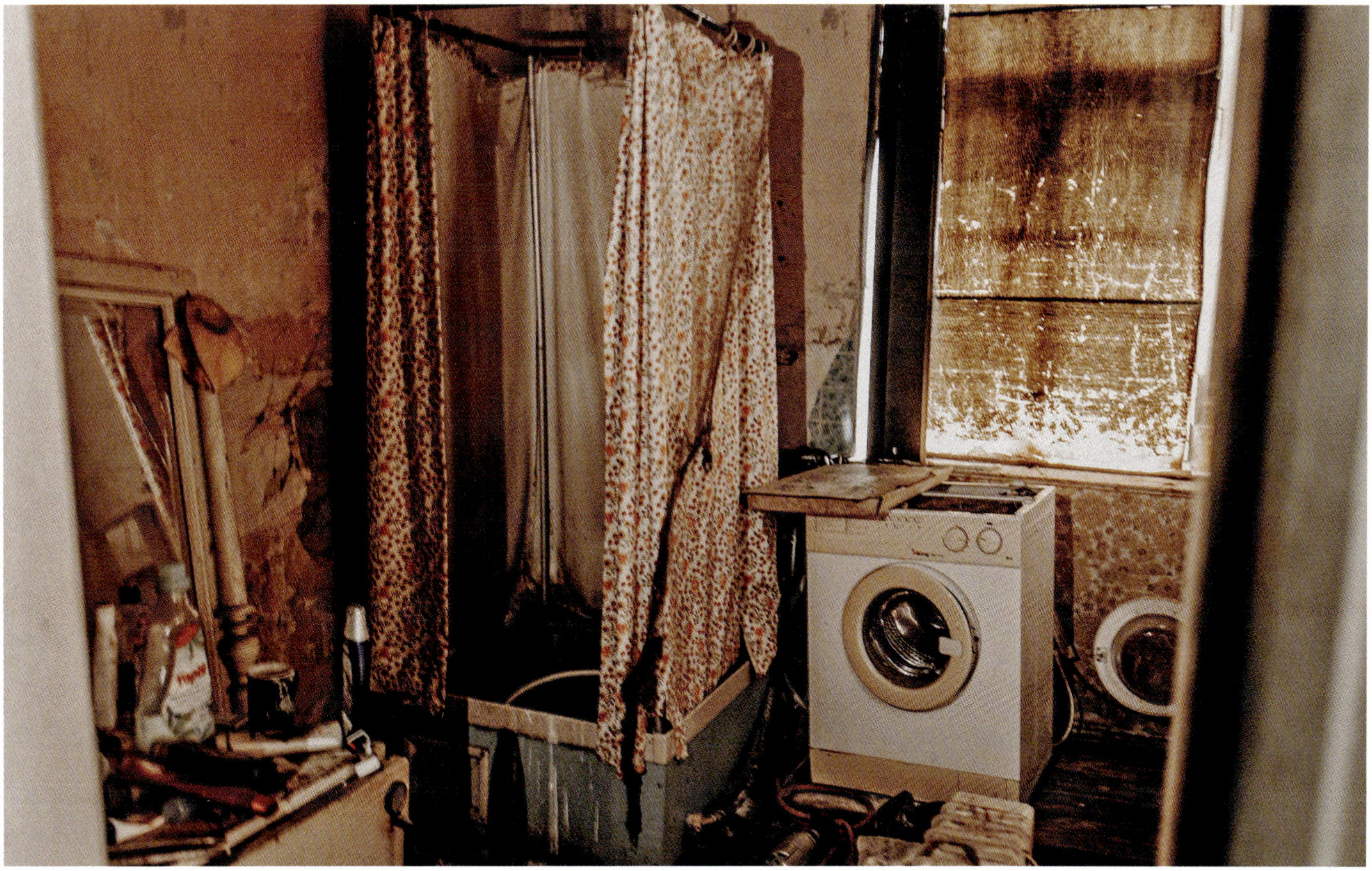

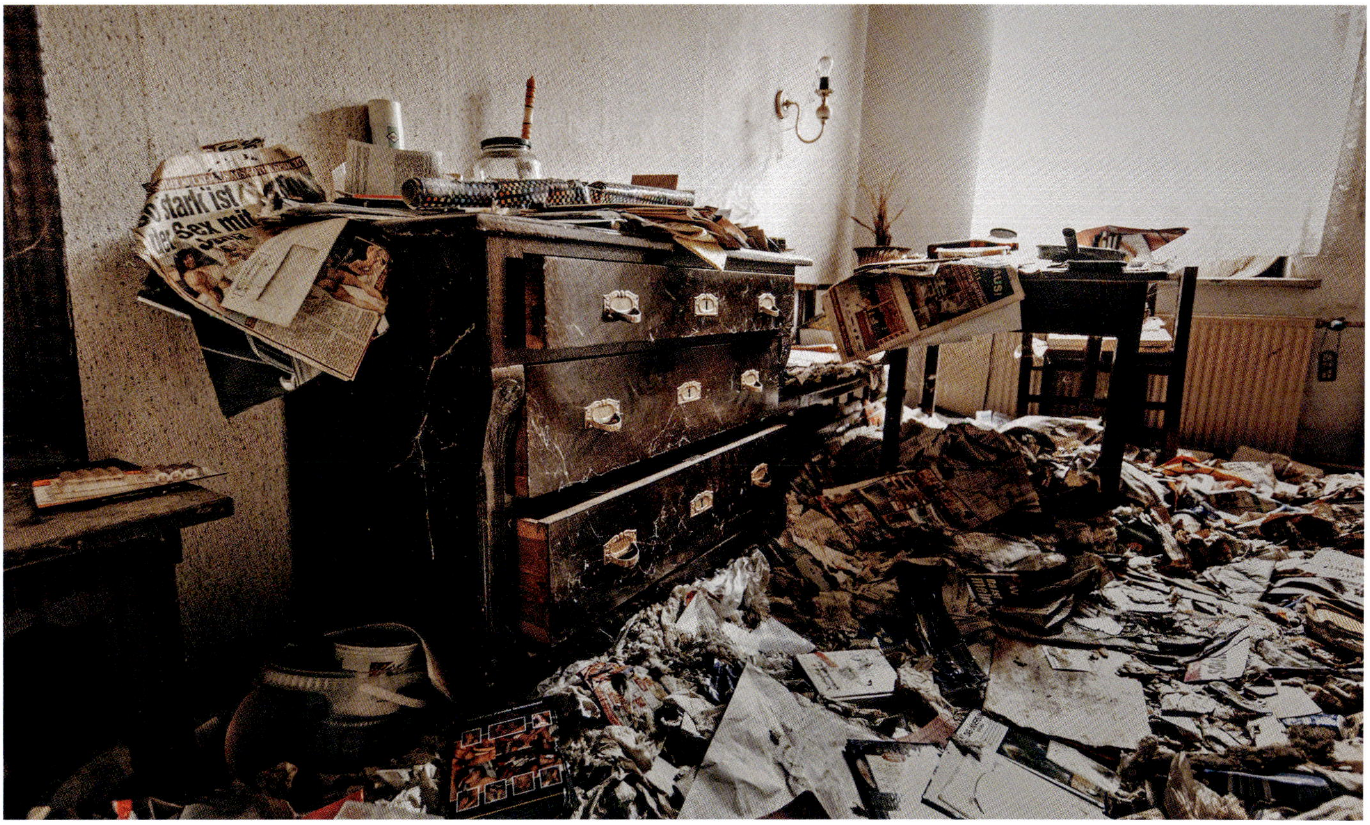

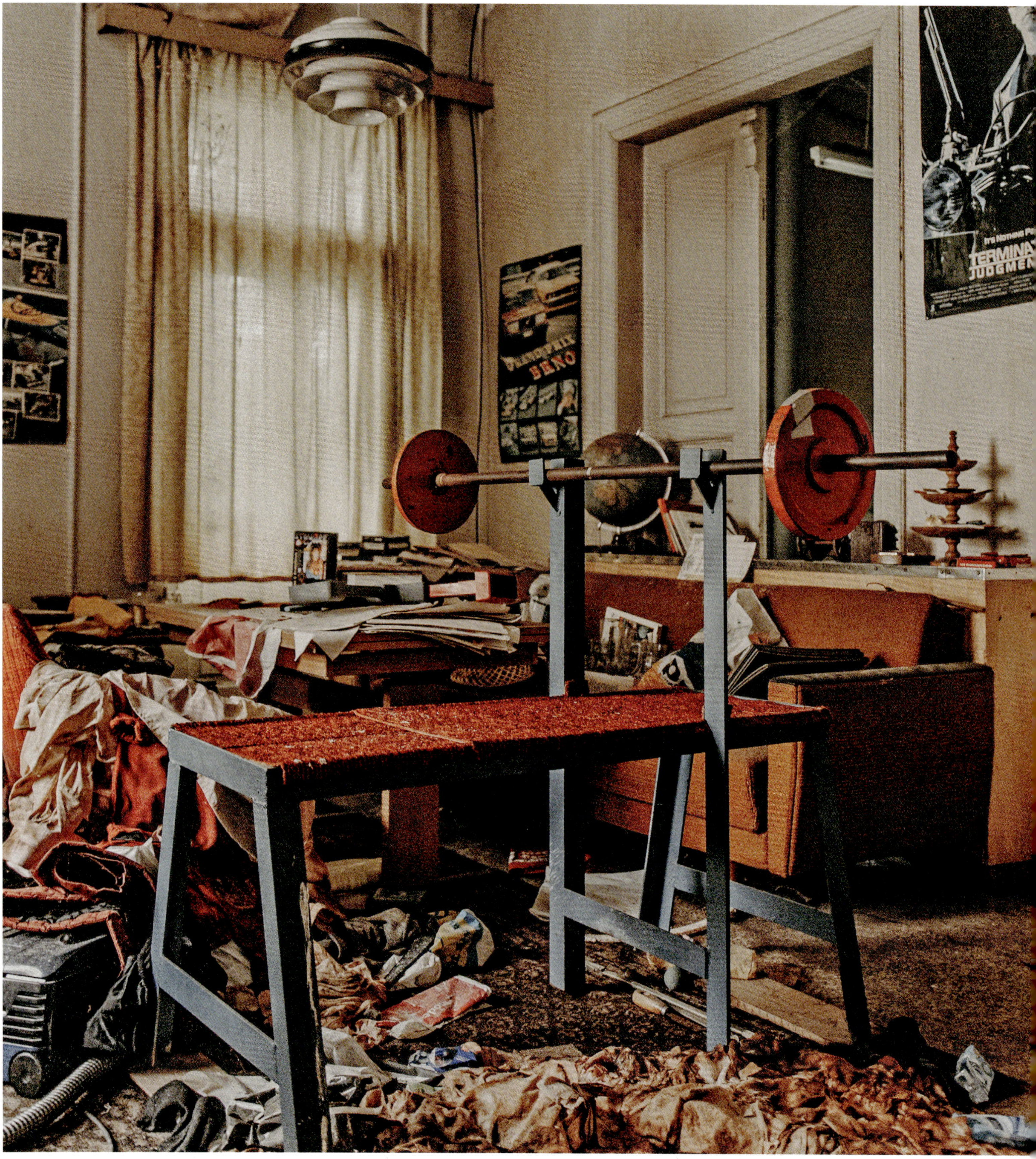

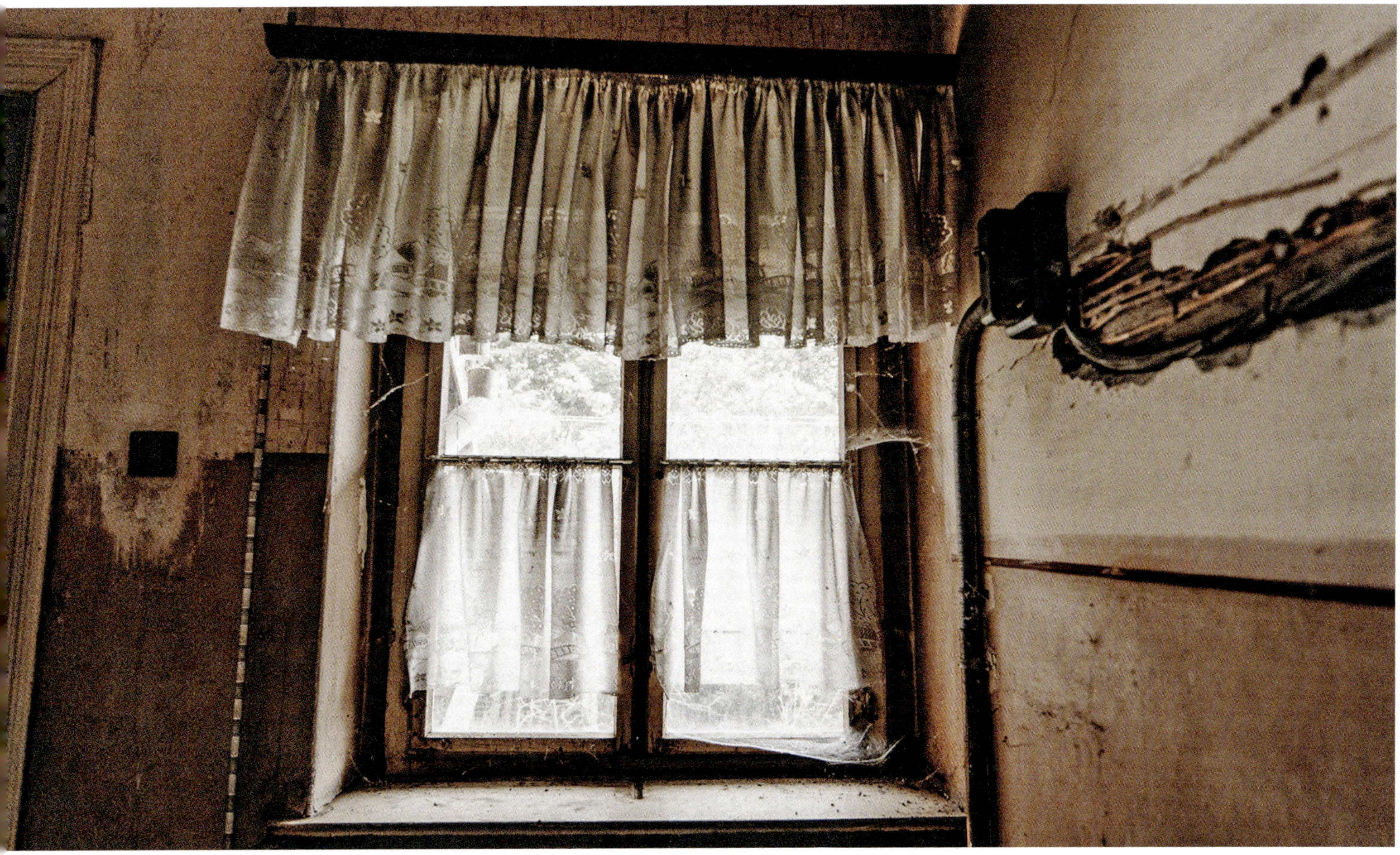

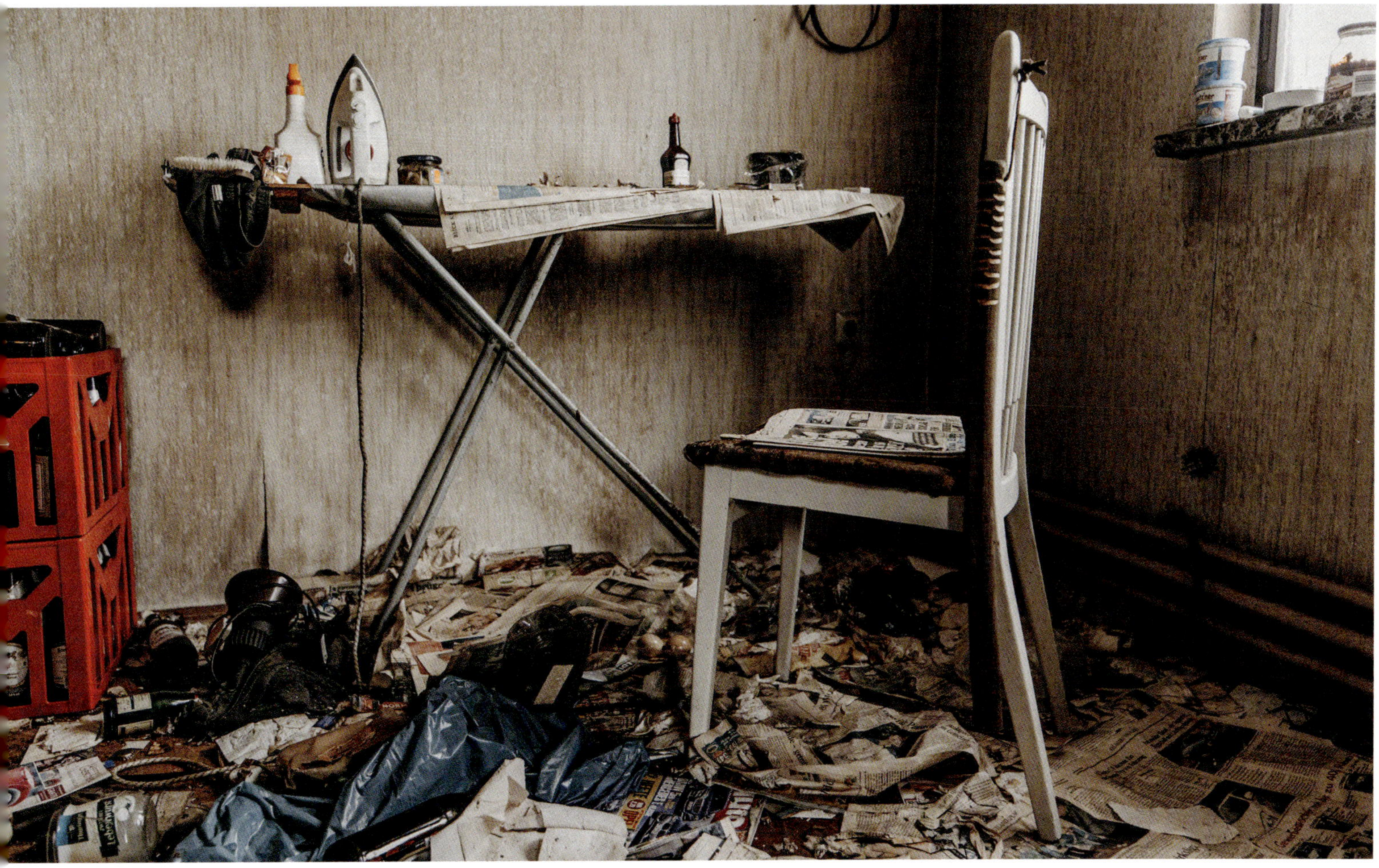

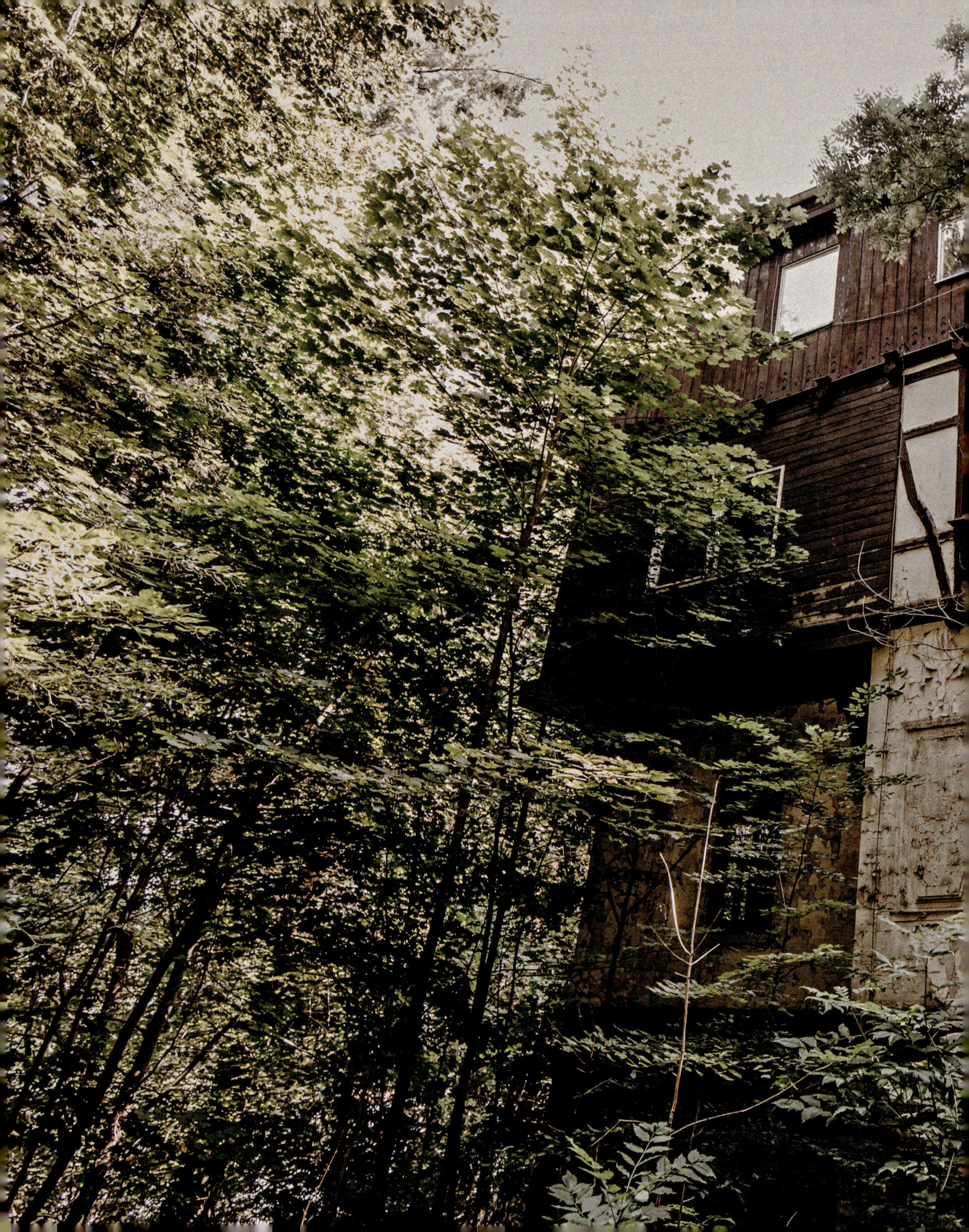

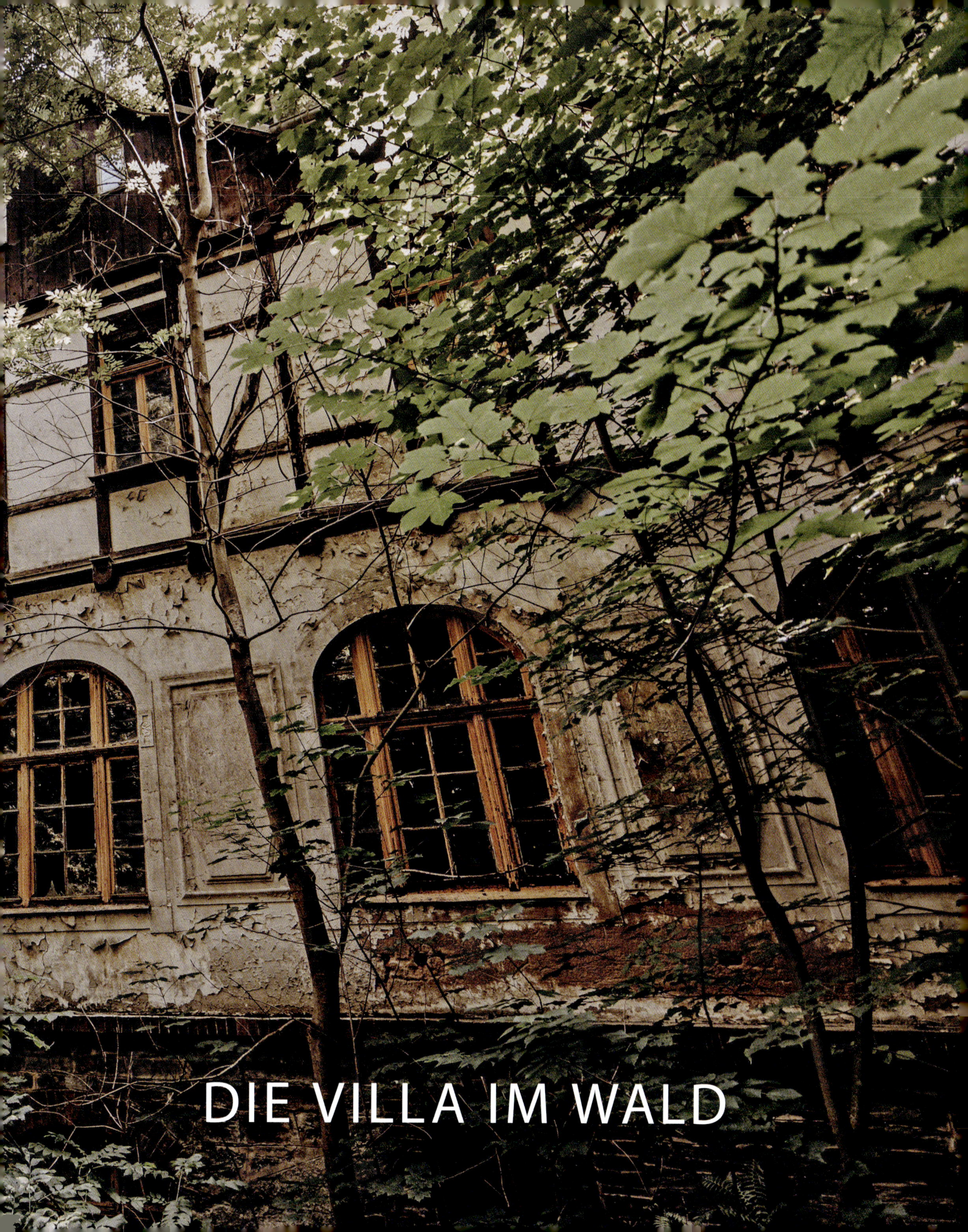

DIE VILLA IM WALD

DIE VILLA IM WALD

Emil Claviez wurde am 14. Februar 1866 in Reichenbach geboren und war ein deutscher Unternehmer in der Textilindustrie, ein Erfinder und Komponist. Sein Vater war aus Frankreich eingewandert, begründete eine Textilfabrik im vogtländischen Reichenbach. Emil Claviez machte eine Lehre in Greiz, besuchte ab 1883 eine Webschule in Chemnitz und wurde später technischer Leiter einer Chemnitzer Weberei. 1896 gründete er die Sächsische Kunstweberei Claviez AG in Leipzig und verlegte diese unter dem Namen Teppich- und Textilwerke Claviez AG im Jahr 1898 in das hübsche Städtchen Adorf. Dort hatte die Fabrik bis 1945 Bestand und beschäftigte zeitweise bis zu 3.000 Menschen. Als Erfinder meldete Claviez mehrere Patente an. So hatte er innovative Ideen zur Herstellung von Papiergarn und Textilose (Textilersatz) aus Papierbahnen, die trocken in Streifen zerschnitten wurden. Er legte damit den Grundstein für das sogenannte Tellerspinnenverfahren. Außerdem erfand er einen Webstuhl, auf dem zwei Teppiche gleichzeitig hergestellt werden konnten. Aus Rohrkolbenschilf erzeugte er Spinnfasern zur Herstellung von Textilmaterial, aus Nadelhölzern wollte er Zellulose erzeugen. 1917 gründete er das Deutsche Forschungsinstitut für Textilindustrie in Dresden. Im Jahr 1921 verlieh man ihm die Ehrendoktorwürde. Claviez war Autodidakt, komponierte auch. Nur Zeit für seine musikalische Freizeit als Chorleiter und Organist blieb ihm arbeitsbedingt kaum. Um seiner Arbeit nah zu sein, ließ er auf einem 18.000 Quadratmeter großen, parkähnlichen Grundstück am Eingang der Stadt eine Fabrikantenvilla errichten. Nach seinem Tod 1931 und später zu DDR-Zeiten nutze man die Villa als Ausflugsgaststätte. Nach der Wende wurde das Objekt jedoch aufgegeben, es steht nun bereits seit vielen Jahren leer und wird inzwischen zum Verkauf angeboten. Mit Grundstück müsste man 39.900 € zahlen, um dann eine Komplettsanierung vorzunehmen. Die Lage ist gut, die Verkehrsanbindung super und das Gebäude steht nicht unter Denkmalschutz. Vielleicht entsteht hier in den nächsten Jahren eine neue Gaststätte, eine Pension, eine Villa oder ein Mehrparteienwohnhaus?

Um seiner Arbeit nah zu sein, ließ er auf einem 18.000 Quadratmeter großen, parkähnlichen Grundstück am Eingang der Stadt eine Fabrikantenvilla errichten.

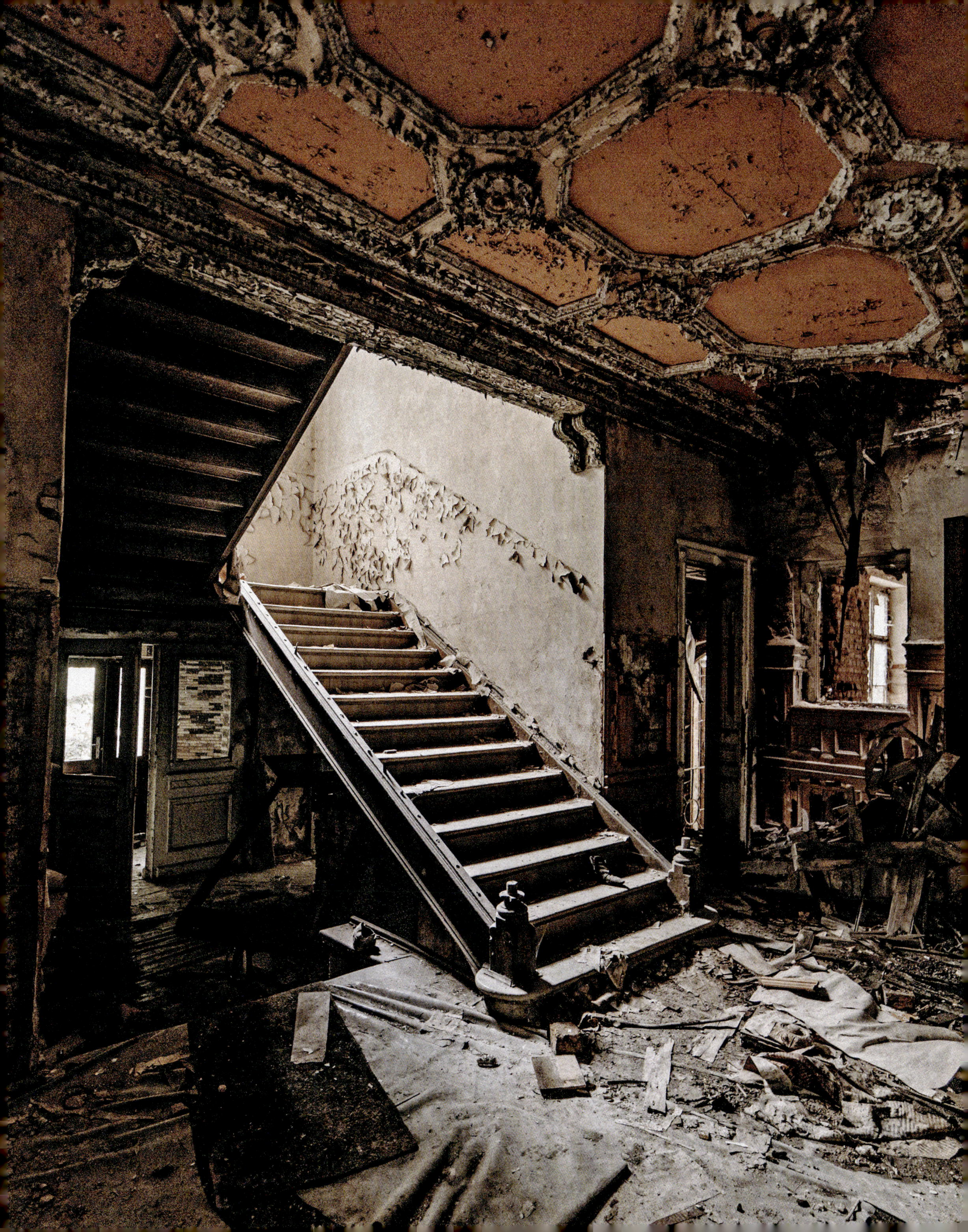

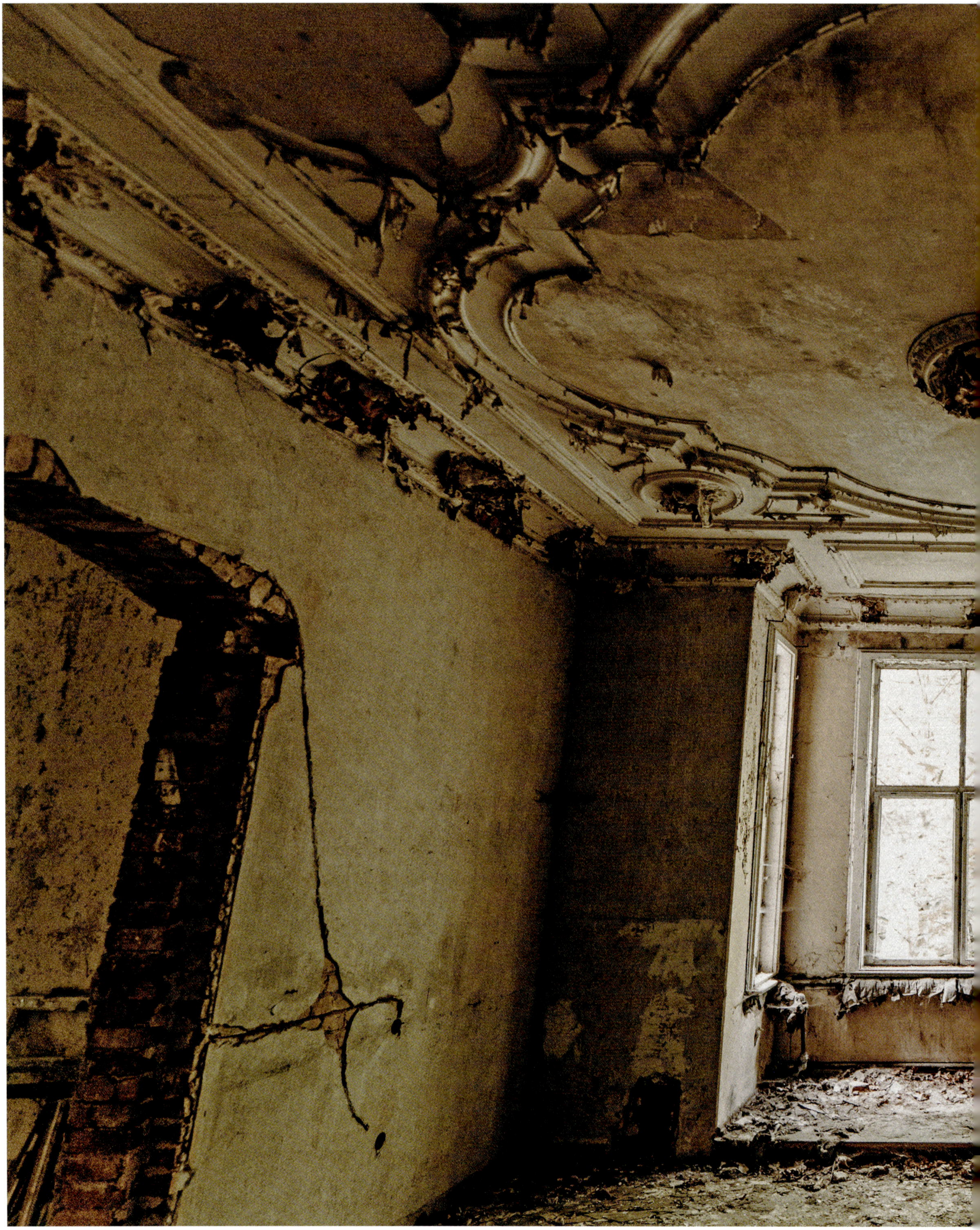

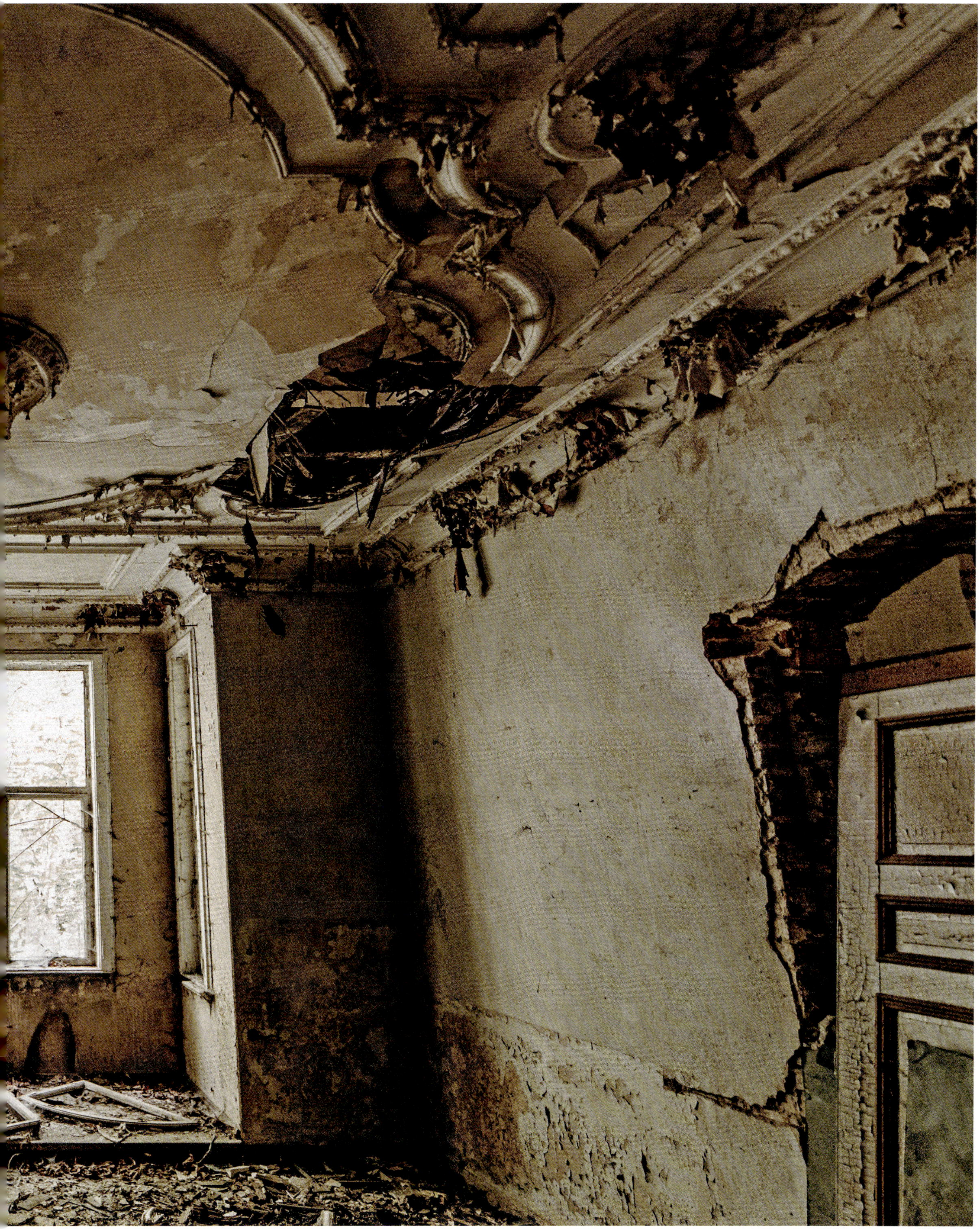

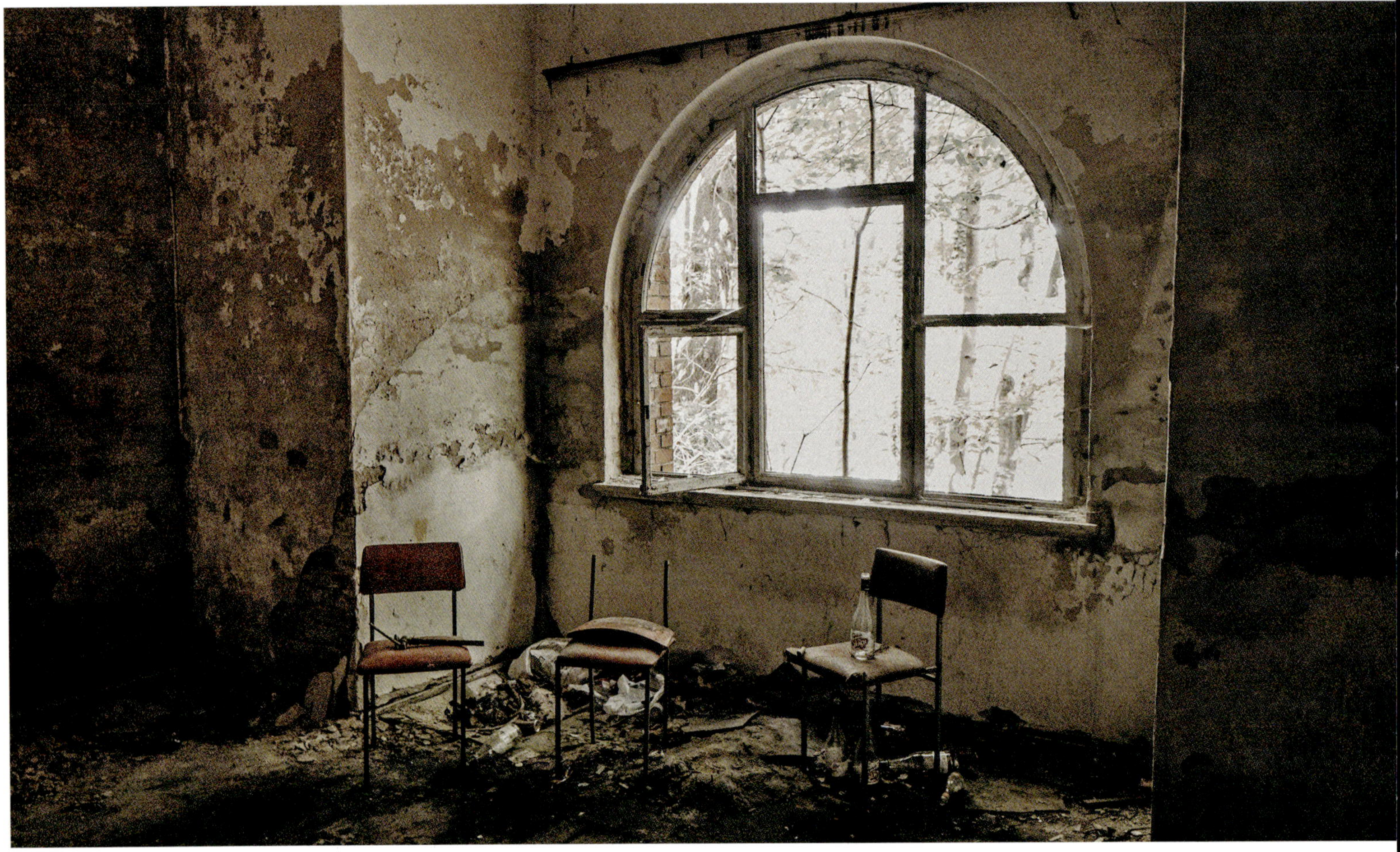

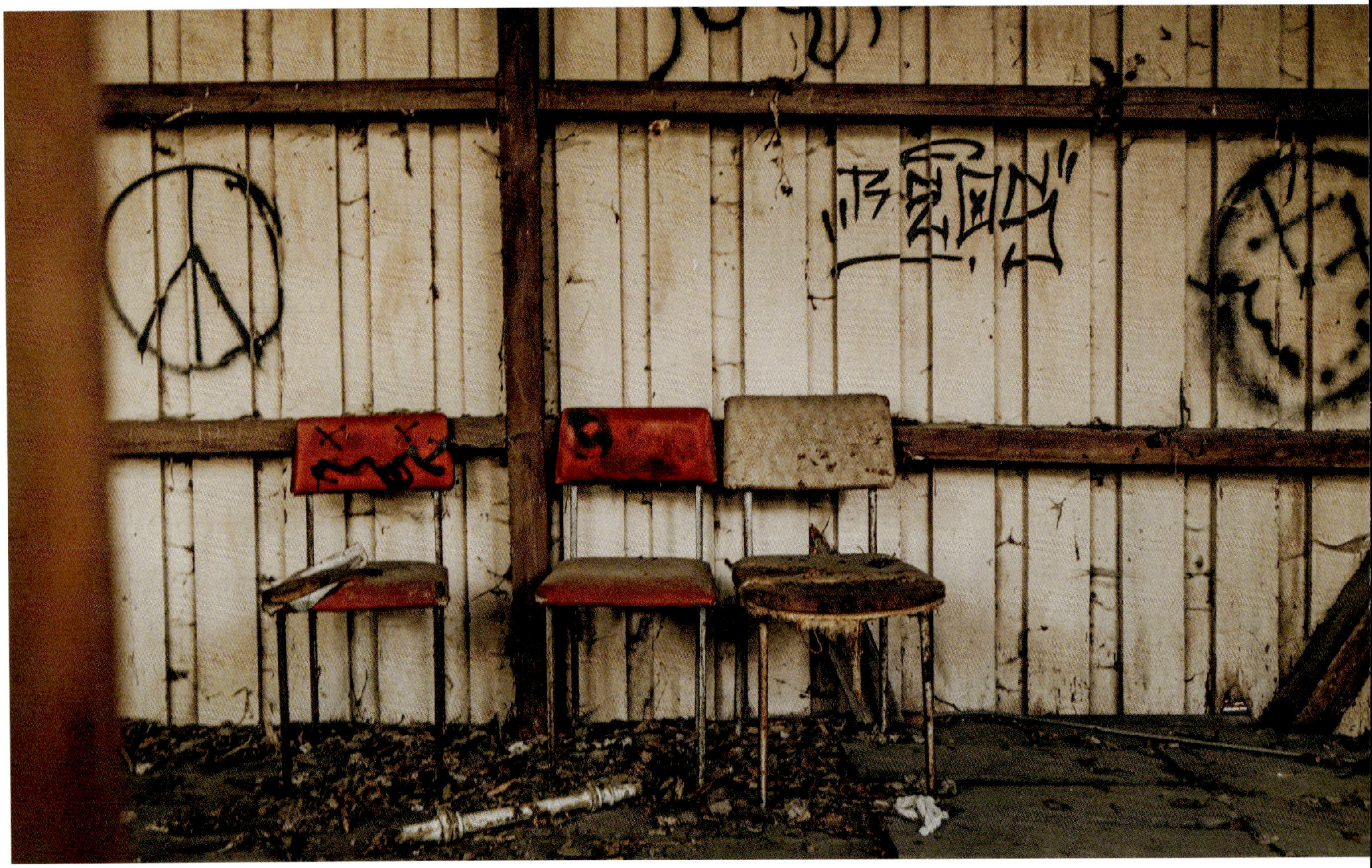

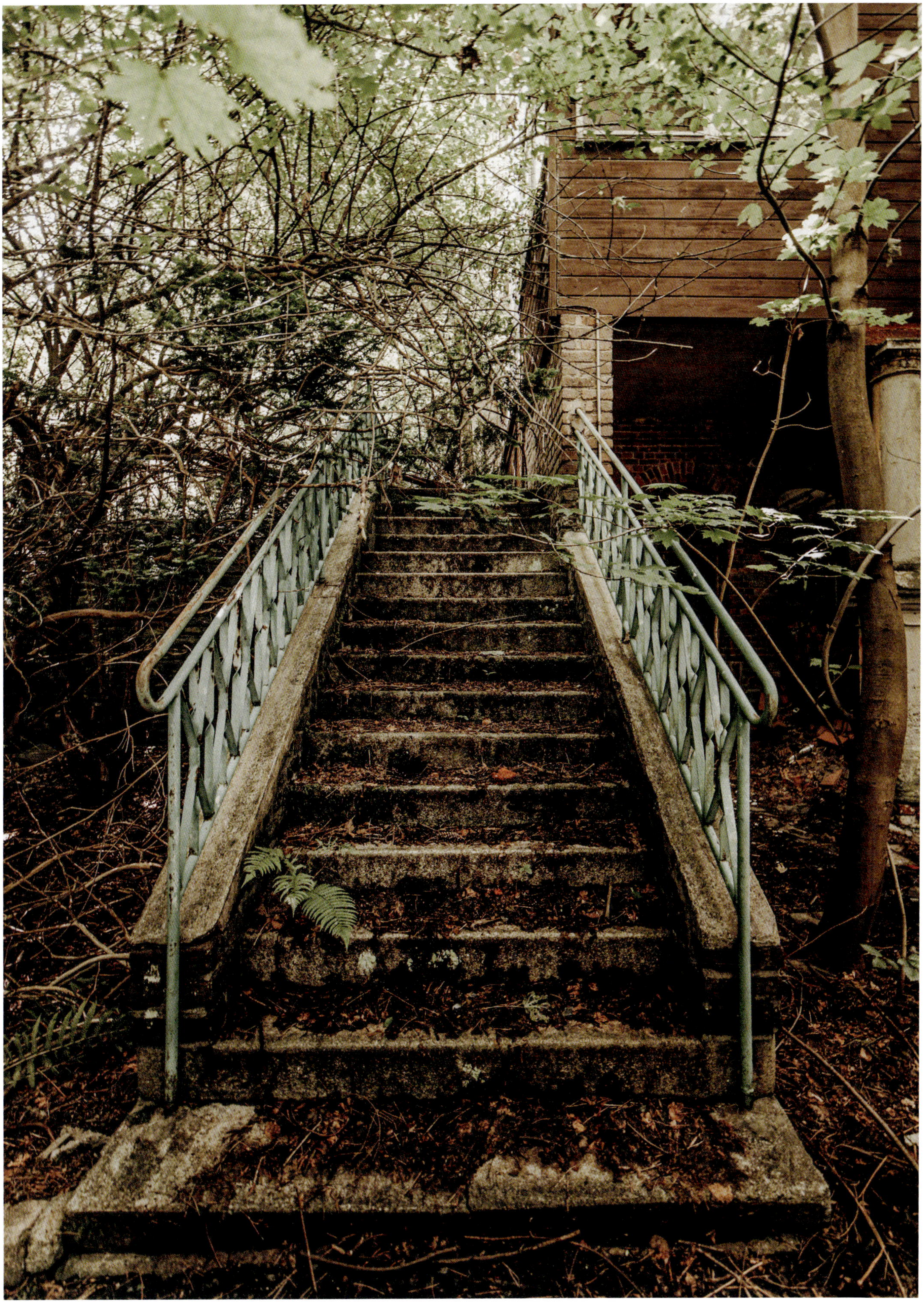

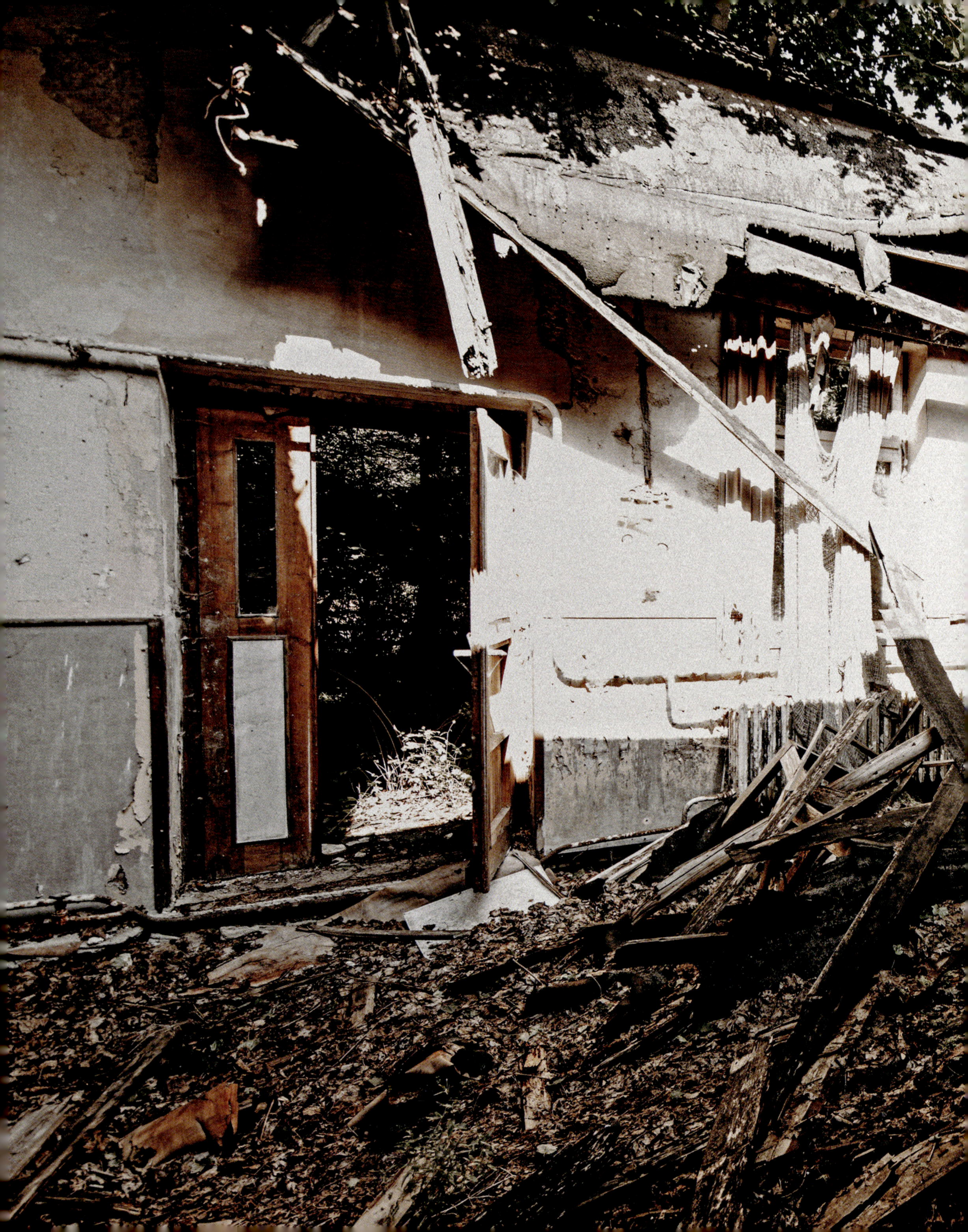

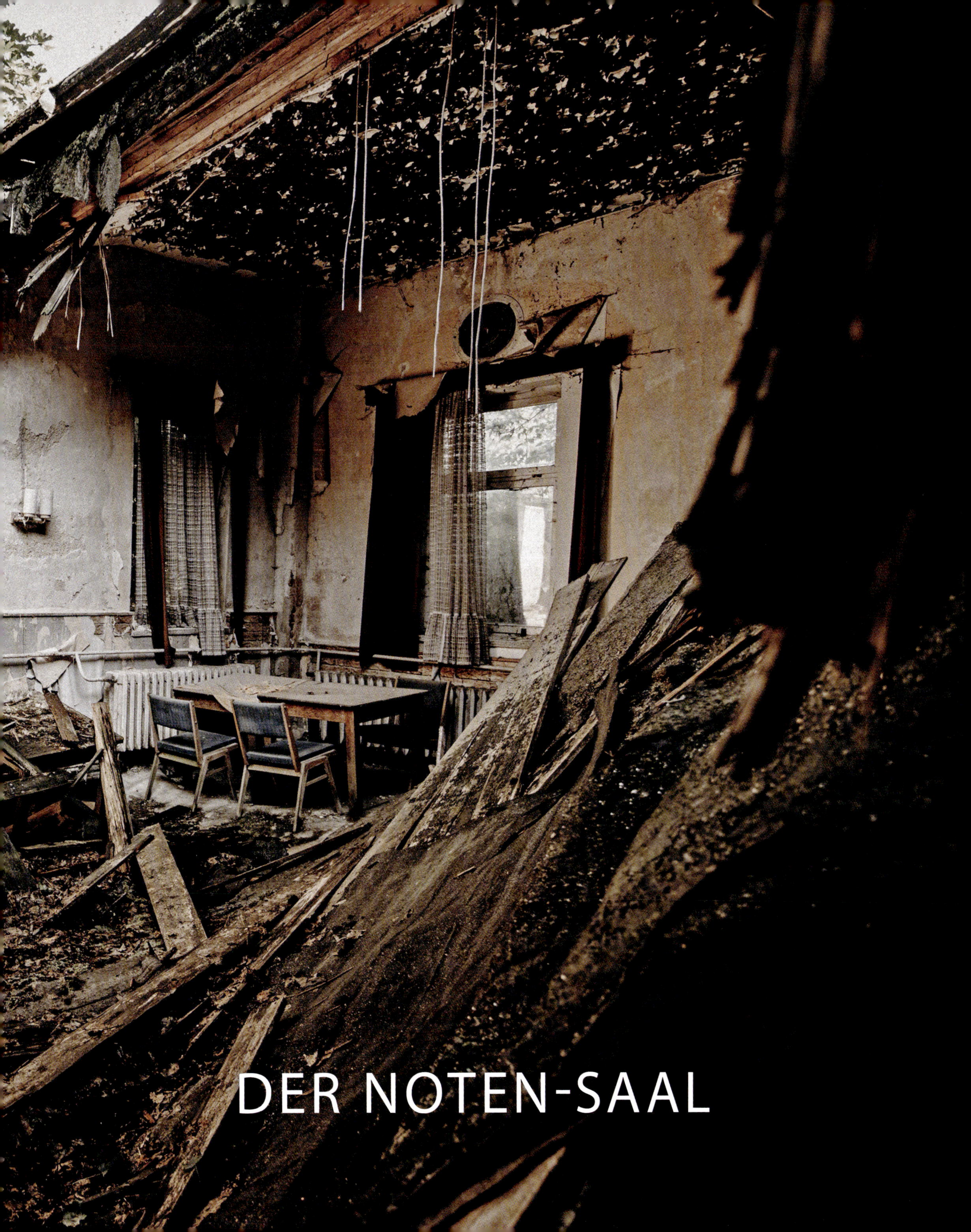

DER NOTEN-SAAL

DER NOTEN-SAAL

Direkt an einer sächsischen Hauptstraße, unweit der tschechischen Grenze, liegt in einem Ortsteil ein alter Gasthof mit kleinem Saal. Doch hier tanzt schon lange niemand mehr. Die Dachkuppel über der hübschen Bühne ist völlig zerstört und das darunter stehende DJ-Pult lugt unter einer grünen Moosdecke hervor. Auch der Rest des Gebäudes ist weitgehend zerstört. Die Decken der oberen Stockwerke sind eingestürzt und man muss aufpassen, wo man seinen Schritt auf dem kaputten Boden hinsetzt. In der Gaststube türmen sich noch einige Stühle, hier und da baumelt eine Lampe von der Decke, selbst die Gardinen hängen wie früher und vermitteln ein abstrakt wohnliches Gefühl, als müsse da nur mal eben aufgeräumt werden. Über unsere Recherche finden wir heraus, dass diese Location zwischen 1921 und 1965 eine Speisegaststätte war, zu der damals auch ein Parkplatz und ein Außenbereich gehörten.

Doch hier tanzt schon lange niemand mehr.

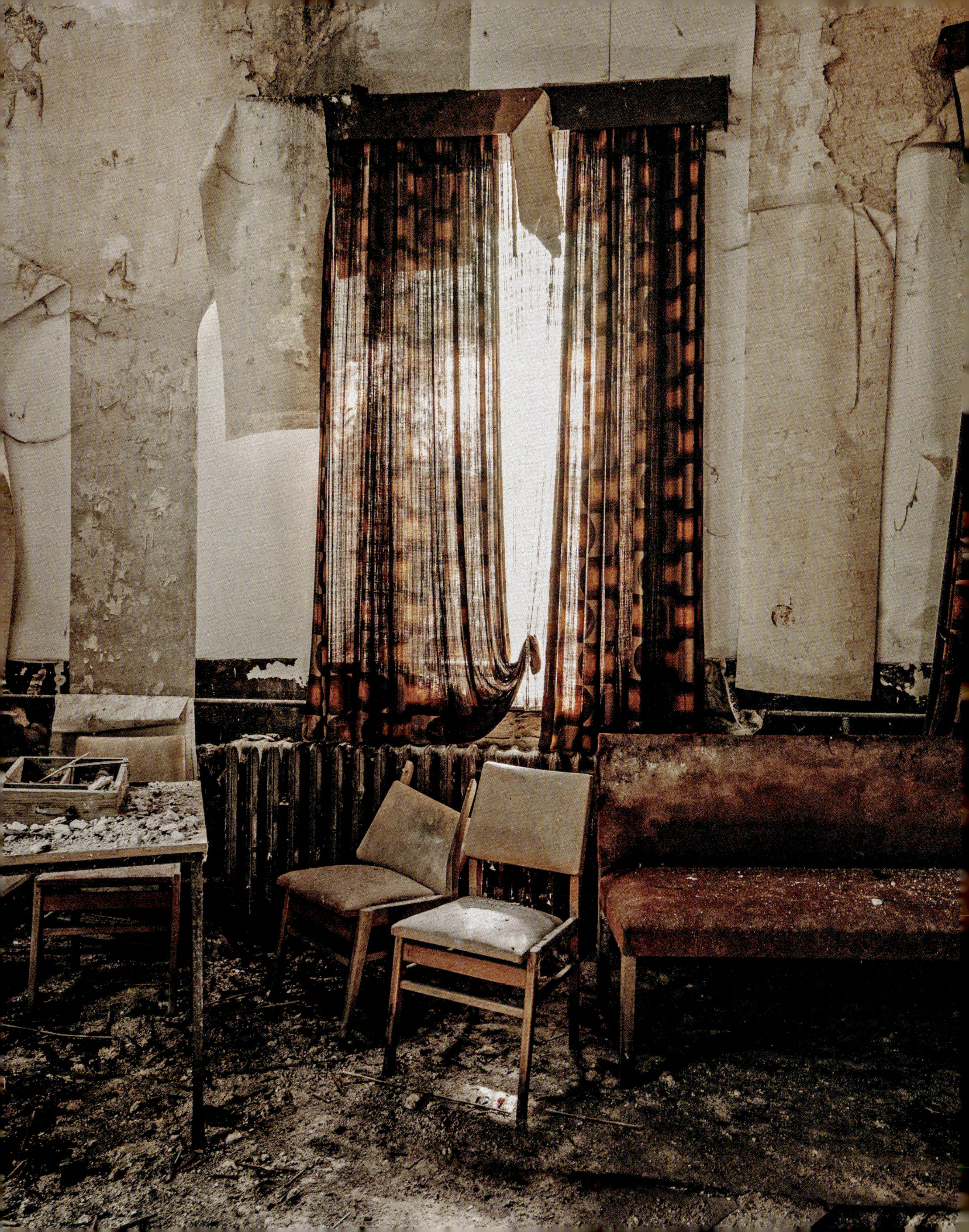

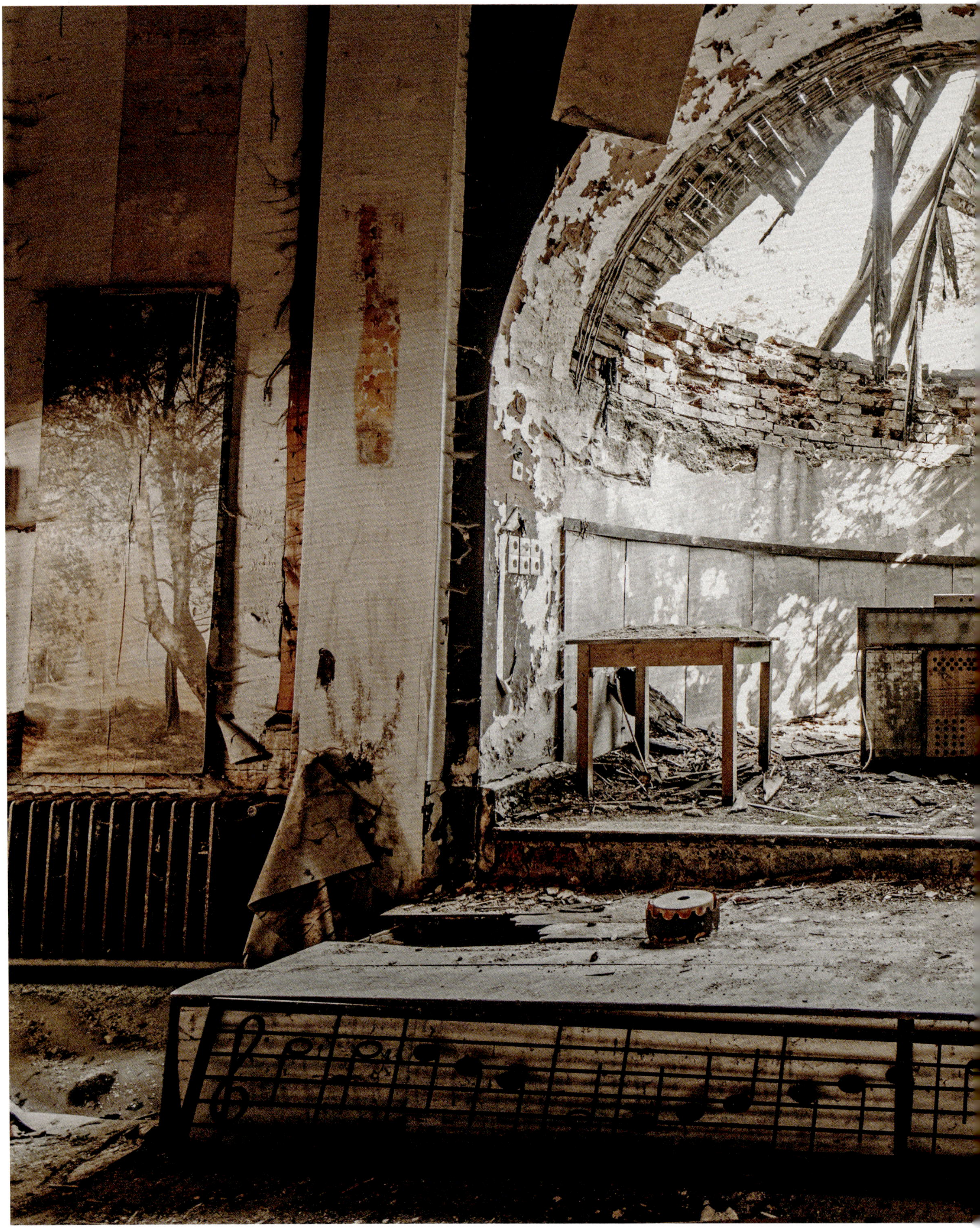

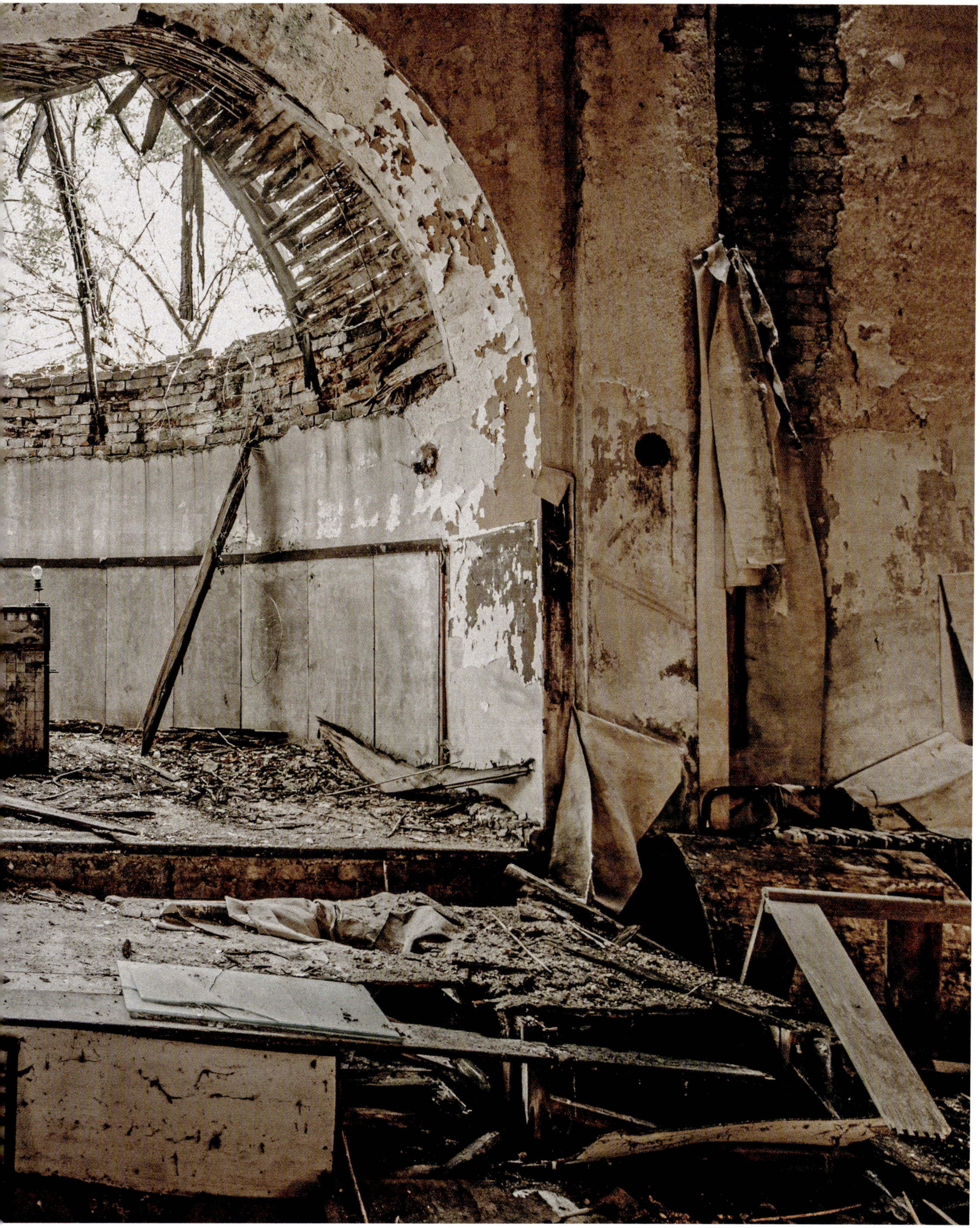

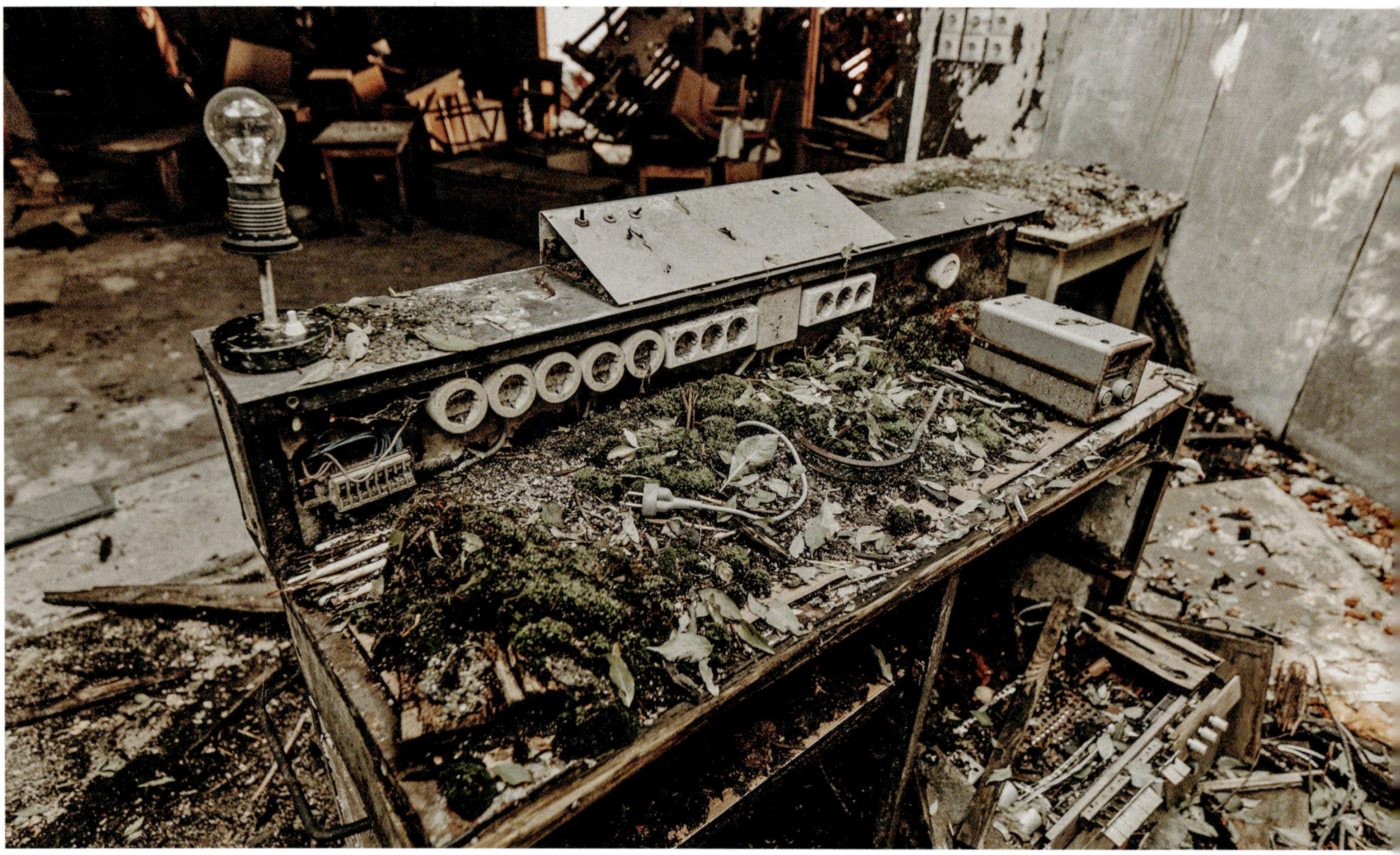

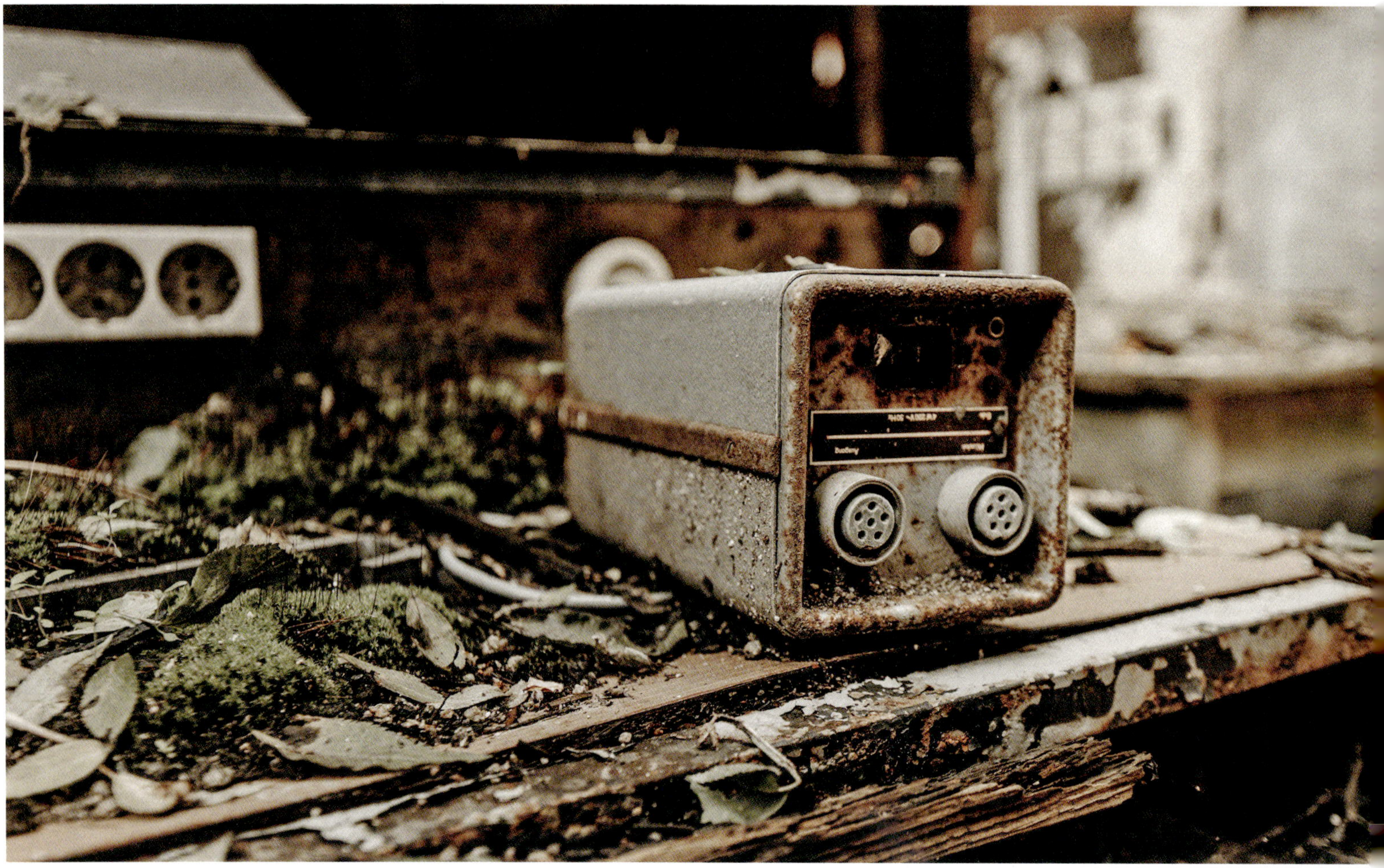

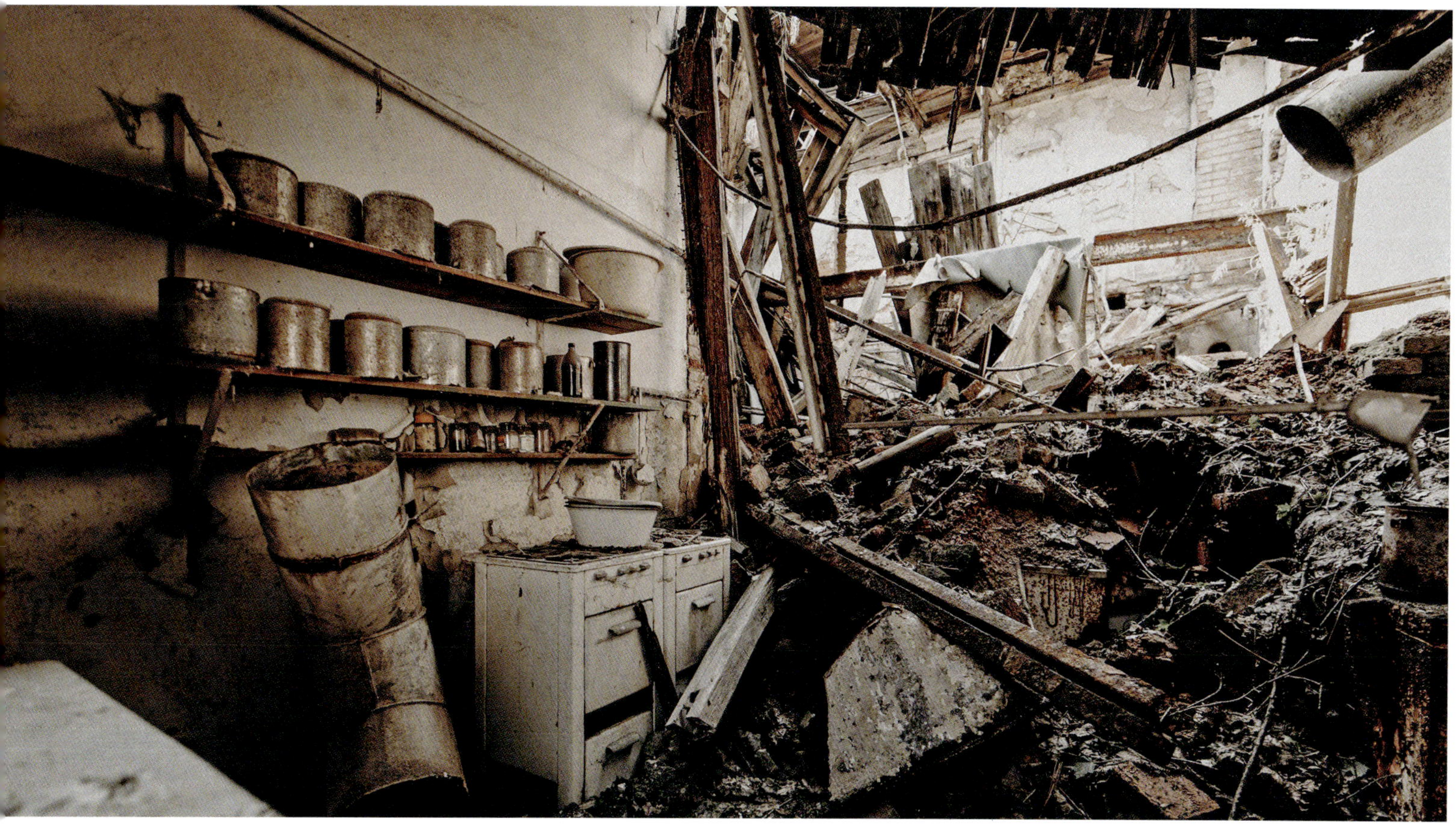

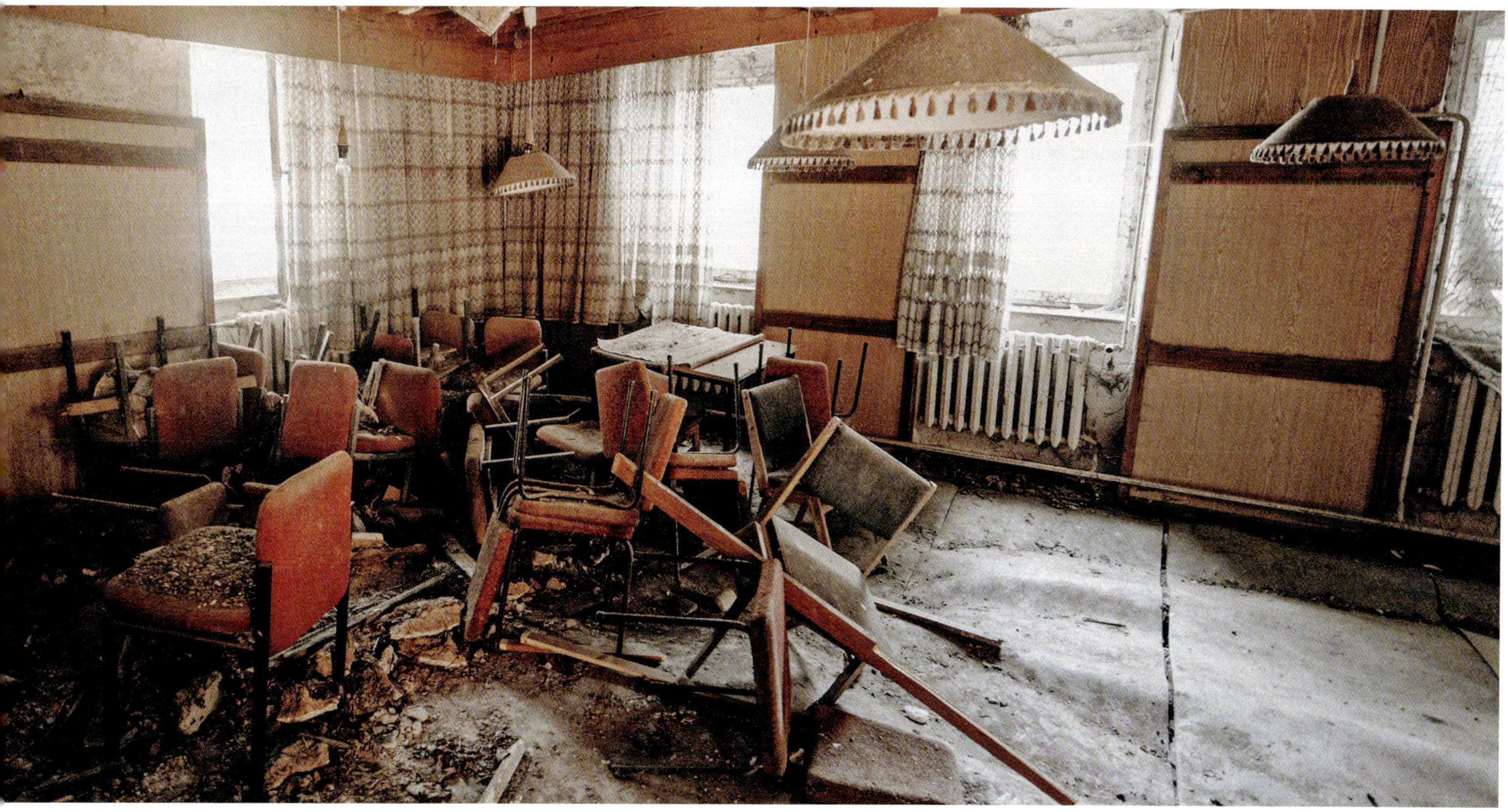

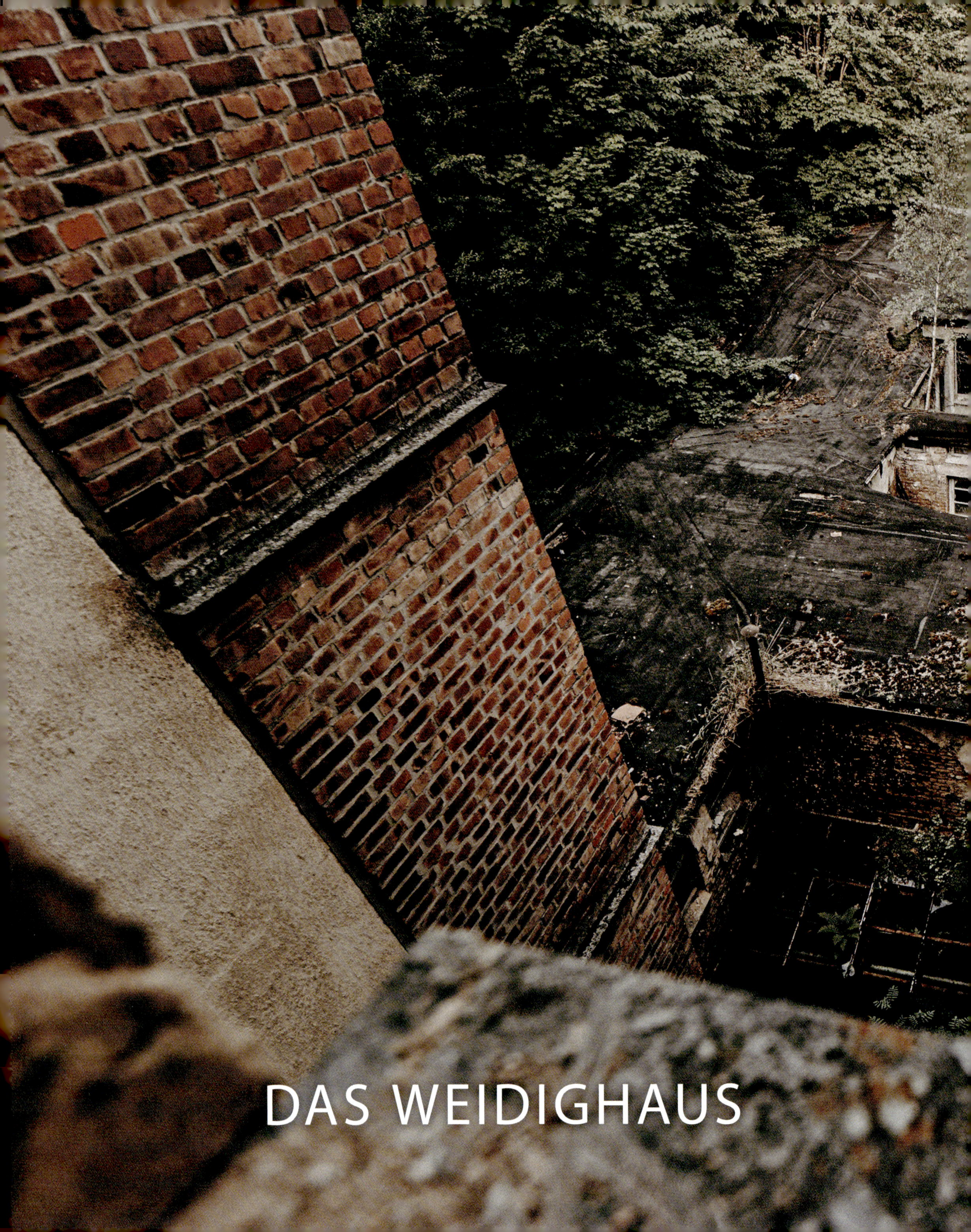

DAS WEIDIGHAUS

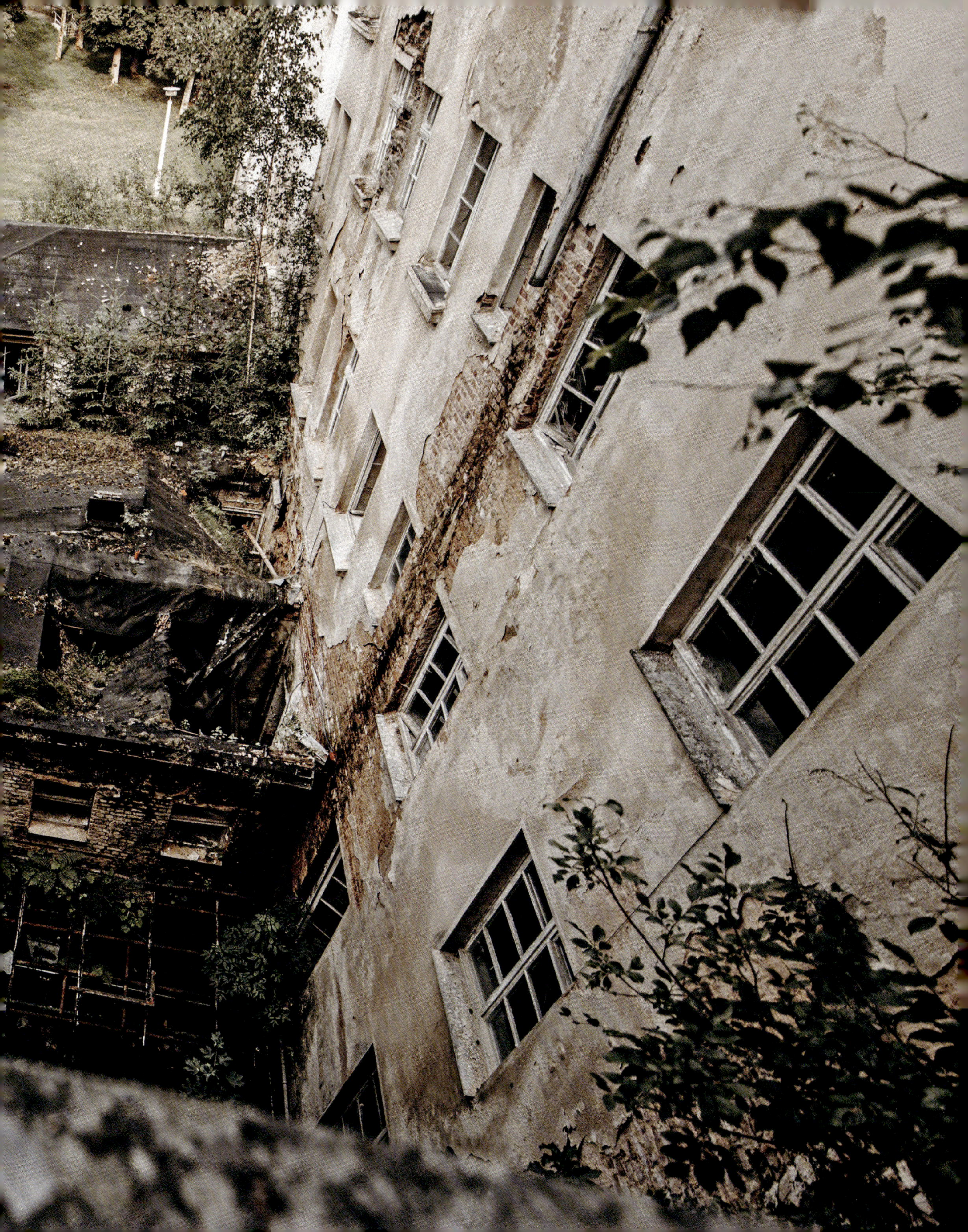

DAS WEIDIGHAUS

1912 errichtete man an der südlichsten Spitze Sachsens ein Kurhotel namens Weidighaus. 1913 erstmals als Hotel in Betrieb genommen, ist das Weidighaus eine der frühen Bauten im Kurpark, der unmittelbar an der Grenze zu Tschechien liegt. 1936 gestaltete man das Haus um und sorgte für bauliche Erweiterungen. Daraufhin folgte der Namenswechsel zum Radium-Kurhof. In den Jahren nach dem Zweiten Weltkrieg und zur Zeit der DDR wurde der mächtige Komplex erneut erweitert, als Sanatorium „Joliot Curie" weitergenutzt und war im Kurpark das Gegenstück zu Behnischs Bau. Nach der politischen Wende wurden in vielen Orten der ehemaligen DDR zahlreiche ältere Gebäude wegen mangelnder Rentabilität und fehlendem Komfort aufgegeben; Fördergelder steckte man verstärkt in Neubauten. Damals kaufte ein Dr. Ebel die alte Klinik zu günstigen Konditionen, gab sie wenig später aber auf und baute am Hang dahinter eine neue, zweiflüglige Rehaklinik. Da im Kaufvertrag zur alten Klinik festgehalten wurde, dass eine Sanierung erst vorzunehmen sei, „wenn die wirtschaftliche Lage es zulässt", gab es keine weiteren Verpflichtungen, etwas am alten Sanatorium zu unternehmen. Weitere Kaufinteressenten die immer wieder ihr Interesse bekundeten, wurden von der Firma abgewimmelt. Man wollte wohl keine Konkurrenz für die neue Reha-Klinik und nahm somit in Kauf, dass die alte Klinik immer weiter verfallen würde. Inzwischen steht das Gebäude seit mittlerweile 26 Jahren leer und weder ein teurer Abriss noch eine Neunutzung werden in nächster Zeit infrage kommen.

Nach der politischen Wende wurden in vielen Orten der ehemaligen DDR zahlreiche ältere Gebäude wegen mangelnder Rentabilität und fehlenden Komfort aufgegeben.

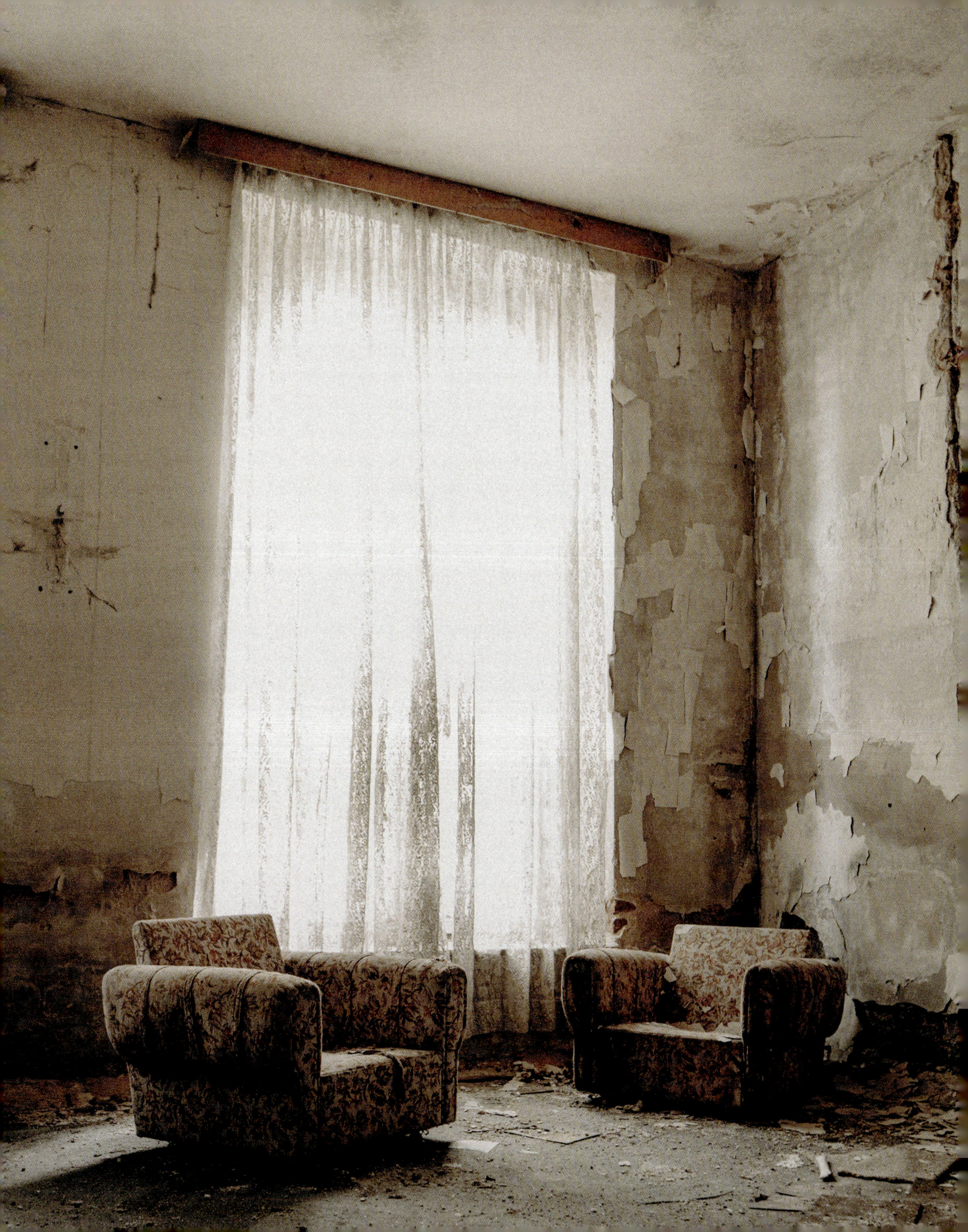

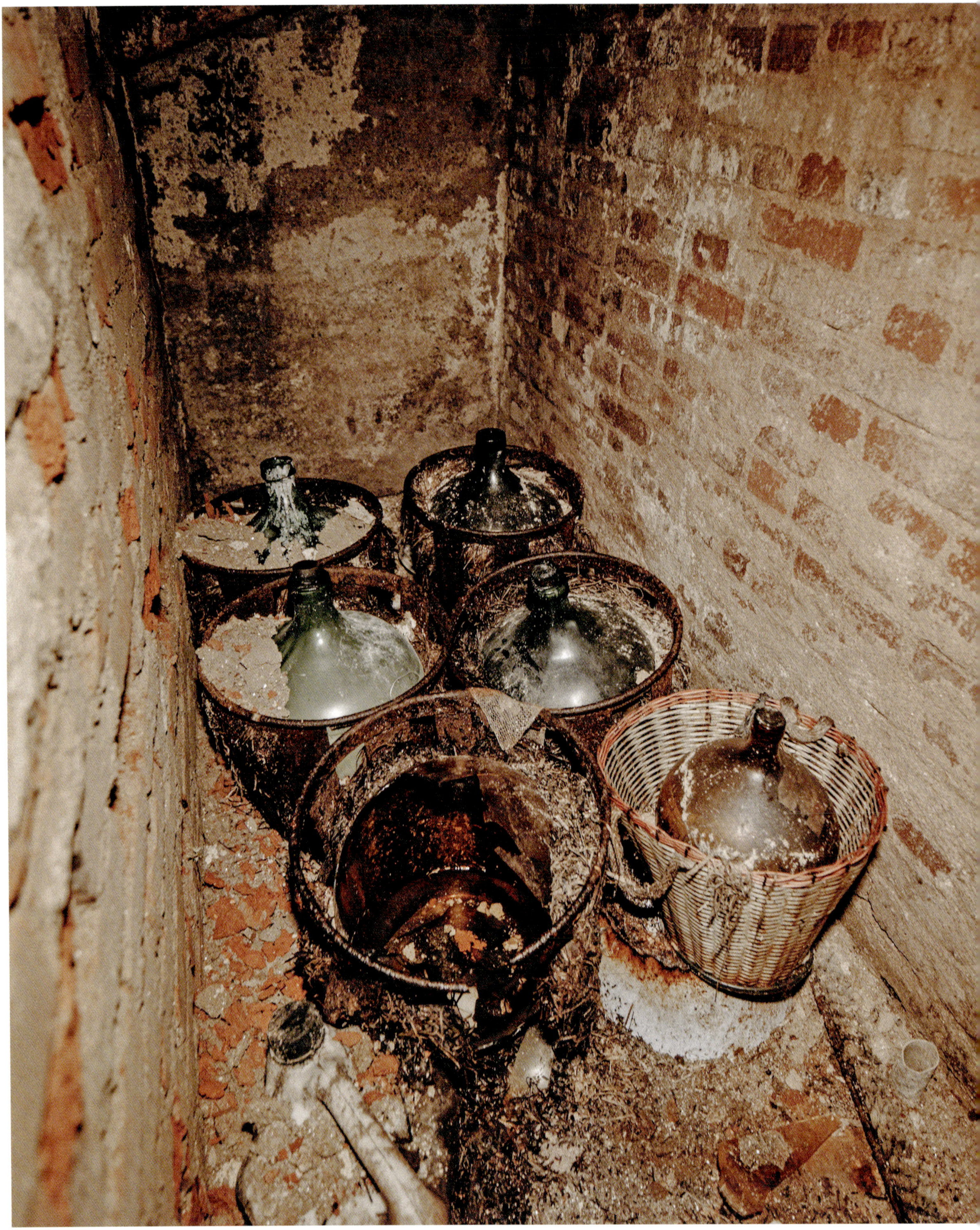

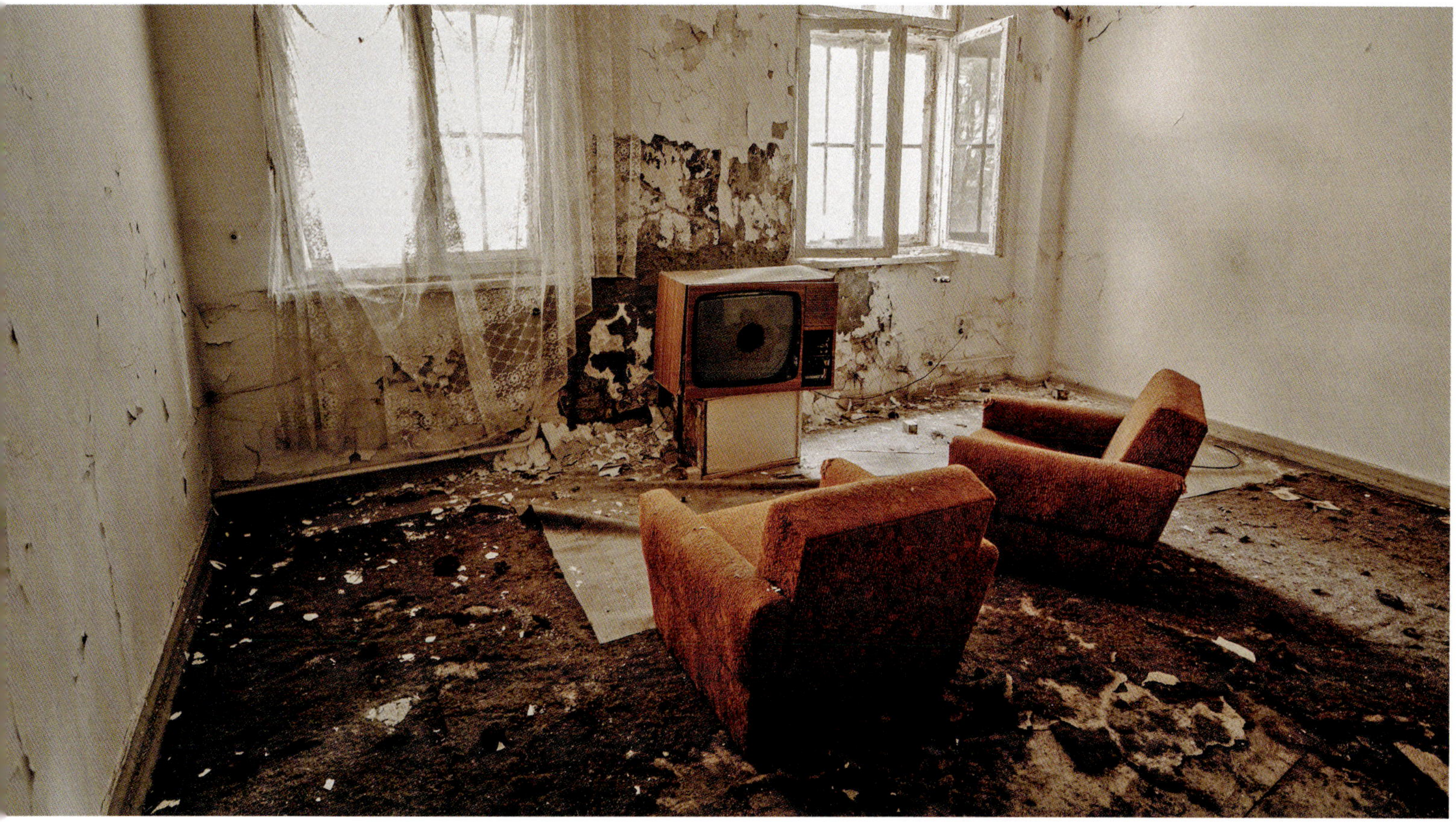

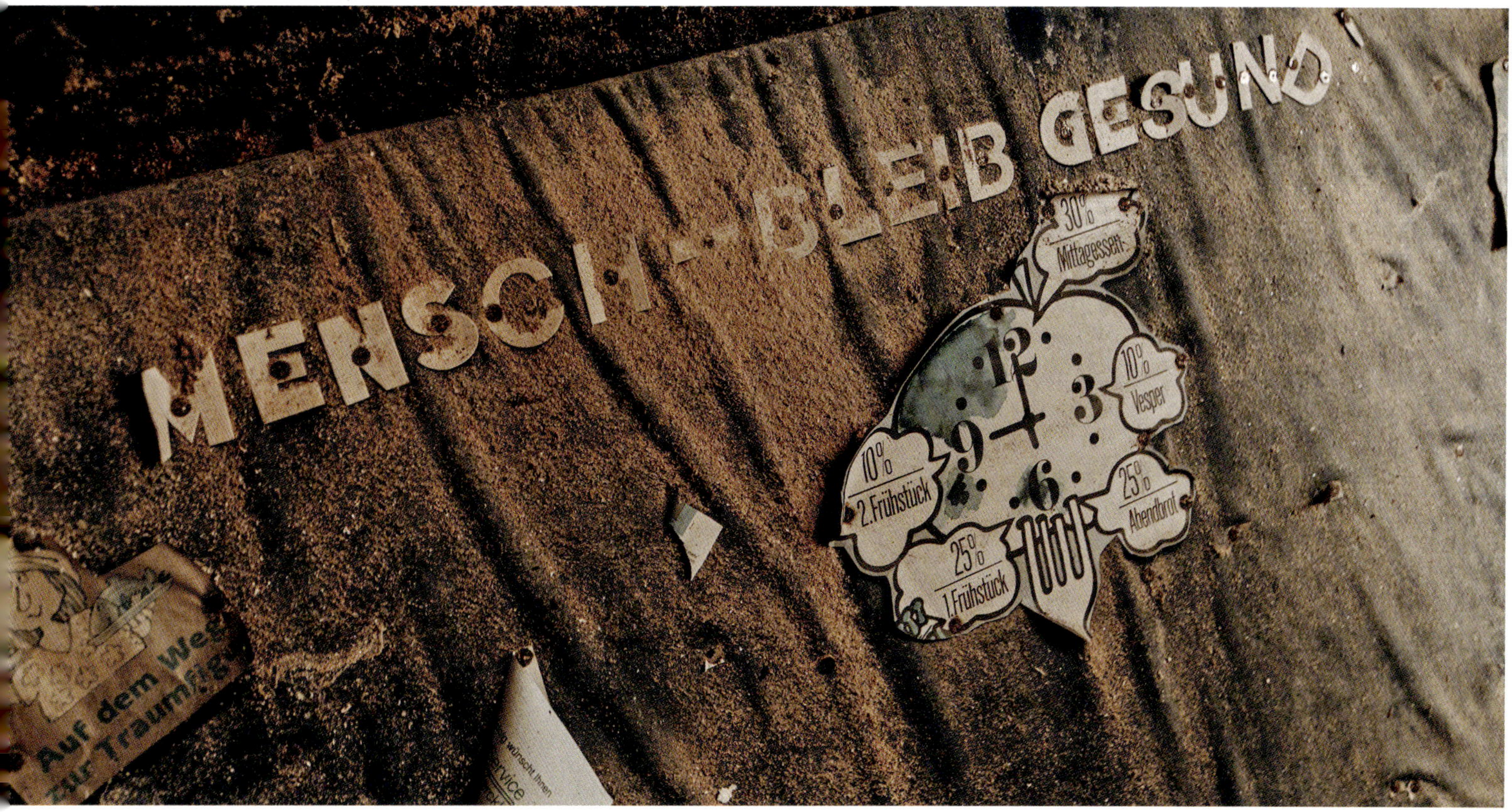
MENSCH – BLEIB GESUND
30% Mittagessen
12
3
6
9
10% Vesper
25% Abendbrot
25% 1. Frühstück
10% 2. Frühstück

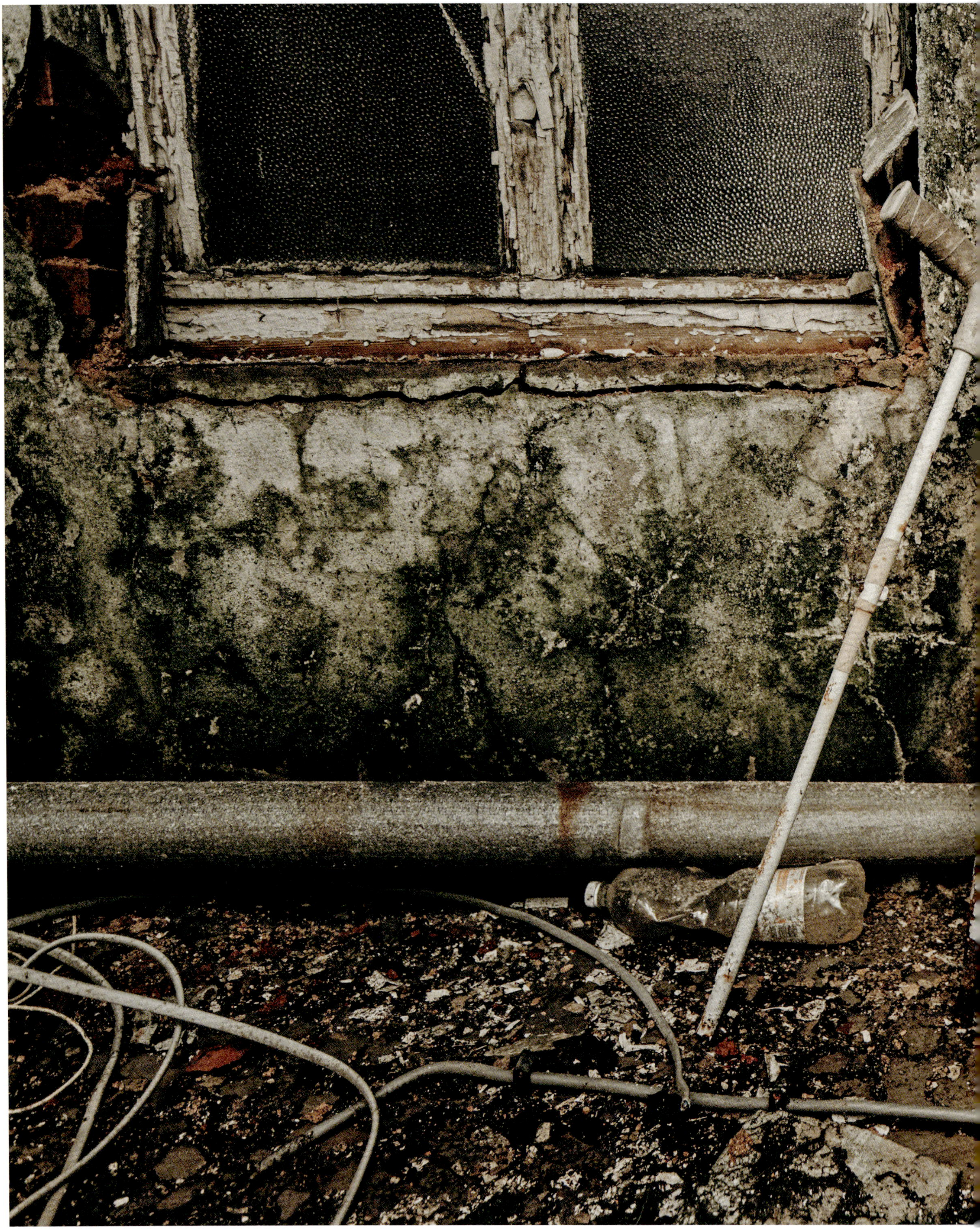

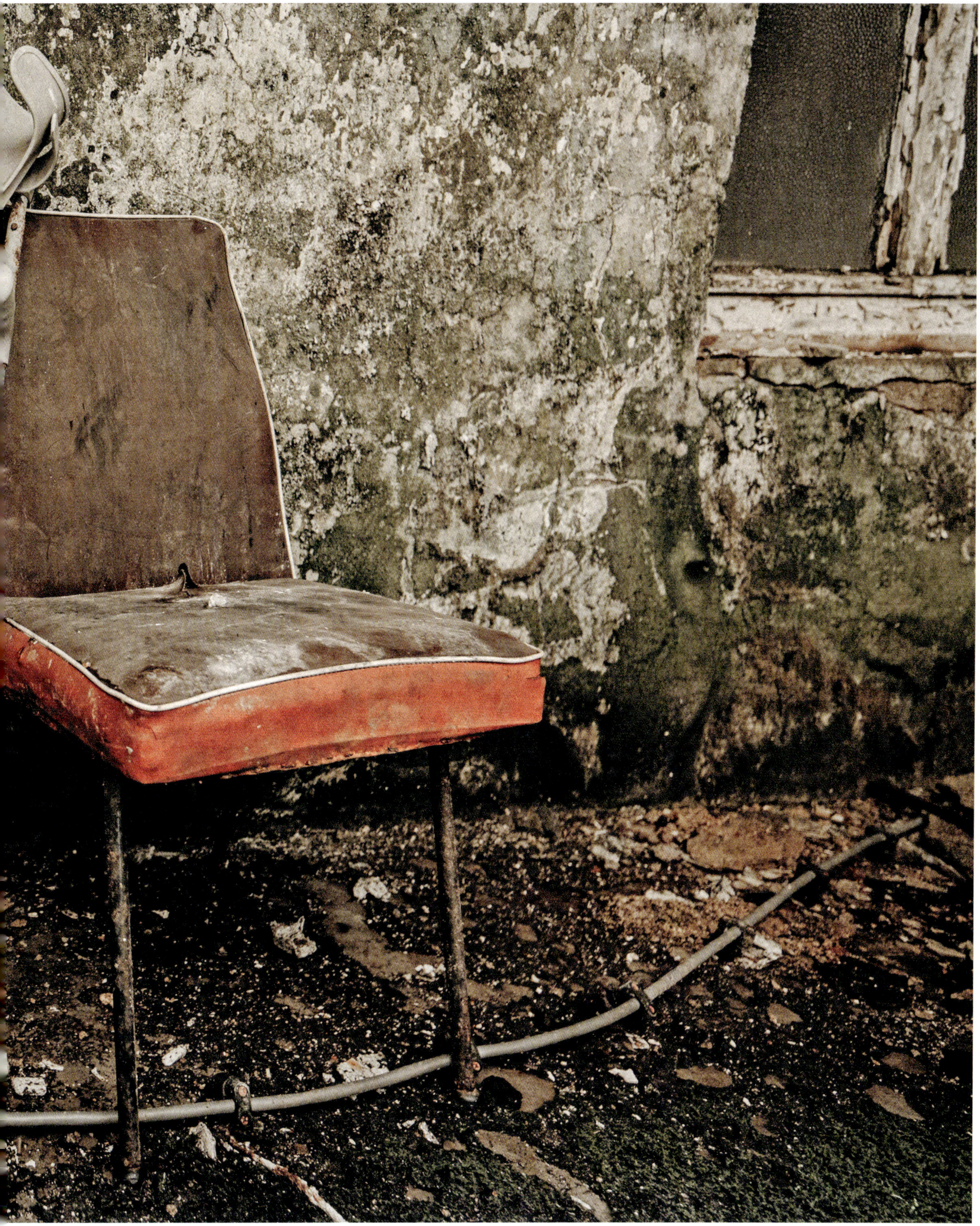

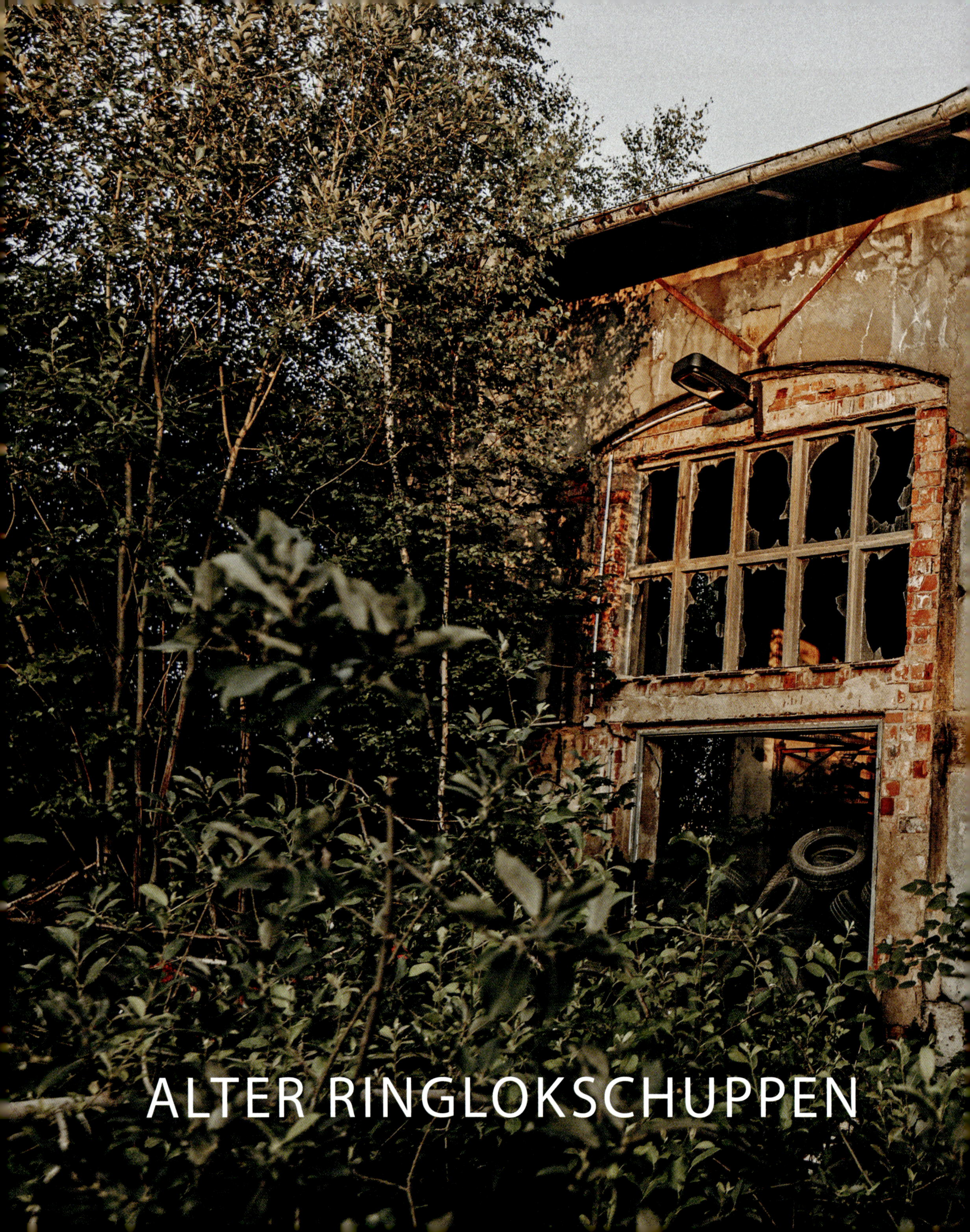

ALTER RINGLOKSCHUPPEN

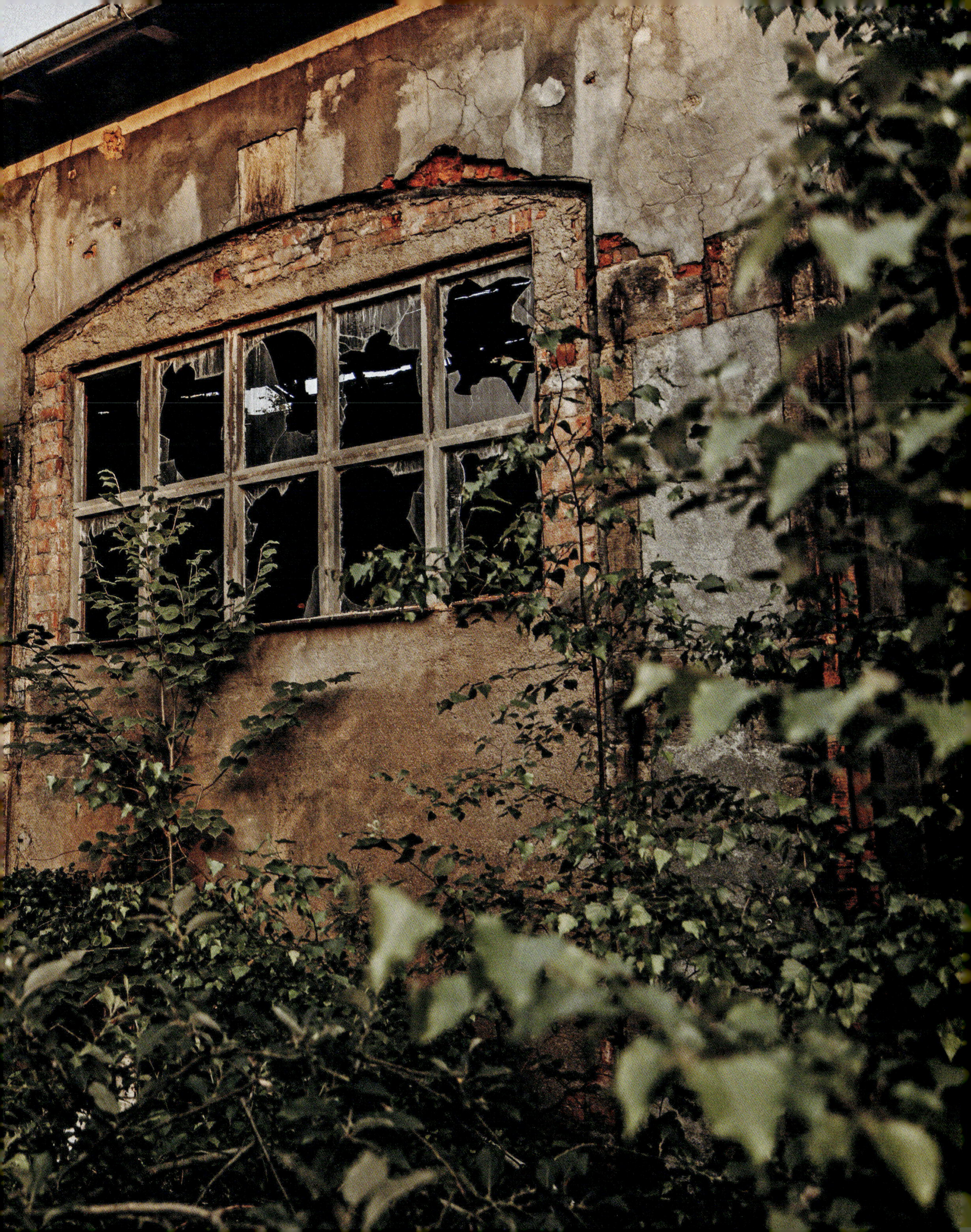

ALTER RINGLOKSCHUPPEN

120 Meter vom Bahnhof Werdau entfernt liegt ein alter Ringlokschuppen mit Drehscheibe, der zum ehemaligen Bahnbetriebswerk Werdau gehörte. Dieses wurde bereits am 1. Mai 1967 stillgelegt. Zwar wurde der Ringlockschuppen noch einige Jahre genutzt, danach aber aufgegeben – und nun verfällt er immer weiter. Wie das Gelände früher einmal aussah, kann man heute nur noch erahnen. Zwischen Bahnhof und Lokschuppen verläuft mittlerweile eine Schnellstraße. Früher gab es hier natürlich eine riesige Gleisanlage zum Rangieren, jede Menge Lokomotiven und zahlreiche Güterwaggons. Aber Achtung – während man früher das Objekt problemlos besuchen und sogar einen Geocache suchen konnte, ist ein Zugang mittlerweile nicht mehr möglich. Das Gelände ist umzäunt und wird von einer Firma genutzt.

Wie das Gelände früher einmal aussah, kann man heute nur noch erahnen.

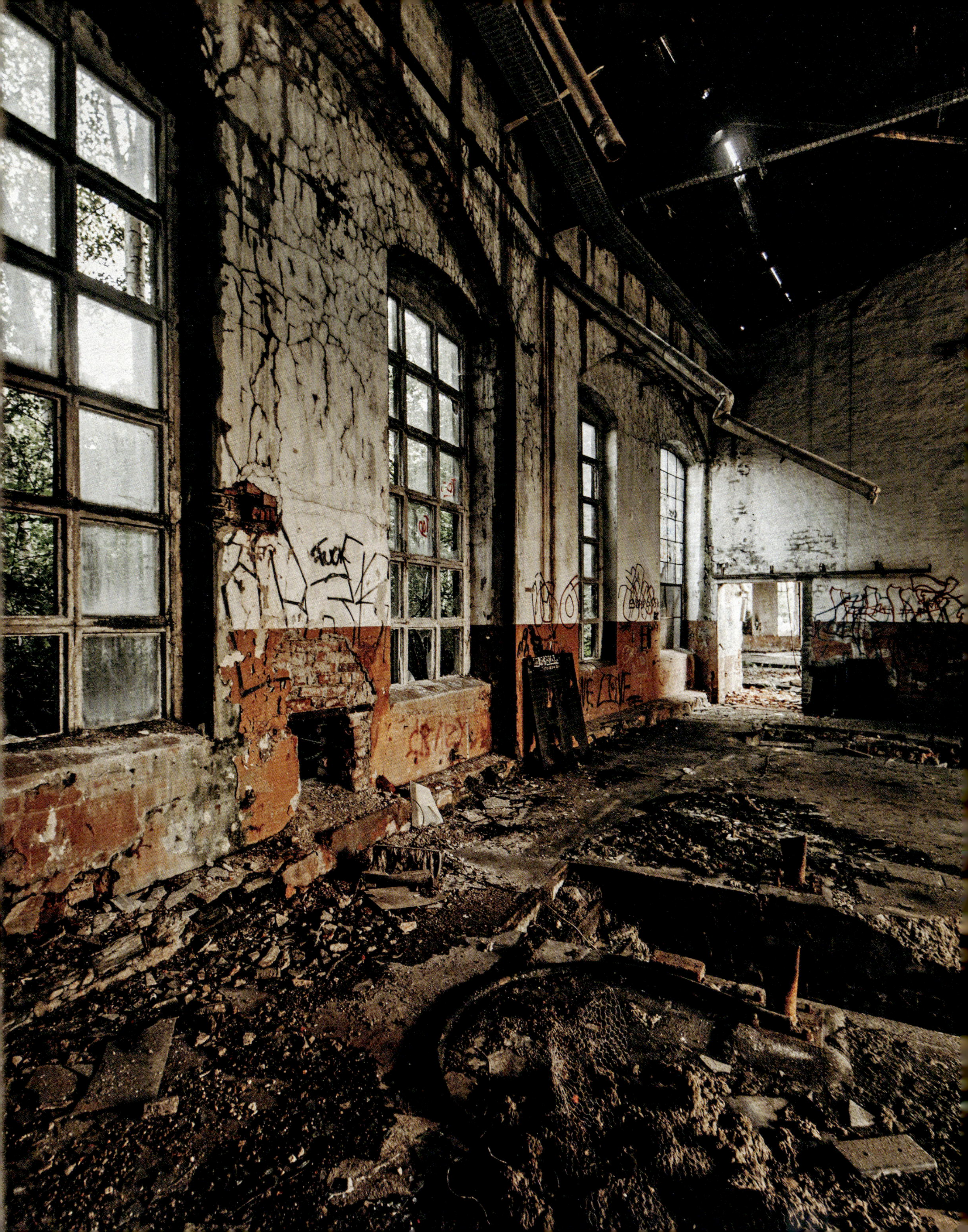

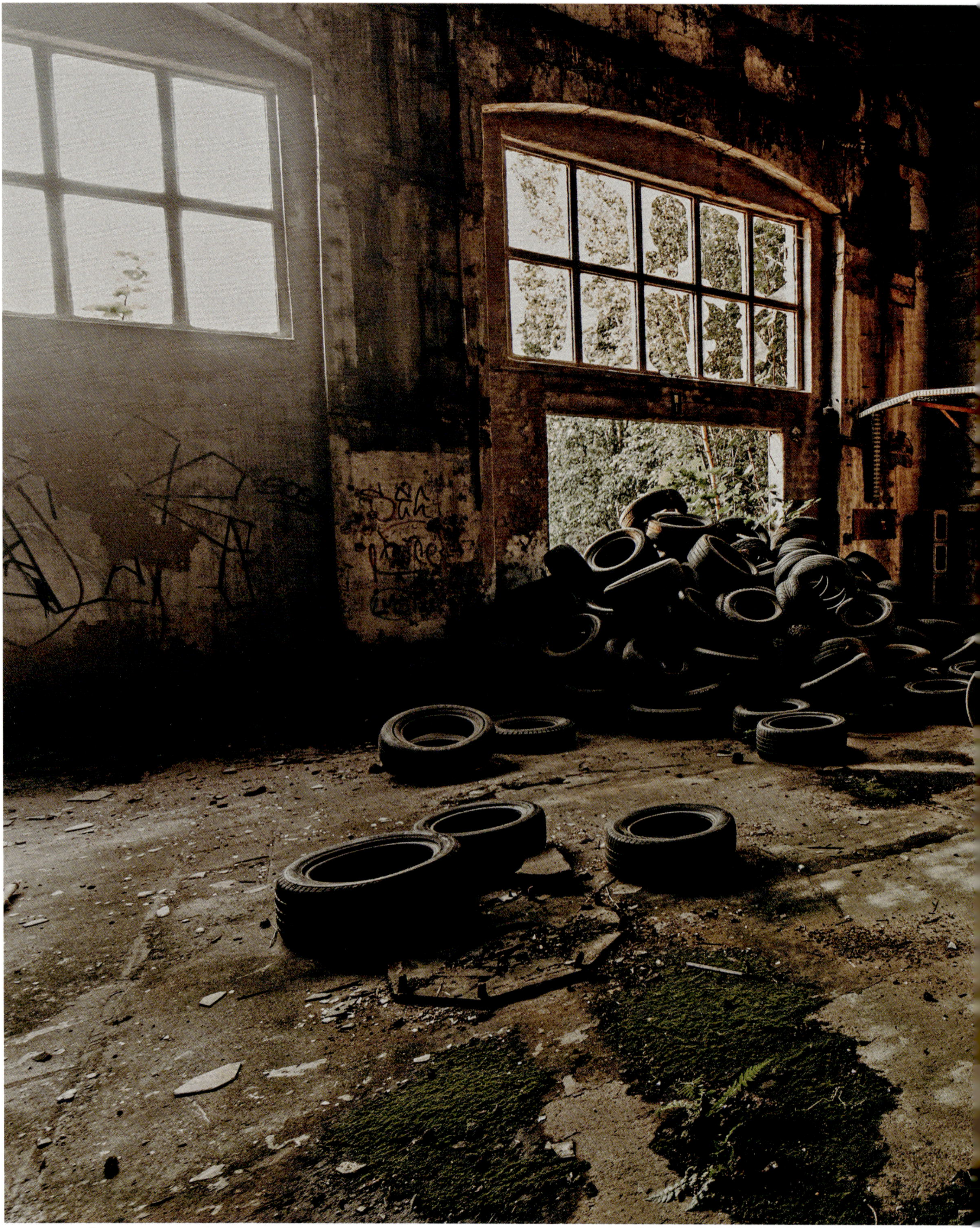

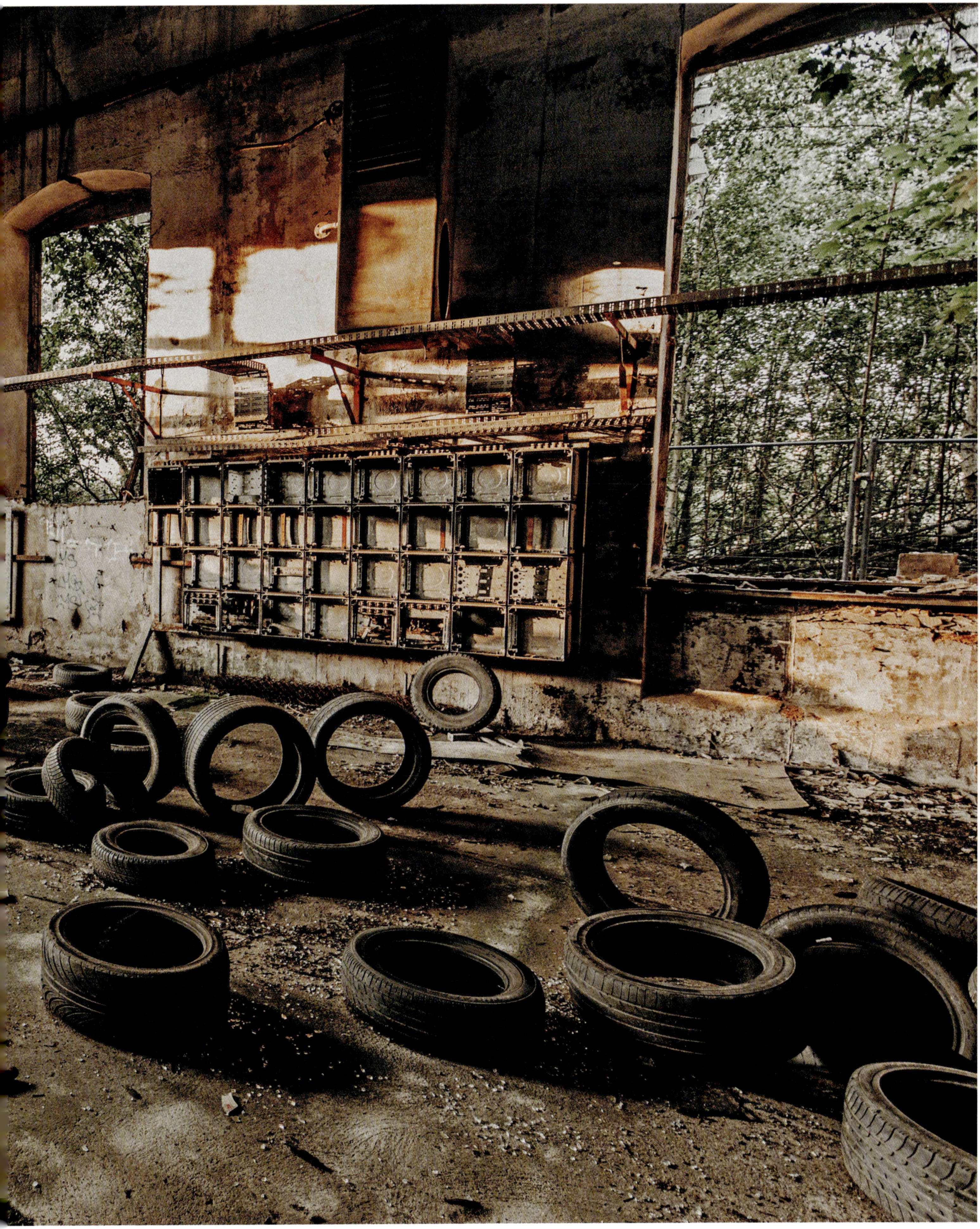

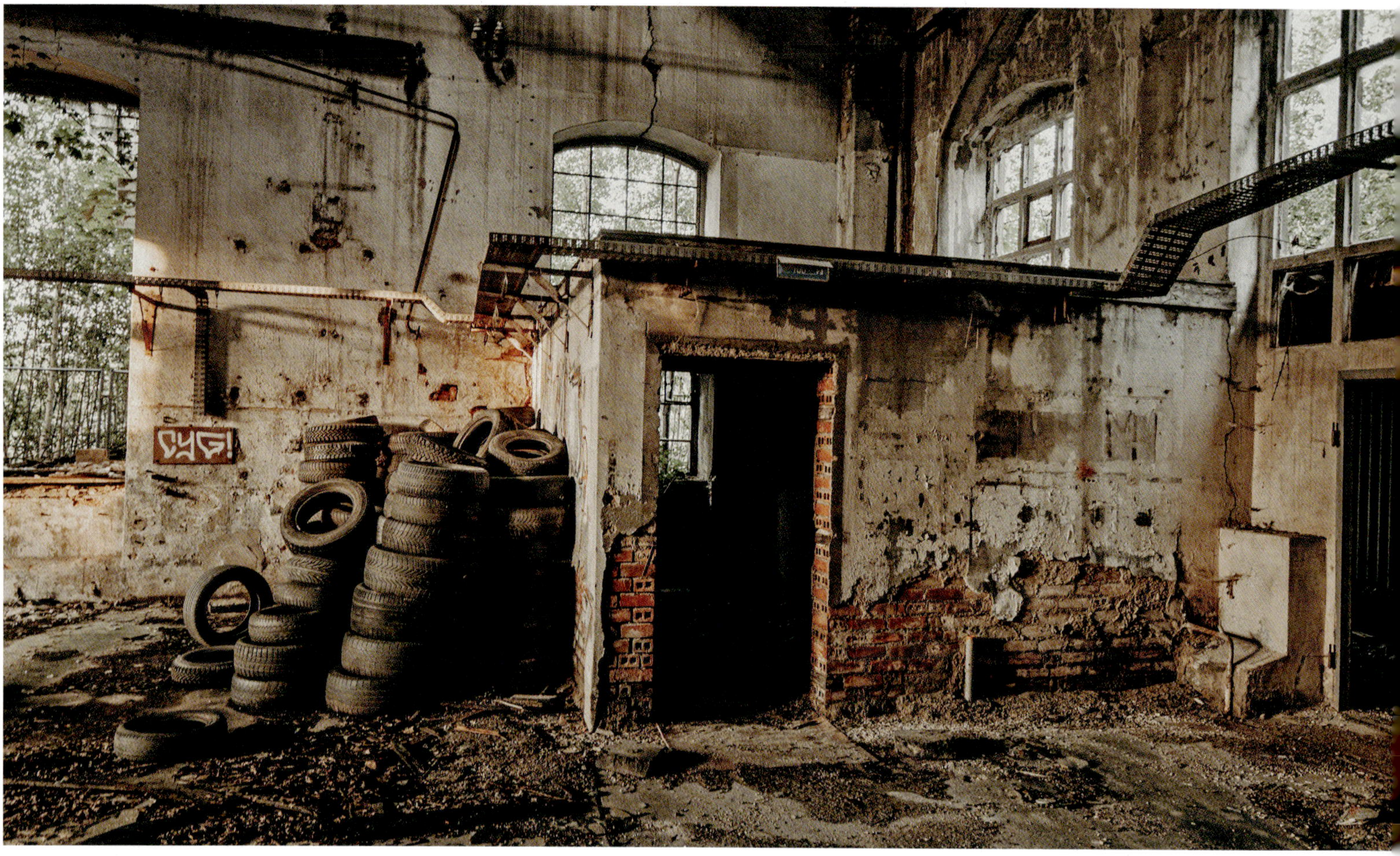

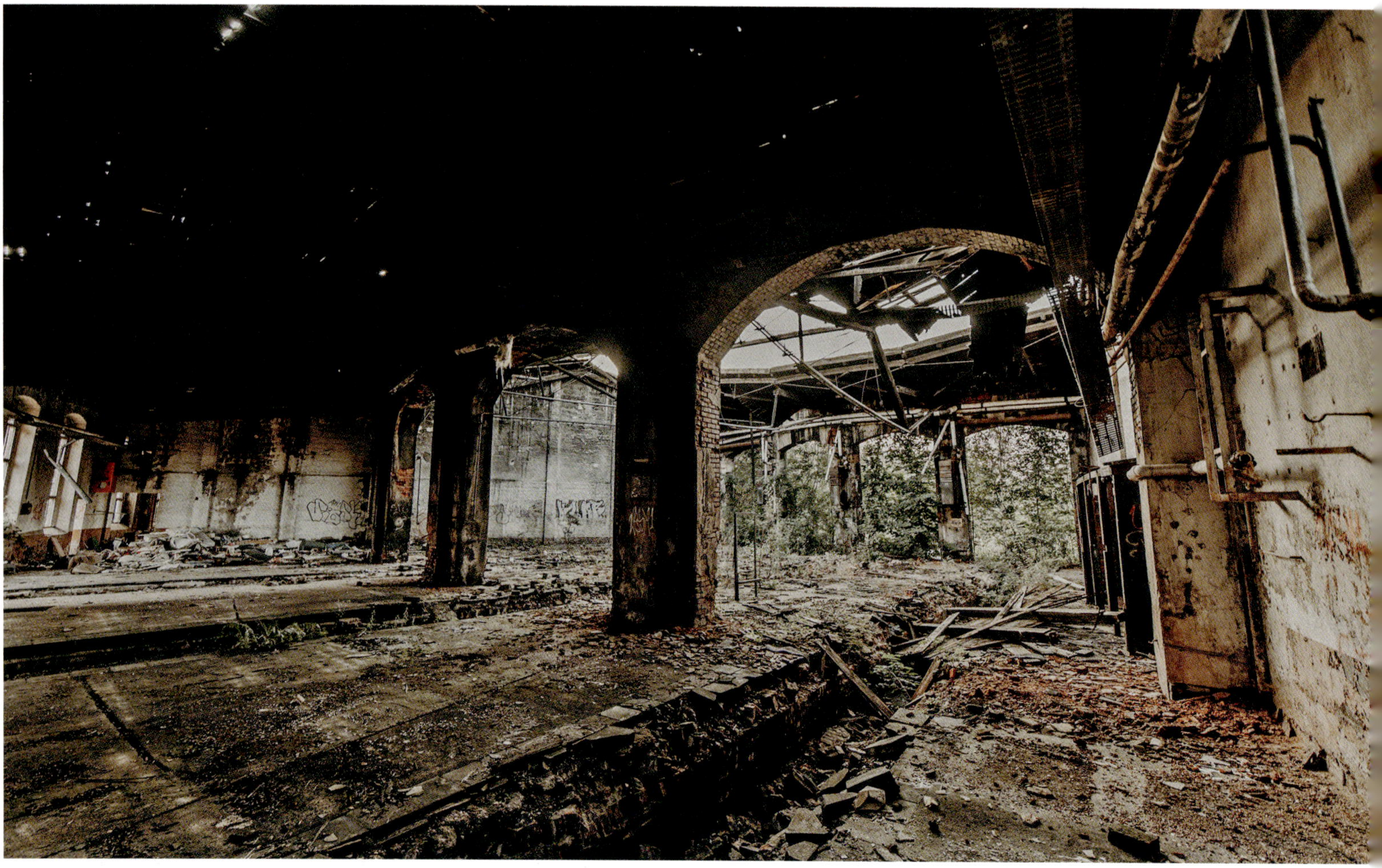

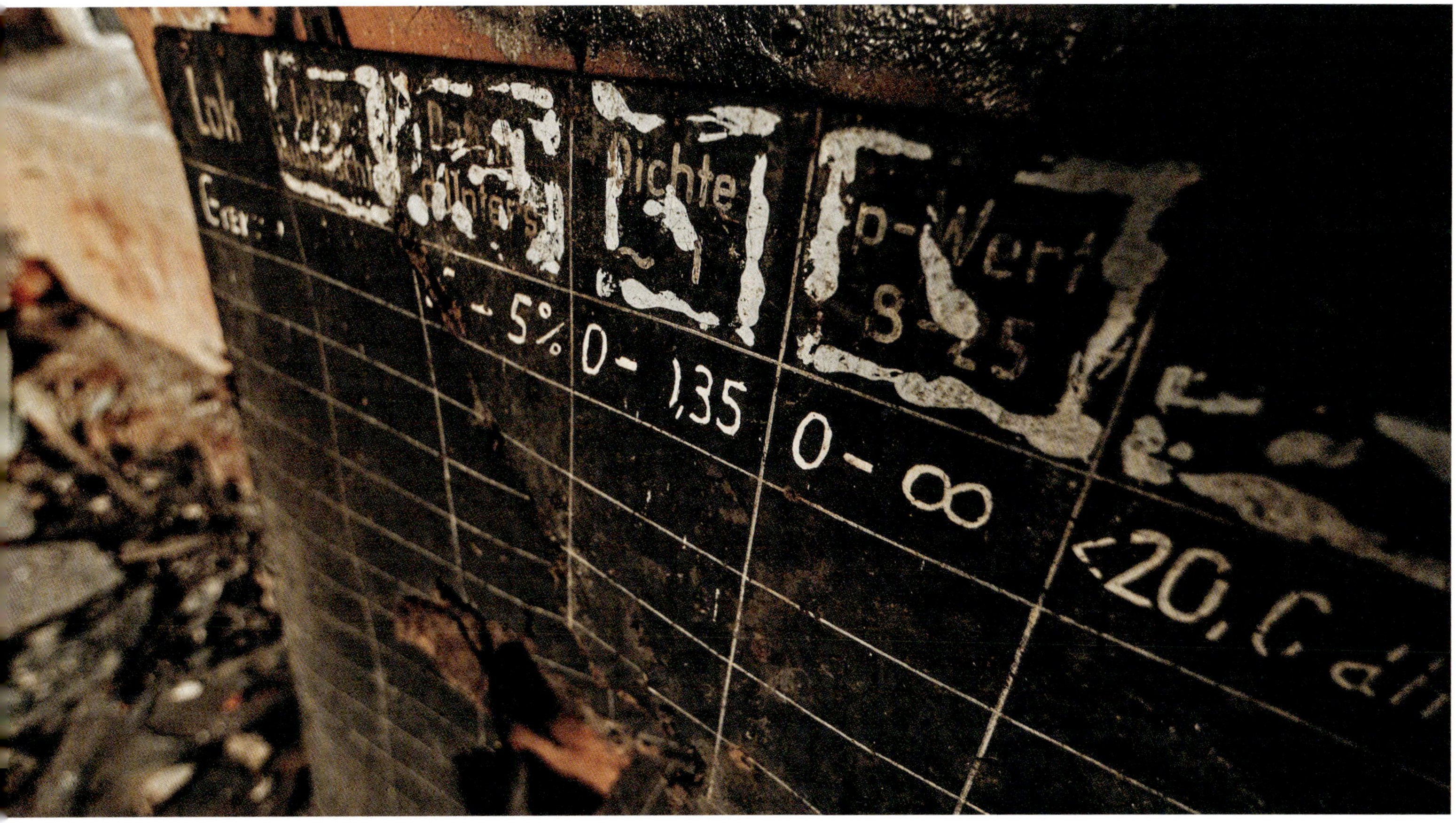
Lok
Dichte
p-Wert
8-25
-5%
0- 1,35
0- ∞

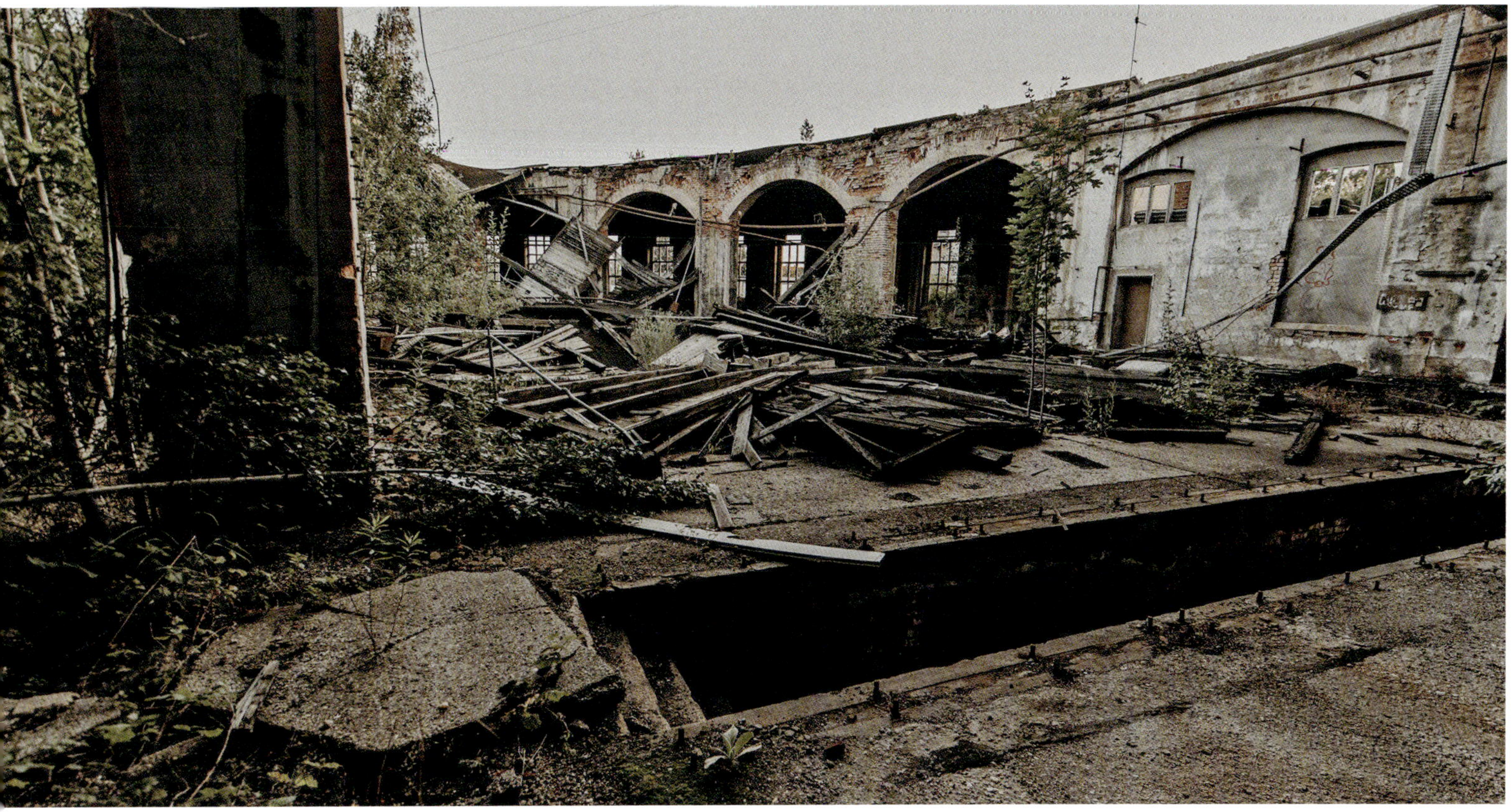

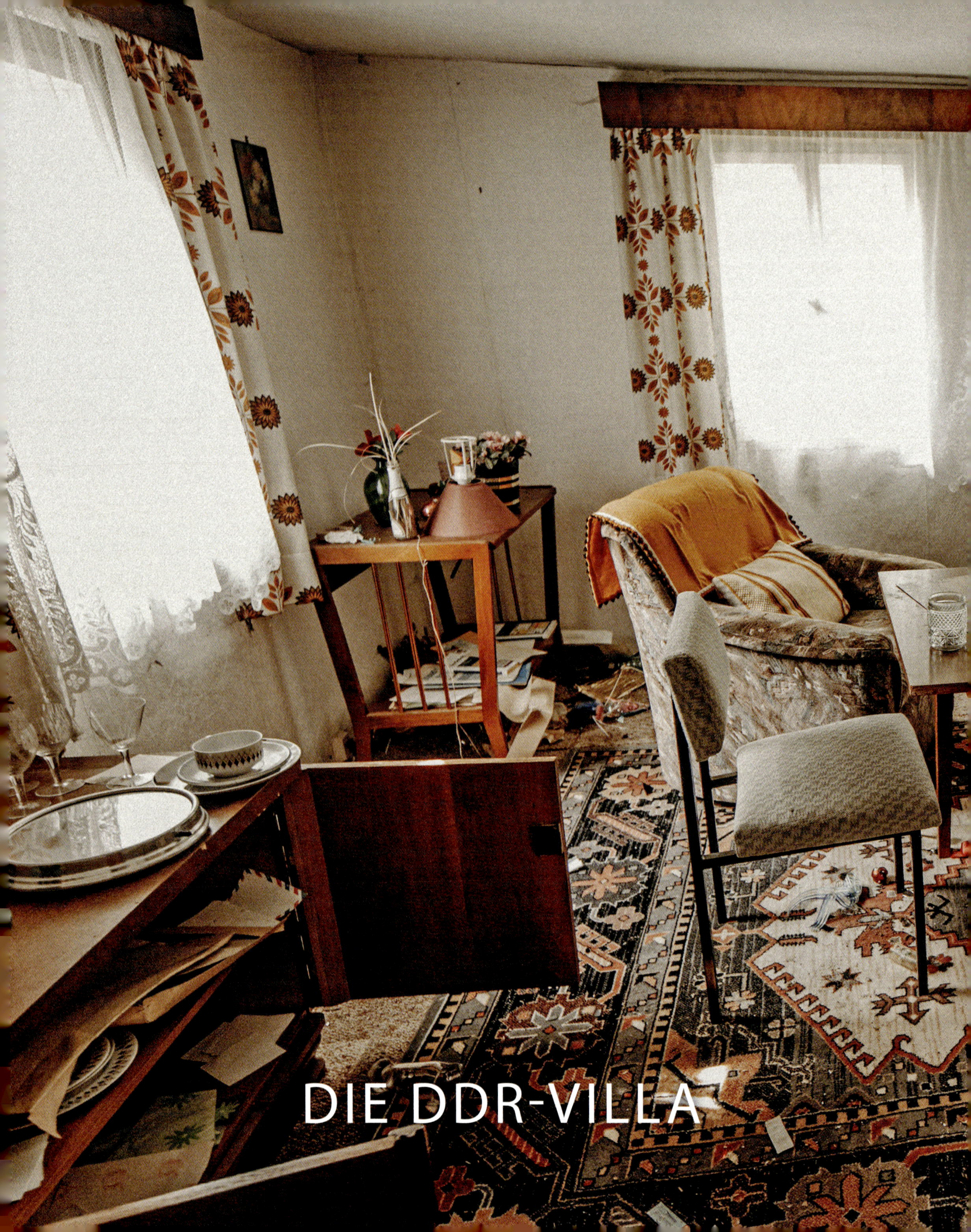

DIE DDR-VILLA

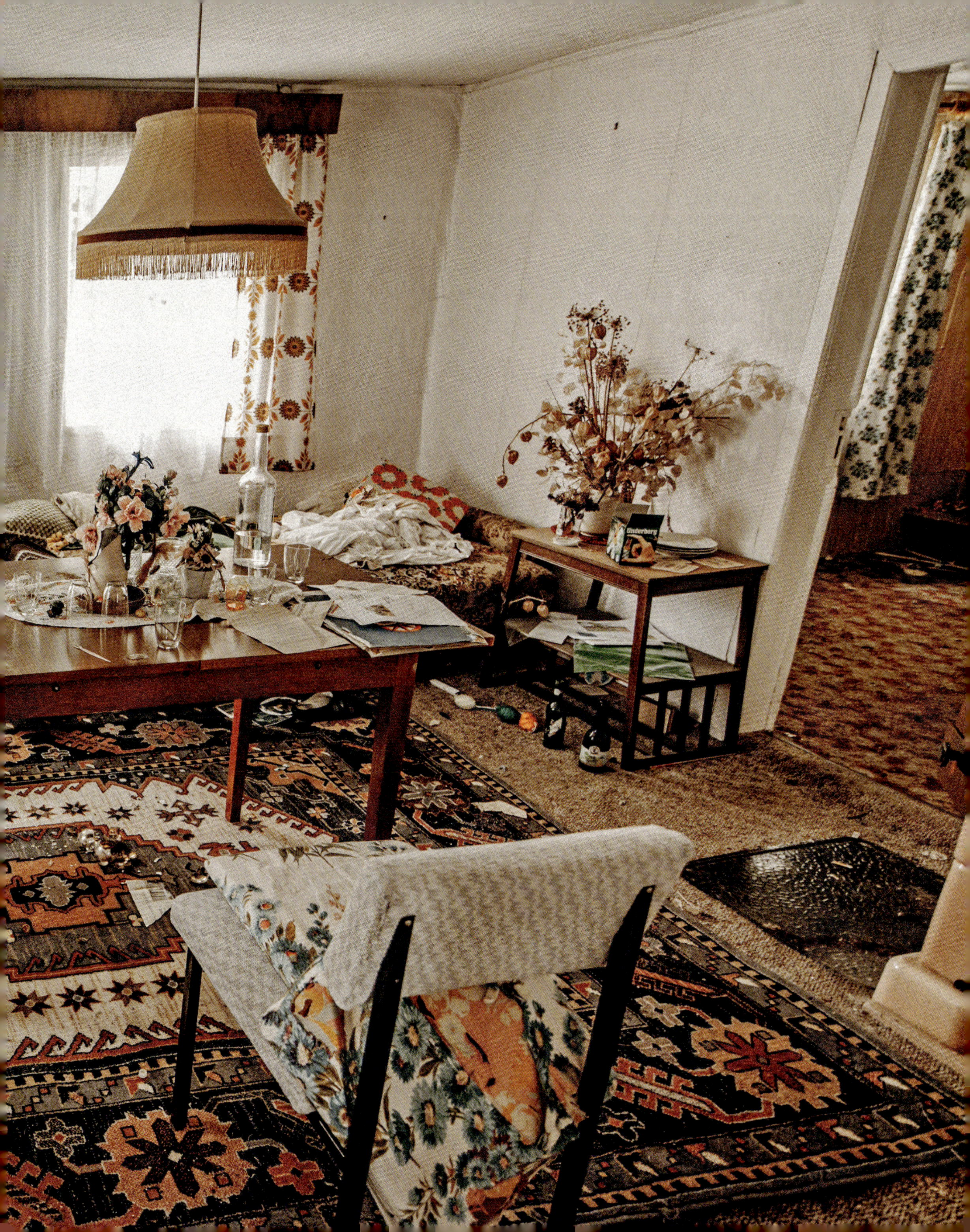
Underberg

DIE DDR-VILLA

Versteckt in einem Wald nahe Dresden liegt diese kleine Villa. Ein Kalender von 2011 liegt im Eingangsbereich auf dem Tisch und gibt uns somit eine grobe Orientierung, wann hier das letzte Mal jemand ein- und ausgegangen ist. Das Haus selbst wurde scheinbar bereits zu Zeiten der DDR eingerichtet. Das Wohnzimmer sieht demnach etwas aus der Zeit gefallen aus, zumindest für jüngere Betrachter, wurde aber anscheinend mit Liebe eingerichtet. Teller und Tassen stehen in der Küche im Schrank und im Bad liegt noch der Rasierer neben der Zahnbürste. Kleider liegen über einer Sessellehne, eine Jacke hängt an der Wand. Hätten hier nicht andere Besucher vor uns für Unordnung gesorgt und wären die Pflanzen nicht verwelkt, könnte man dieses hübsche Haus kaum für einen Lost Place halten. Warum es leer steht und scheinbar plötzlich verlassen wurde, lässt sich leider nicht sagen. Zumal die Lage – mitten in der Natur und direkt an einem Fluss – sehr einladend ist. Der Platz strahlt etwas Liebevolles, Harmonisches aus. Und auch, wenn wir die Beweggründe und Geschichte der ehemaligen Bewohner nicht kennen, bleibt es eine schöne Vorstellung, dass sie hier ein schönes Leben hatten.

Teller und Tassen stehen in der Küche im Schrank und im Bad liegt noch der Rasierer neben der Zahnbürste.

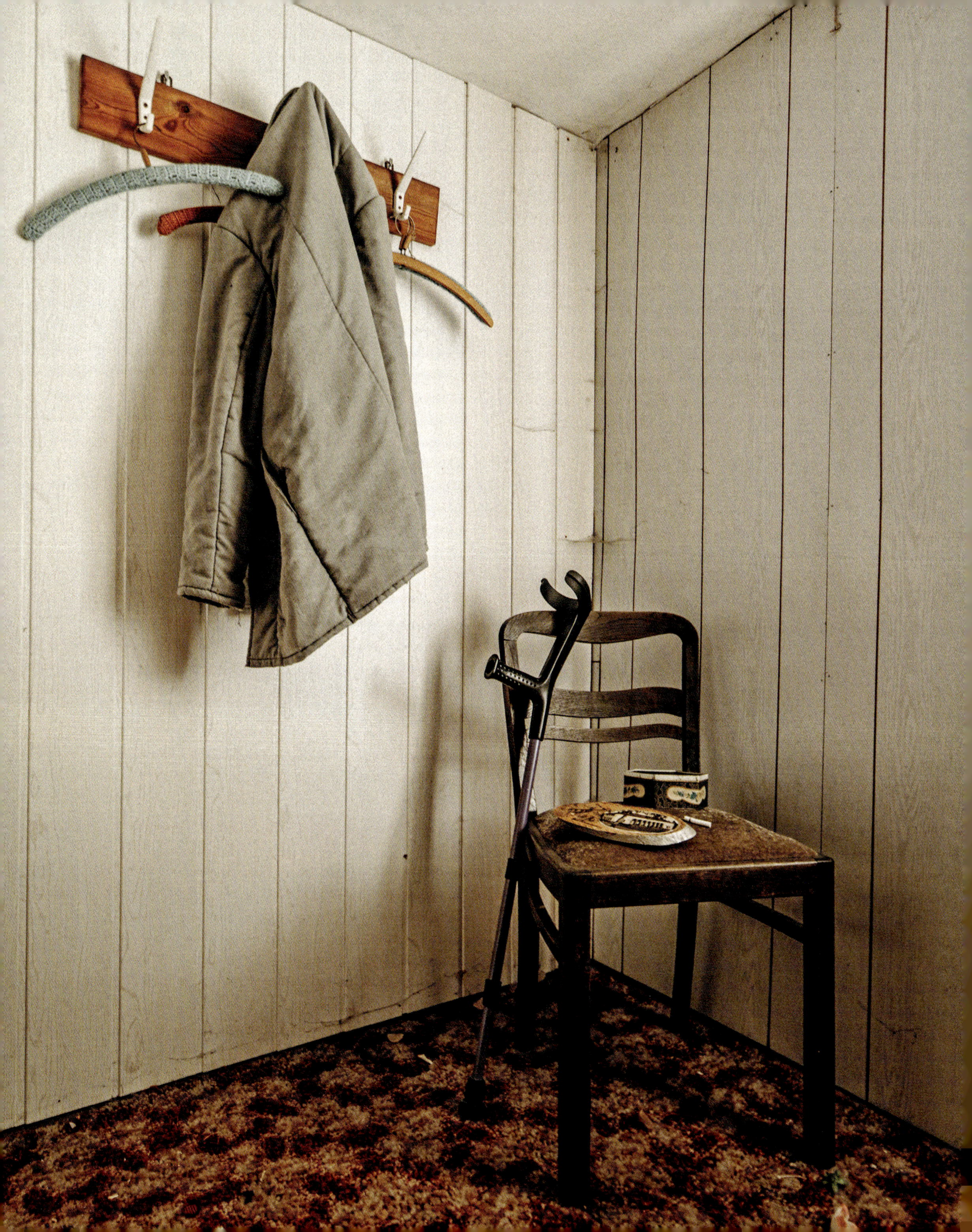

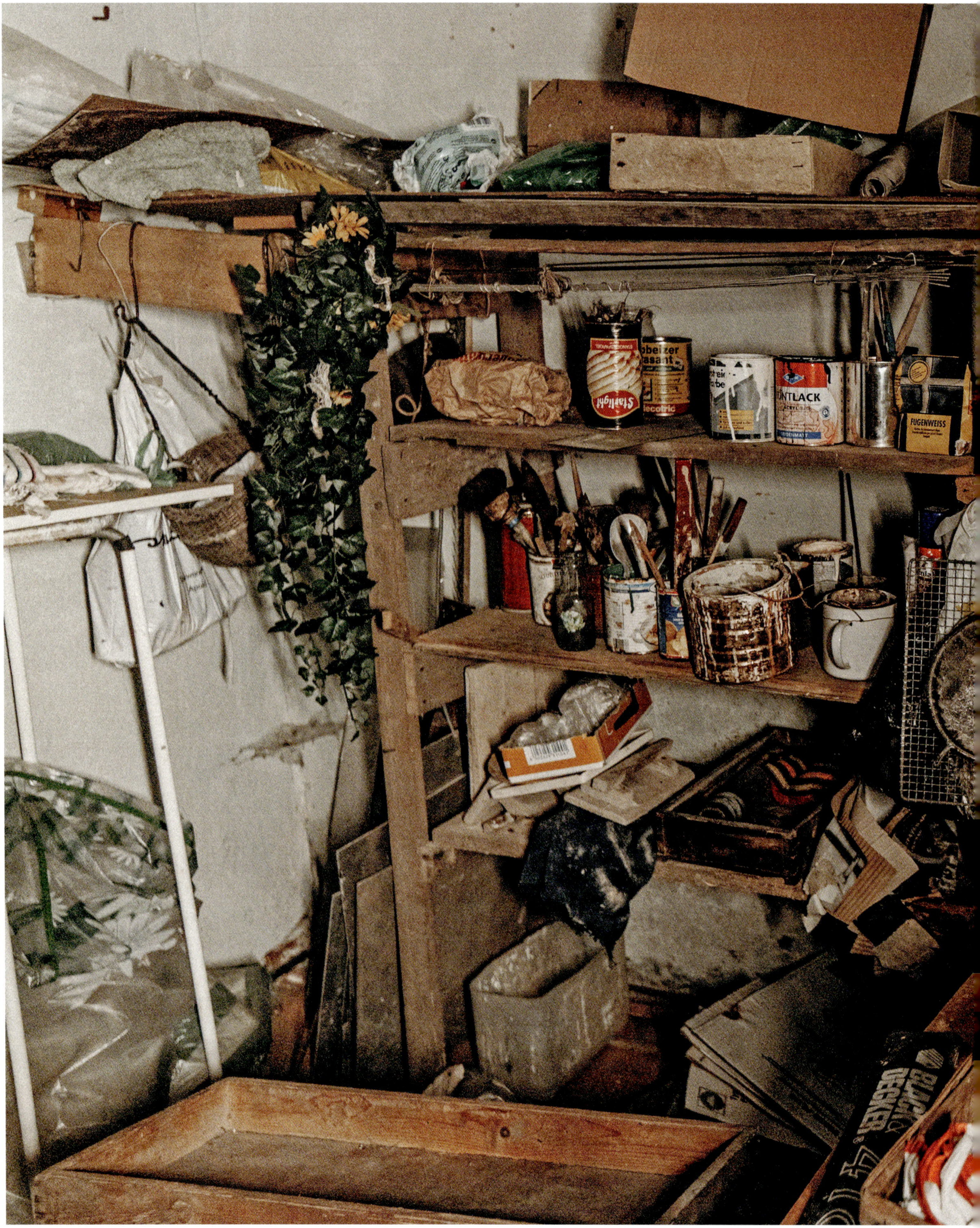
FUGENWEISS

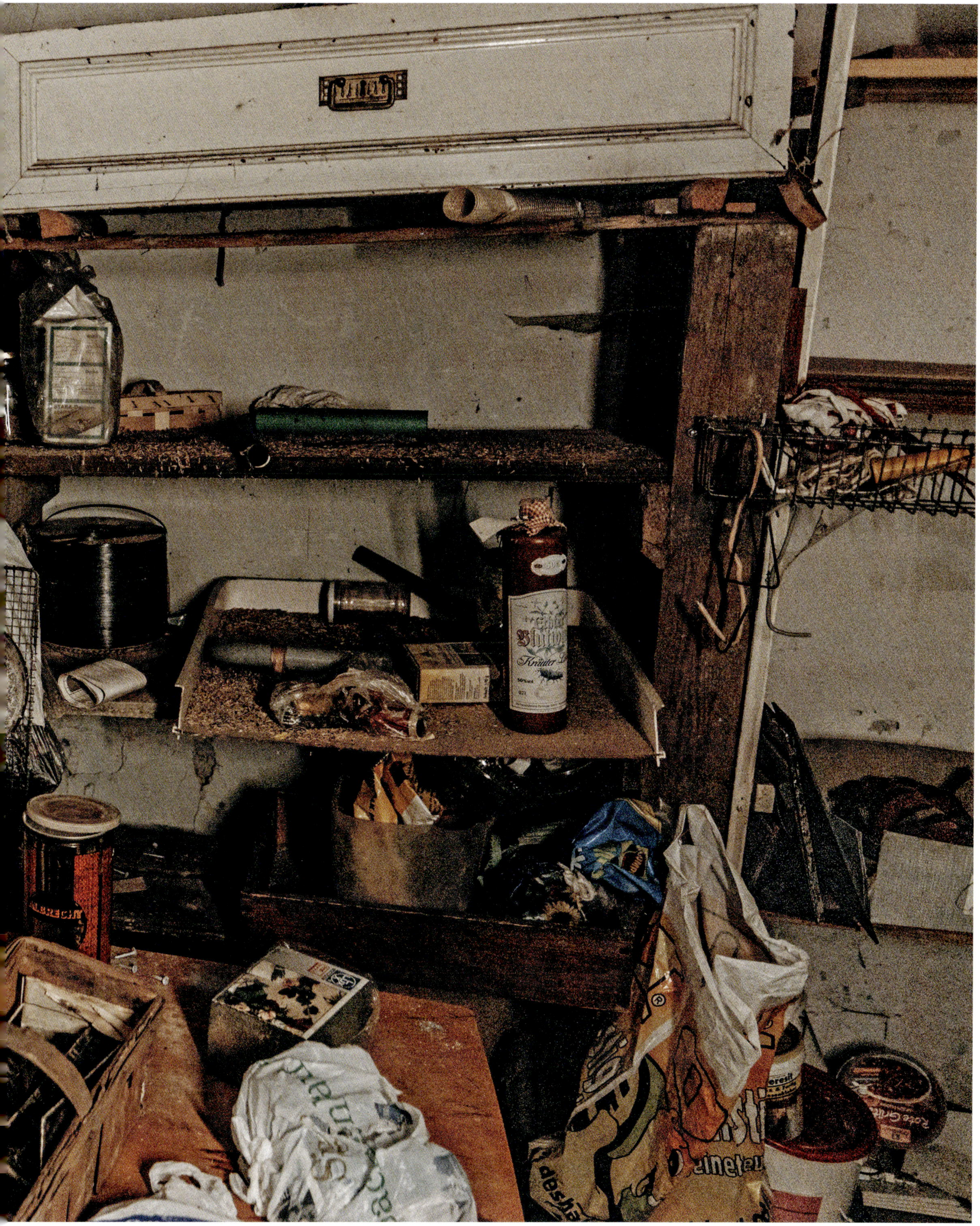

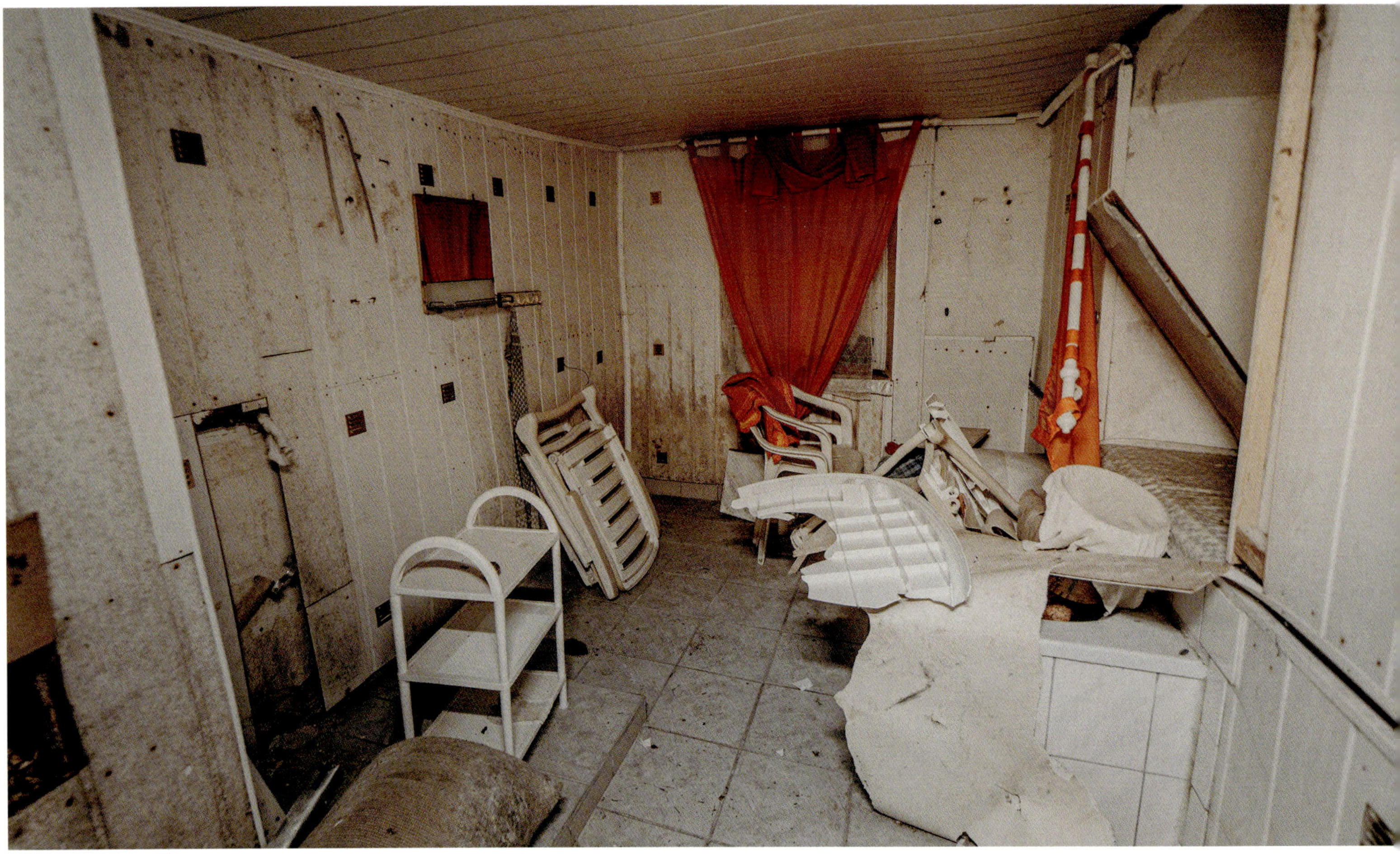

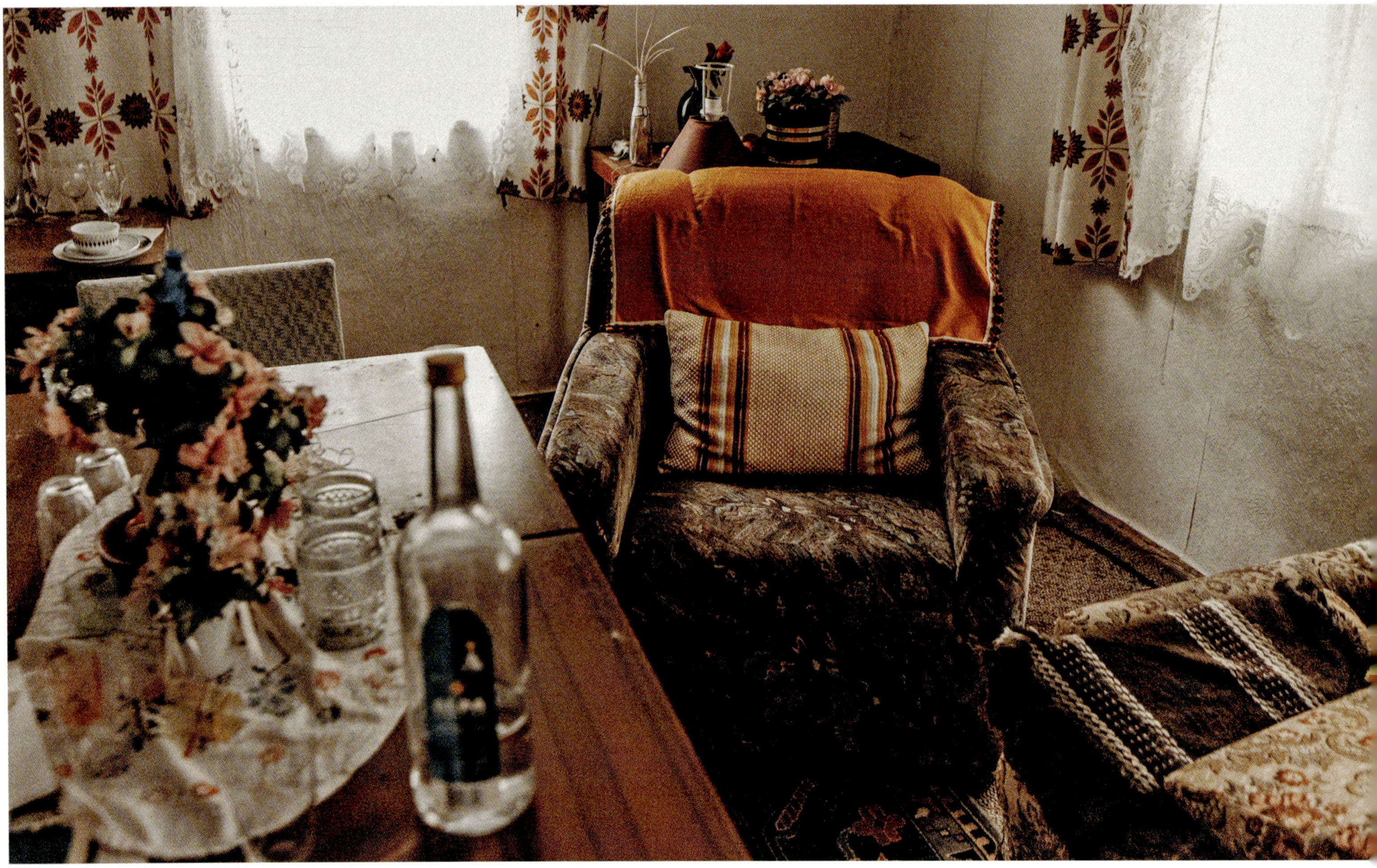

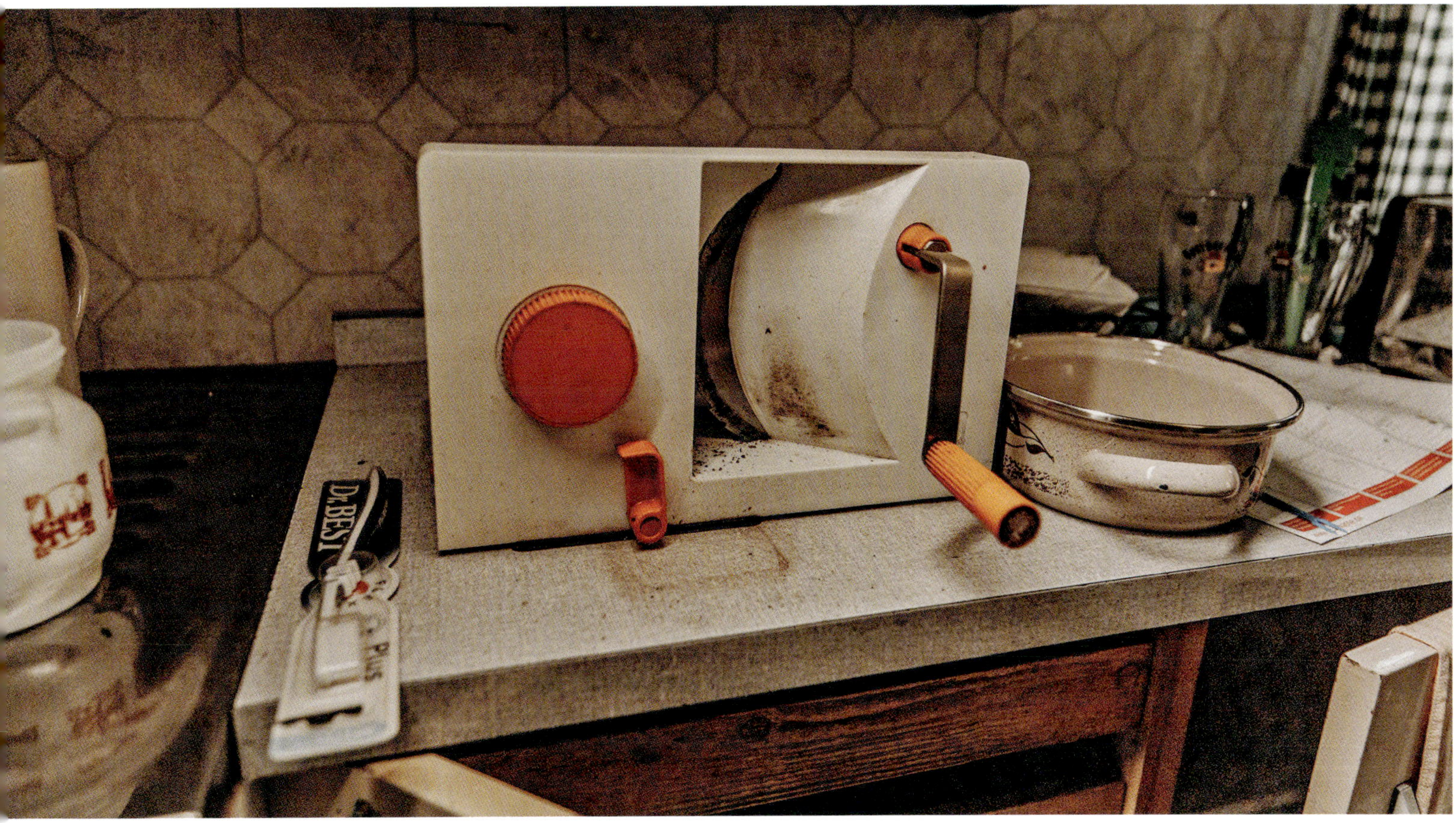

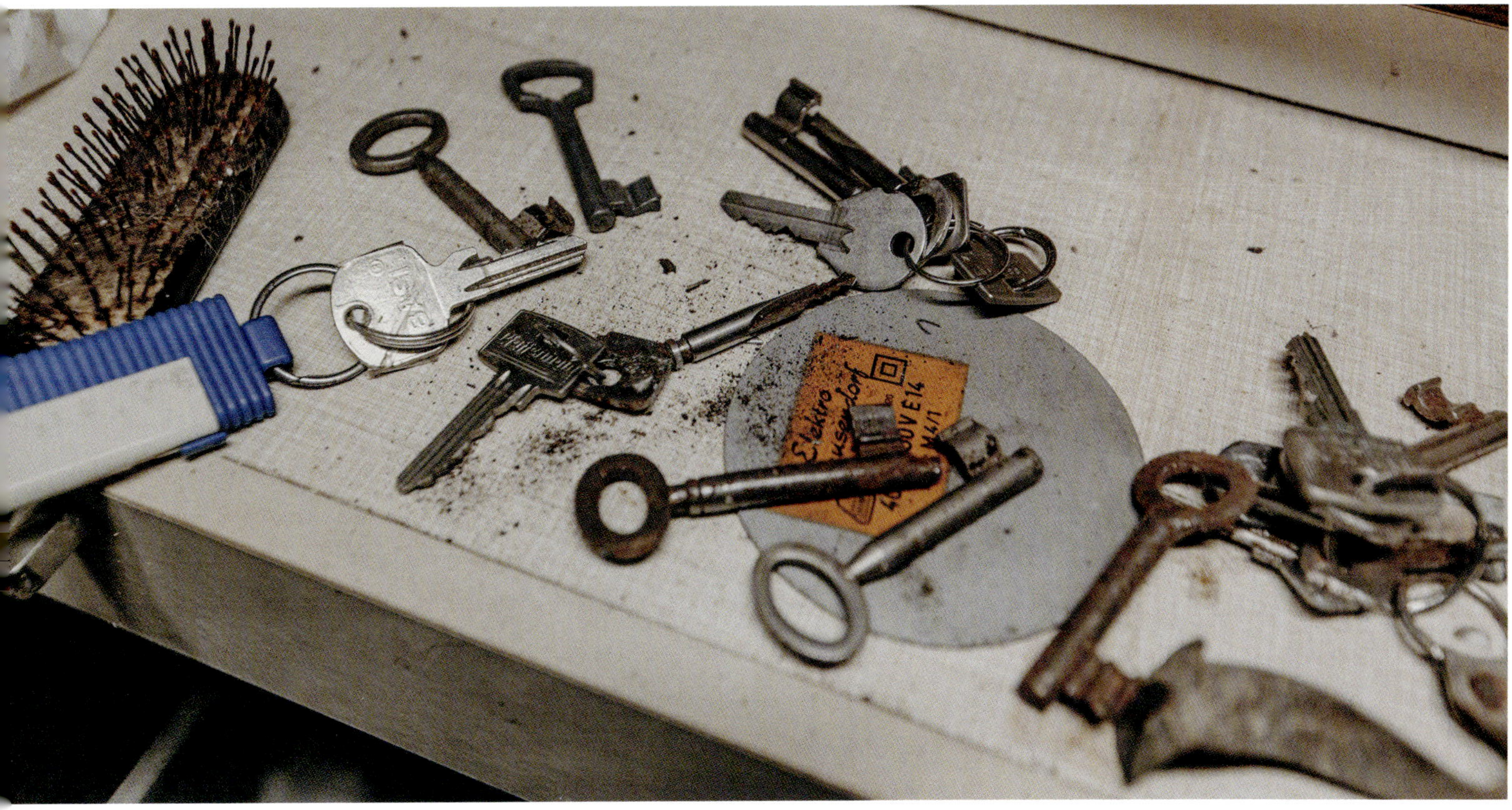

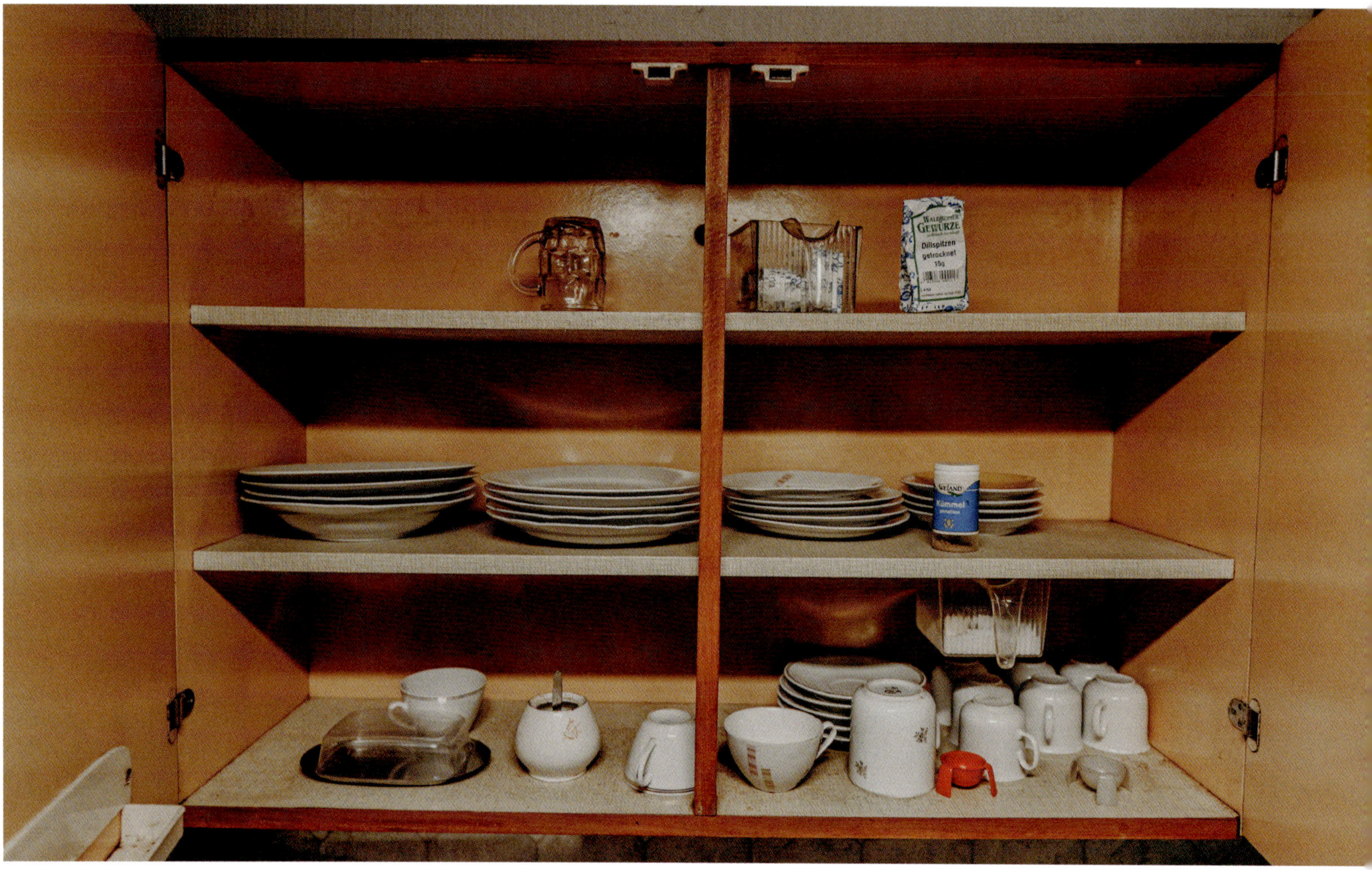
GEWÜRZE
Dillspitzen
getrocknet
15g
Kümmel

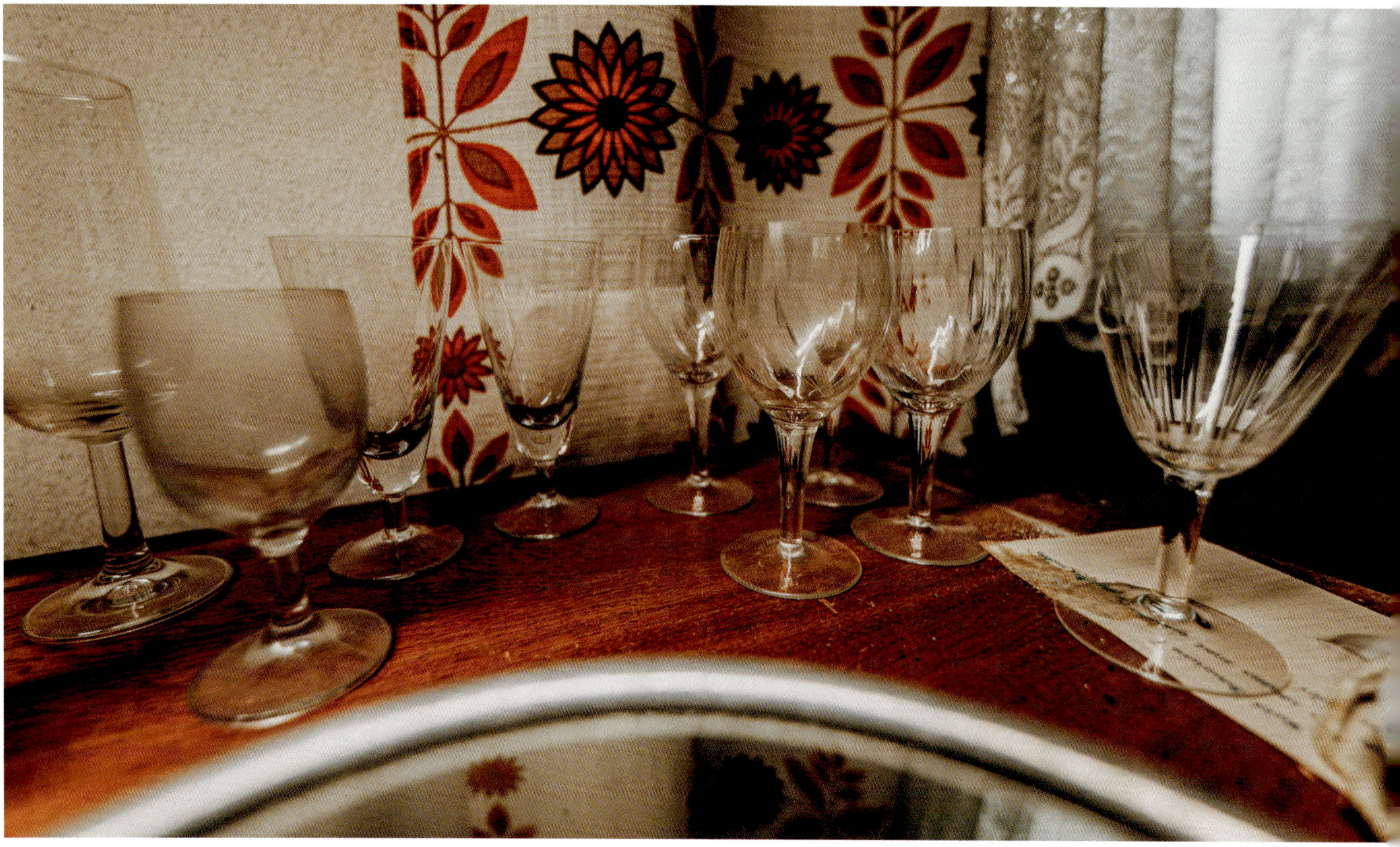

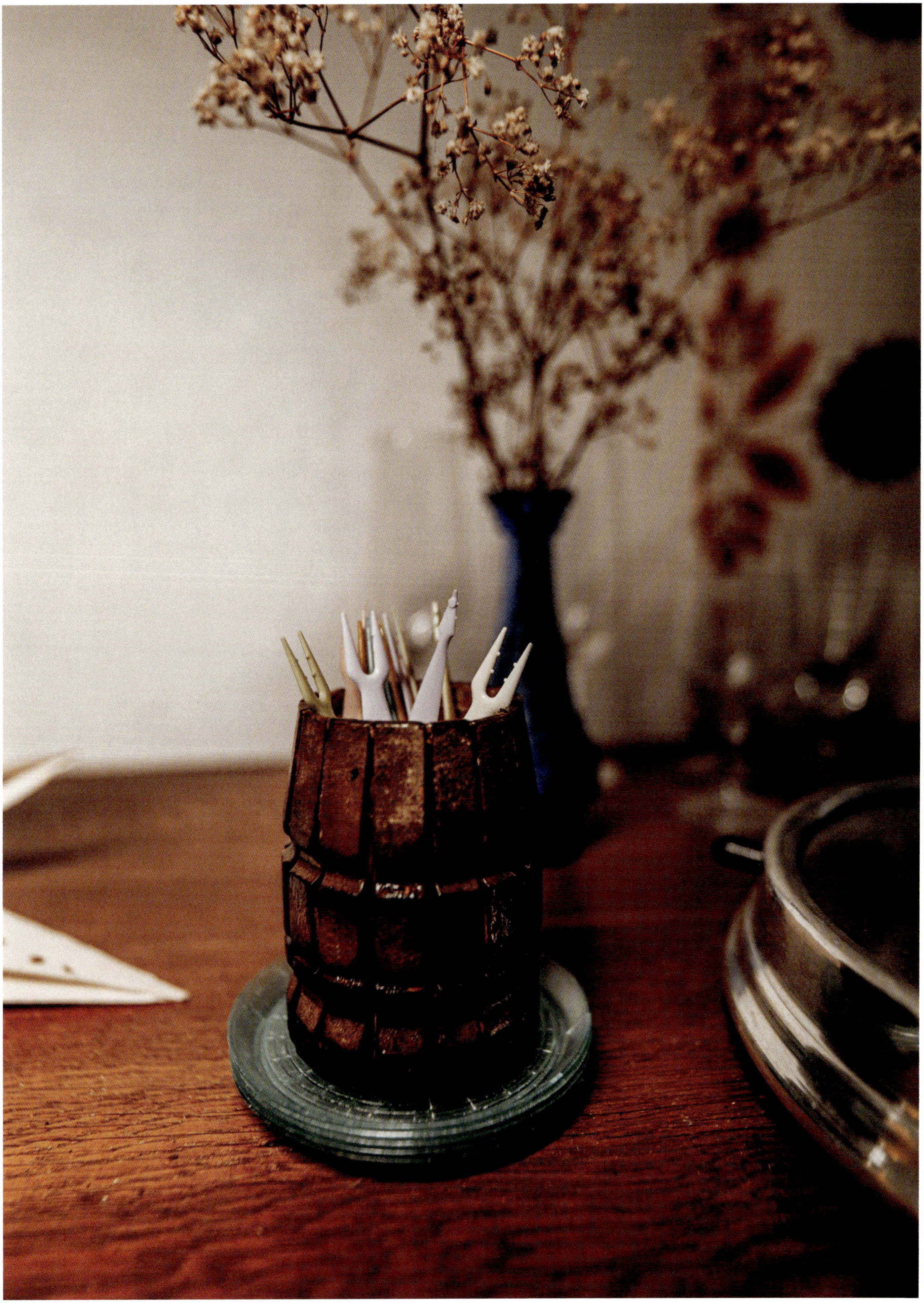

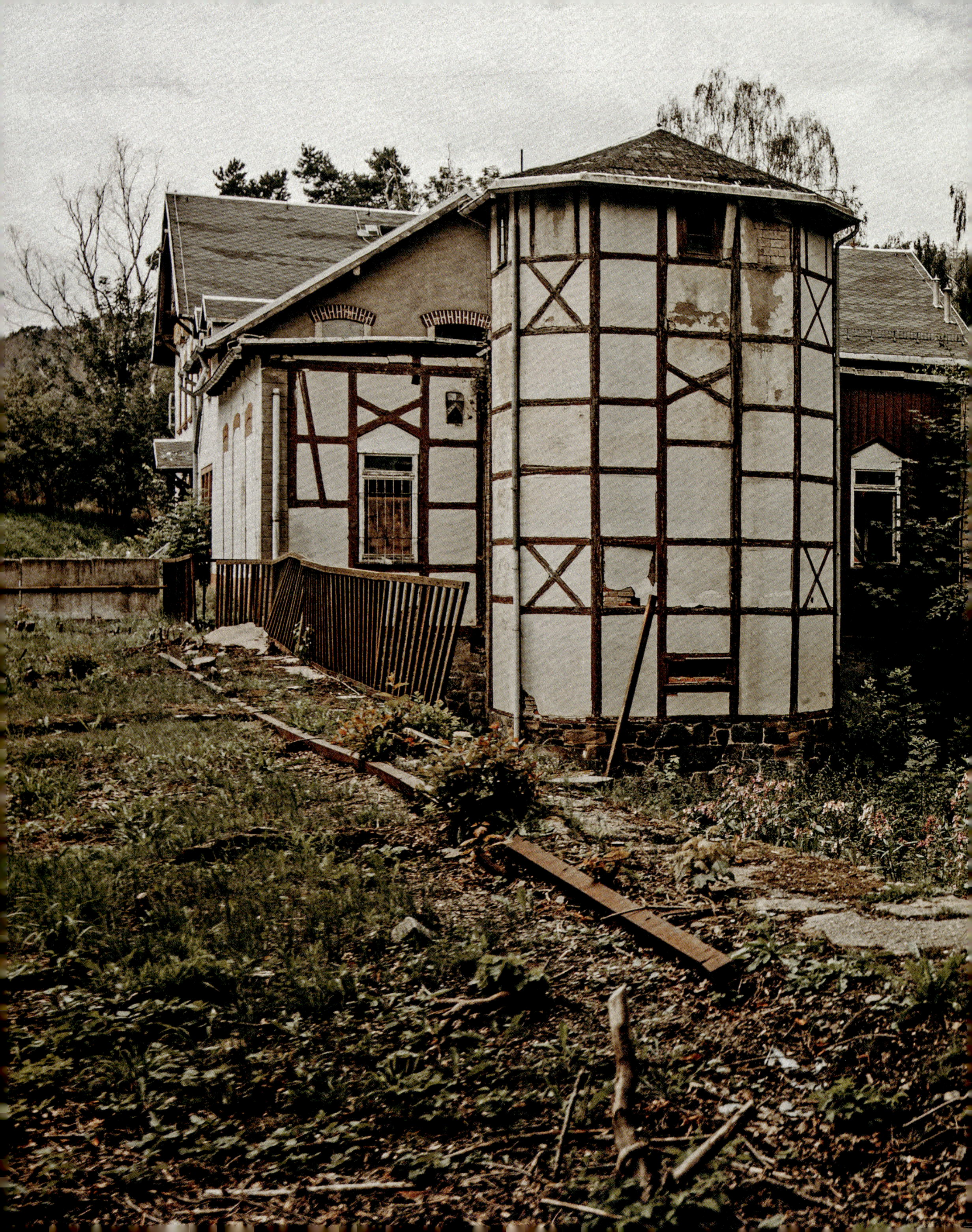

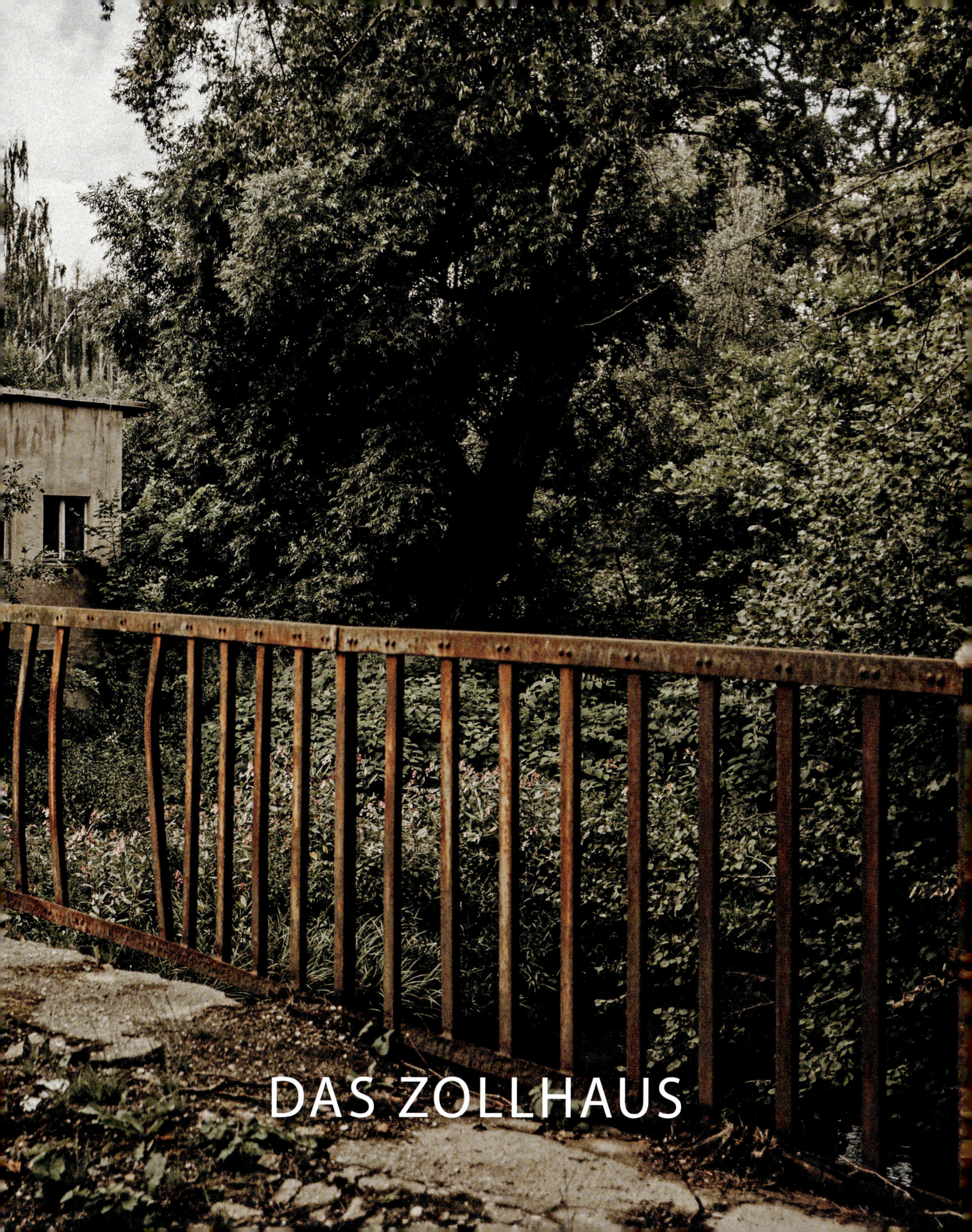

DAS ZOLLHAUS

DAS ZOLLHAUS

Eine alte Brücke an der Hauptstraße, daneben ein marodes Gemäuer, das ehemalige Zollhaus. Während die Brücke 1977 durch eine parallel verlaufende, moderne Brücke ersetzt wurde, war sie anfangs nur ein einfacher Brückensteg. Kurfürst August verpflichtete im Jahr 1559 den Marschall auf Bieberstein zur Instandhaltung der in seinem Territorium befindlichen Wege und Brücken. Dafür durfte dieser wiederum einen Brücken- und Wegezoll erheben. 1696 wollte August der Starke den einstigen Brückensteg durch eine deutlich stabilere Holzbrücke ersetzen und ließ dieses Vorhaben durch den Grundherrn von Bieberstein und Gotthelff Friedrich von Schönburg verwirklichen. Der Brückenzoll verdoppelte sich daraufhin natürlich. Bereits 1732 ließ Caspar von Schönburg die Holzbrücke wieder verschwinden und ersetzte sie durch eine steinerne Doppelbogenbrücke. 1839 wurde das Zollrecht nochmals bestätigt. Ab sofort konnte jedermann an der Informationstafel am Schlagbaum lesen, dass jedes Schwein, Schaf, Kalb und jeder Schiebebock einen Pfennig kostete, jedes Rind drei Pfennige und jedes Pferd ganze sechs Pfennige. Einige Rittergutsbesitzer durften aber auch kostenfrei passieren. Kurios war, dass man nach dem Ersten Weltkrieg nach wie vor für Schiebeböcke usw. Zoll zahlen musste, während die Überfahrt mit Auto oder Motorrad kostenfrei war. Schließlich war diese nicht in der Preisbekanntmachung von 1839 mit aufgeführt. Um 1920 wurde der Brückenzoll komplett aufgehoben. Das Zollhaus, in dem die Zolleinnehmer lebten, befand sich gegenüber dem heutigen Gaststättengebäude und wurde vom Grundherrn Bieberstein an die Zöllner verpachtet, die aufgrund des geringen Verdienstes oft noch einen zweiten Beruf ausüben mussten. Später etablierte man im Zollhaus auch den Gaststättenbetrieb und handelte sich damit Ärger mit benachbarten Gasthäusern ein. Um 1828 gab es z.B. Beschwerden der Gastwirte von Hirschfeld und Oberreinsberg. Doch der Zollhausbesitzer von Schröter konnte sich vorm König erfolgreich gegen die Anschuldigungen wehren und verteidigte sich damit, dass die Zollhausschenke ein Teil der Erbgerichtsgaststätte Bieberstein sei und das Schankrecht immerhin schon seit über 50 Jahren bestünde. Er errichtete auch Futterkrippen für Pferde, eine Outdoor-Kegelbahn und einen Schießstand. 1850 begann man mit dem Bau des heutigen Gaststättengebäudes, das schnell zu einer beliebten Location wurde. Ab 1899 führte die frisch eröffnete Kleinbahnstrecke Wilsdruff–Nossen hier vorbei, somit strömten noch mehr Gäste zum Zollhaus. Auch der angrenzende Wanderweg „Grabentour" erfreute sich großer Beliebtheit. Zudem galt das Zollhaus lange als geografischer Mittelpunkt des Königreichs Sachsen. Es gab einen kleinen Park mit Schwanenteich, Spielanlagen für Kinder und eine Freiluft-Tanzdiele, wo im Sommer jeden Mittwoch eine beliebte Tanzkappelle aufspielte. Nach dem Zweiten Weltkrieg wurde das Gebäude vom VEB Gerätewerk Karl-Marx-Stadt übernommen und hauptsächlich als Kinderferienlager genutzt. Die Gaststätte blieb dabei aber für die Öffentlichkeit erhalten. Mit der politischen Wende kam das Zollhaus wieder in Privatbesitz, allerdings lief der Betrieb nicht mehr gut. An einigen Tagen im Jahr war noch was los, aber größtenteils blieben die Besucher aus und somit musste man die Gaststätte aufgeben. Fraglich ist auch die Zukunft der denkmalgeschützten historischen Zollhausbrücke, die sogar die schweren Hochwasser in den Jahren 2002 und

Fraglich ist auch die Zukunft der denkmalgeschützten historischen Zollhausbrücke, die sogar die schweren Hochwasser in den Jahren 2002 und 2013 überstanden hat.

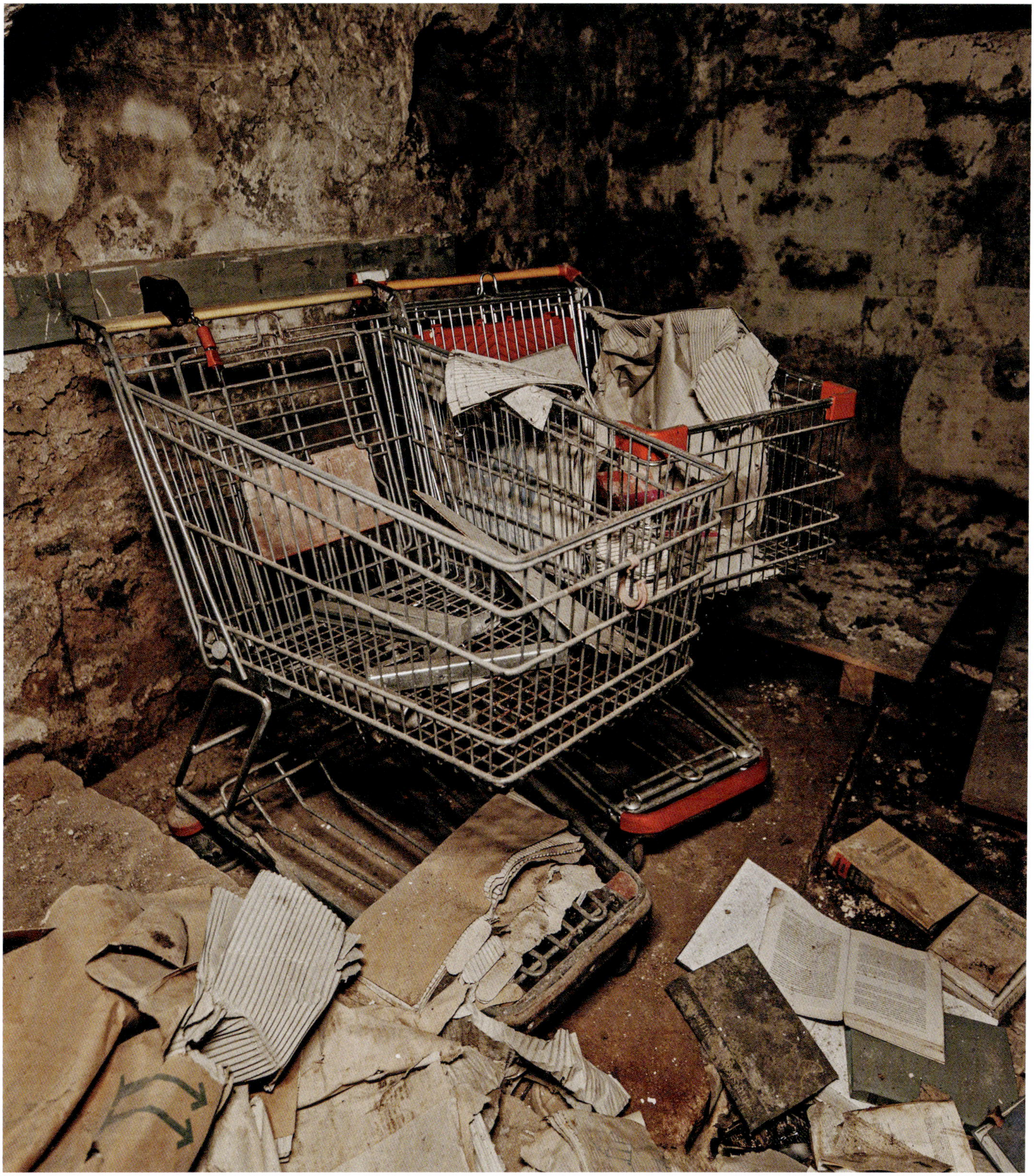

2013 überstanden hat. Zurzeit gibt es keinen verantwortlichen Eigentümer und im Grundbuch steht noch „Eigentum des Volkes“. Da die DDR nicht mehr existiert, muss die Eigentumsfrage nun geklärt werden. Mittlerweile gibt es eine Intressengemeinschaft Zollhausbrücke, die sich um das Kulturerbe kümmert und für den Erhalt der Zollhausbrücke einsetzt. Die Gruppe sucht nach Unterstützern. Solltet ihr helfen wollen und euch für das Projekt interessieren, schaut mal auf der Website *www.kulturerbe-reinsberg.de* vorbei.

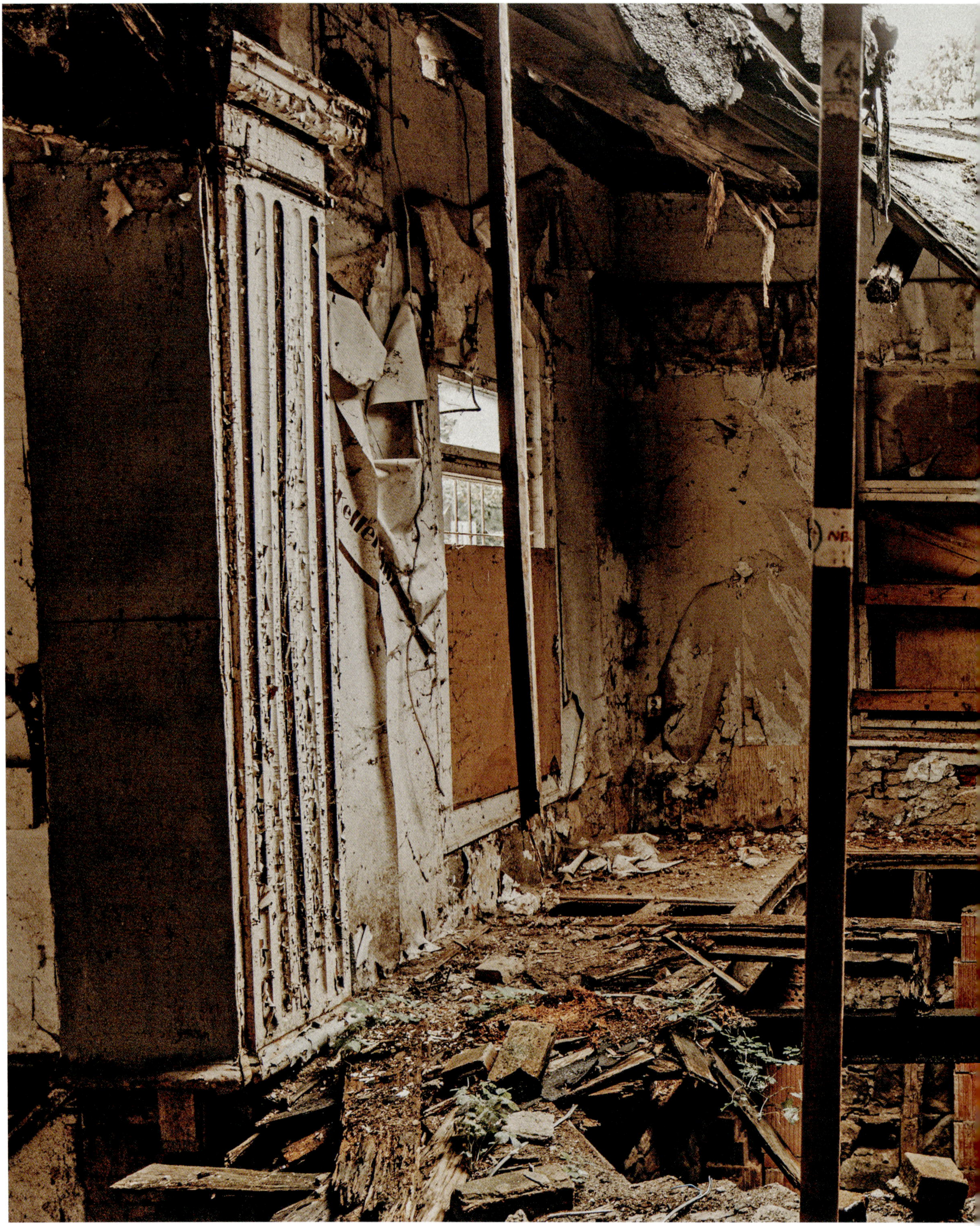

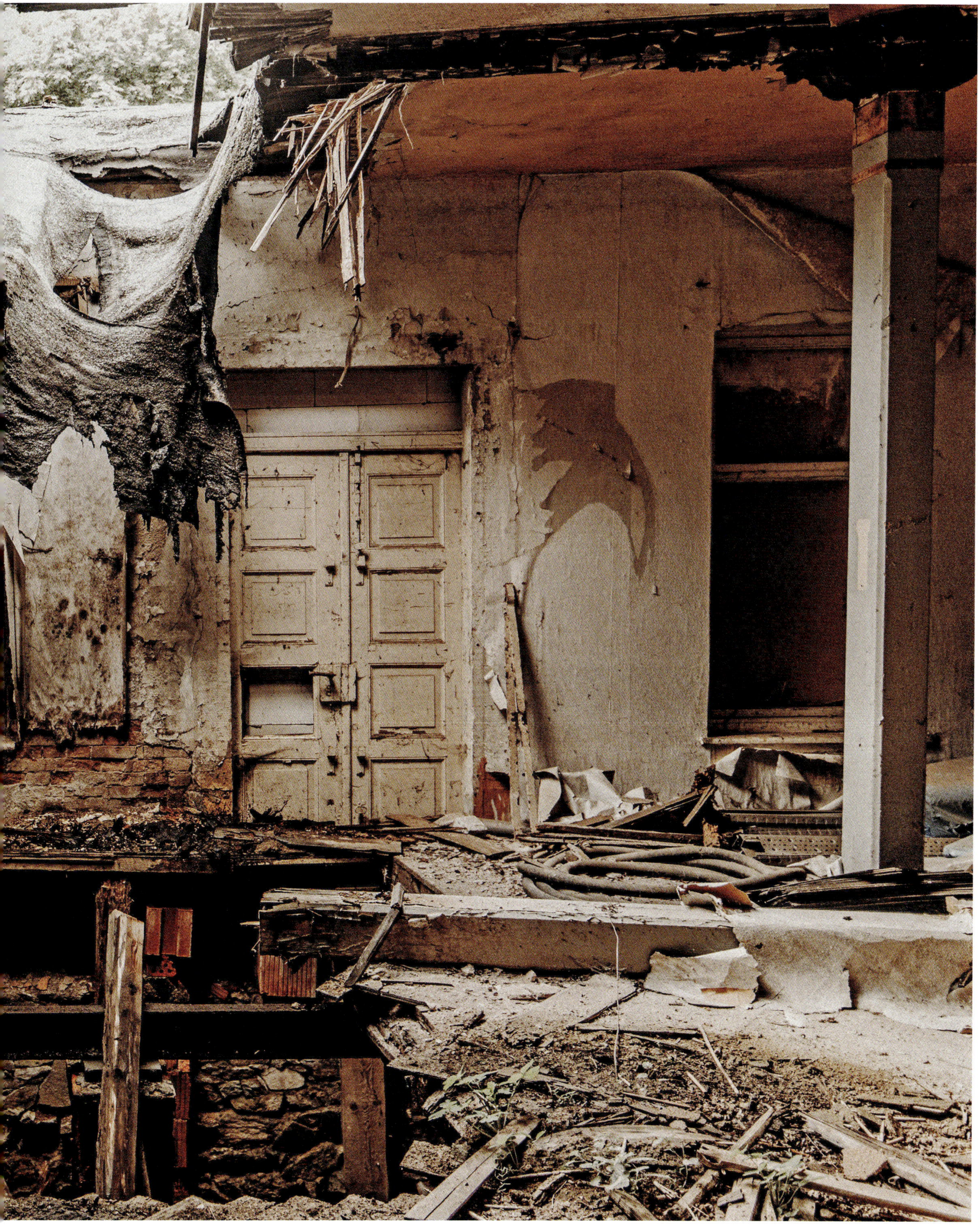

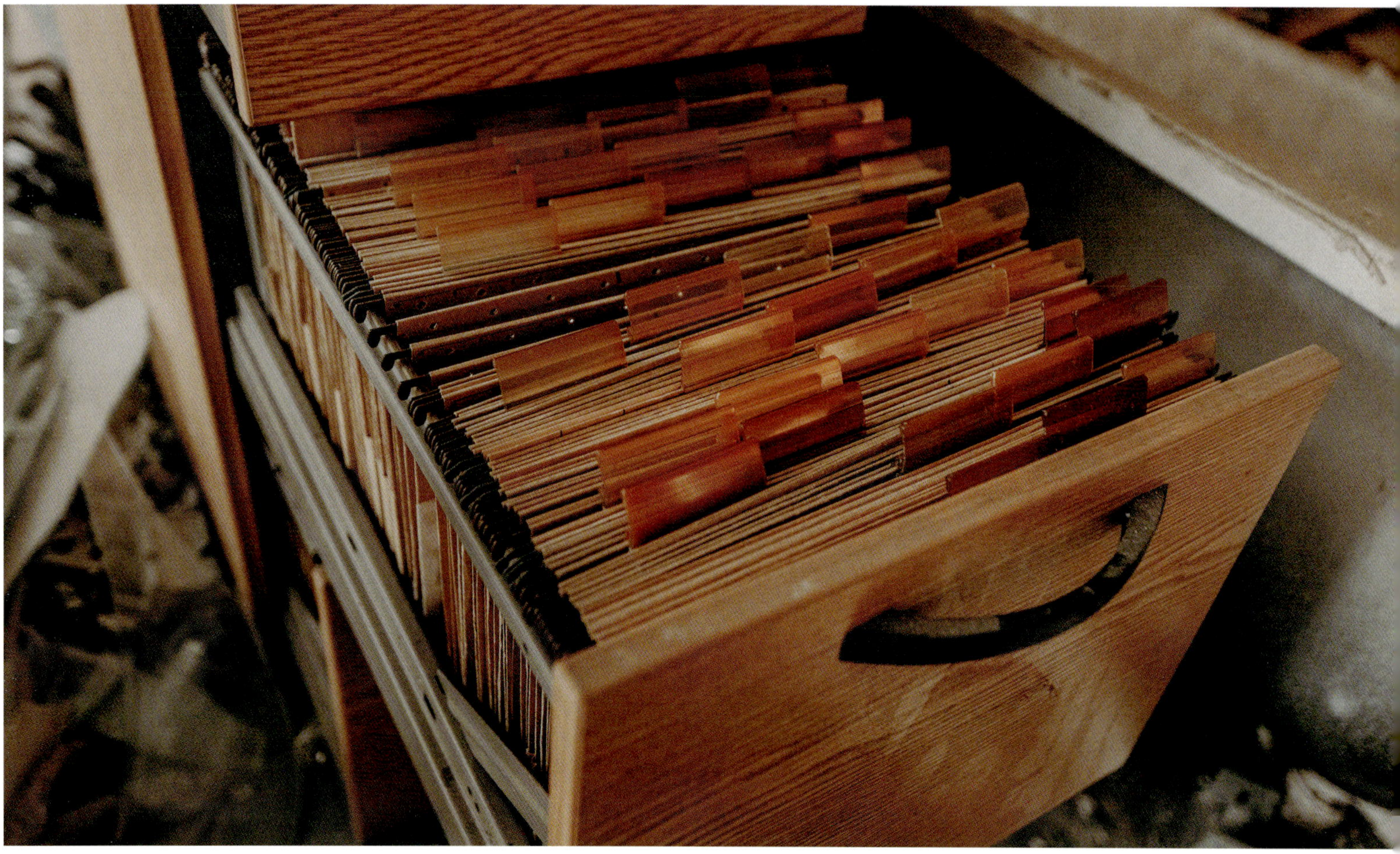

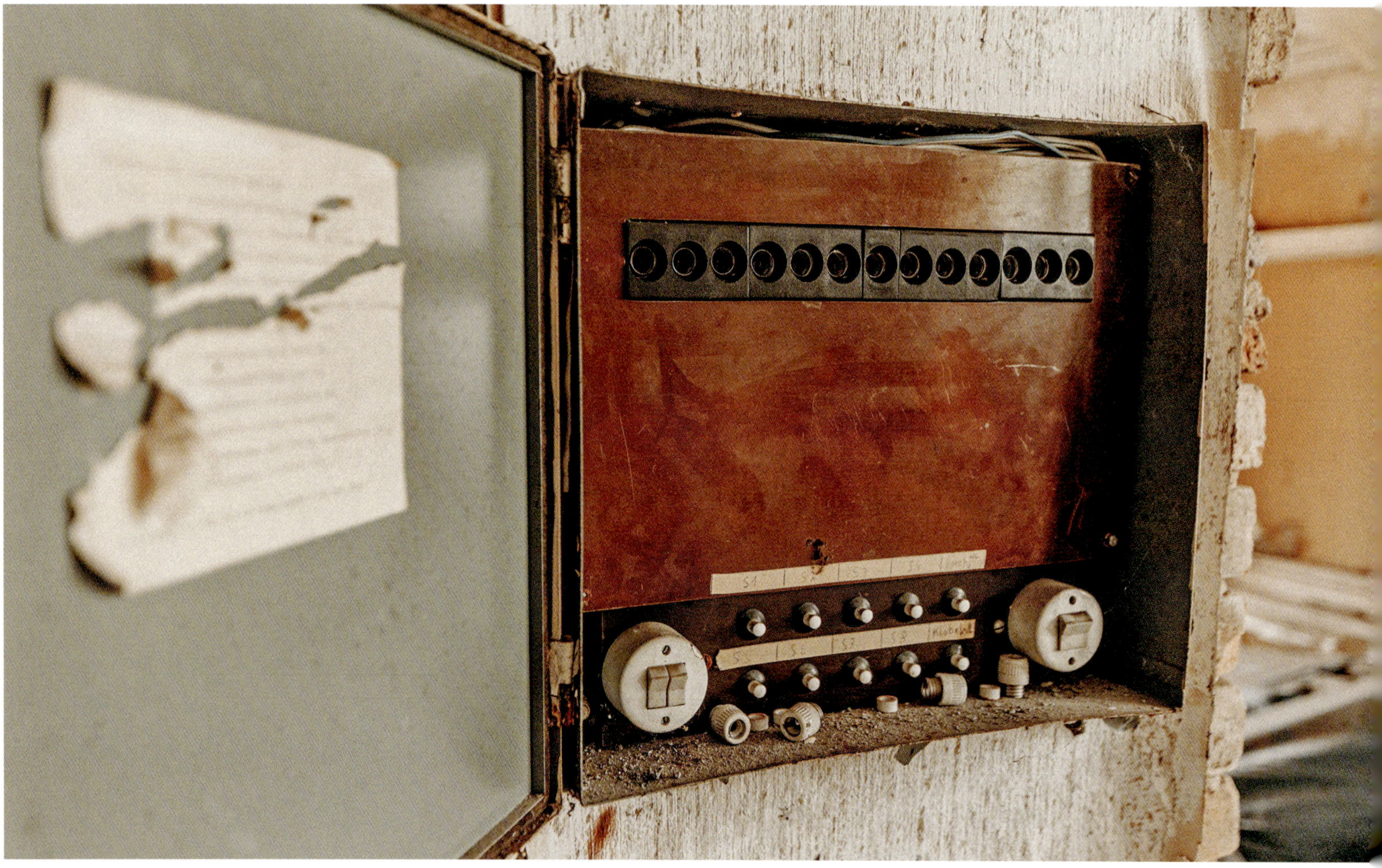

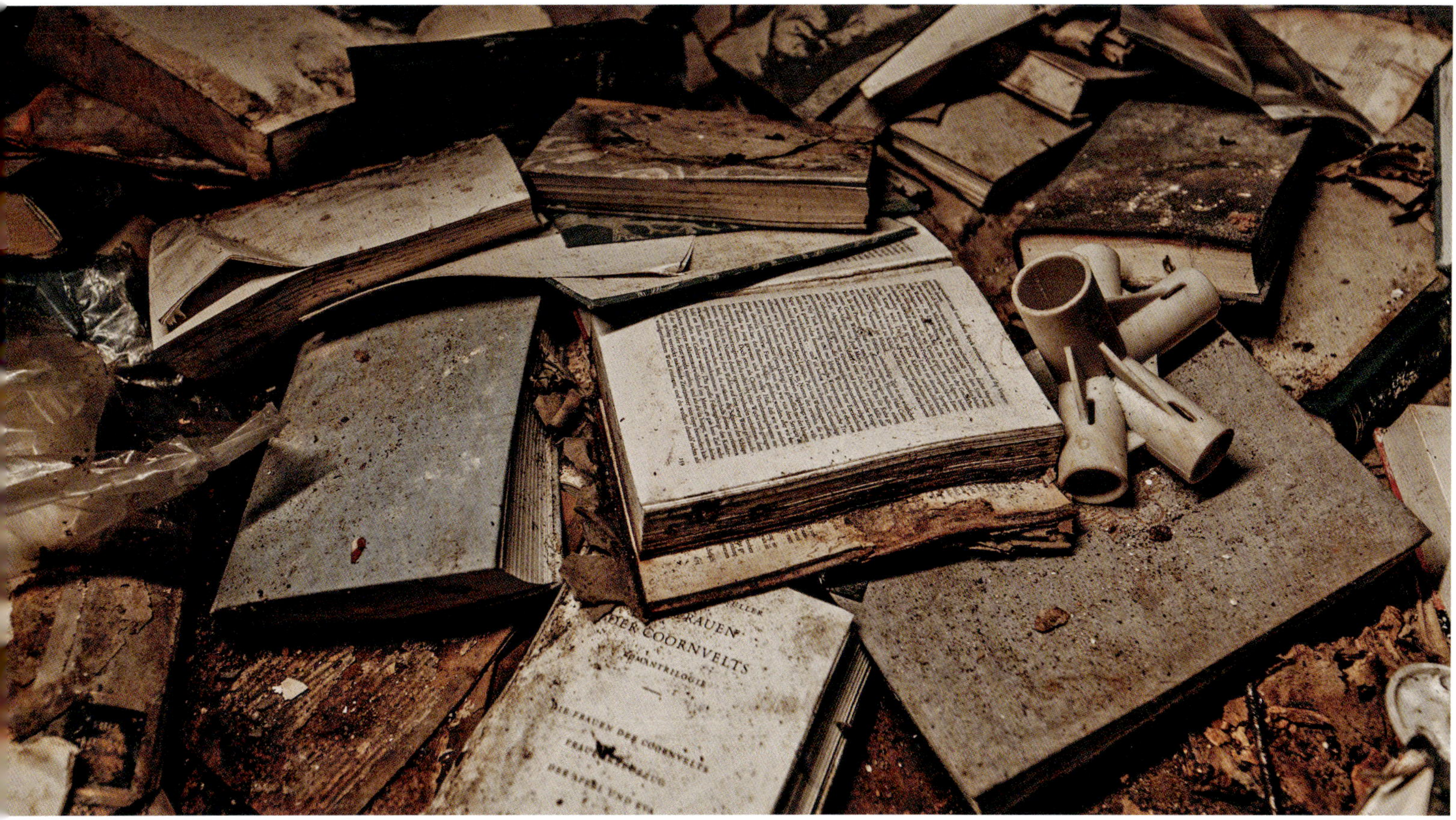
DER COORNVELTS

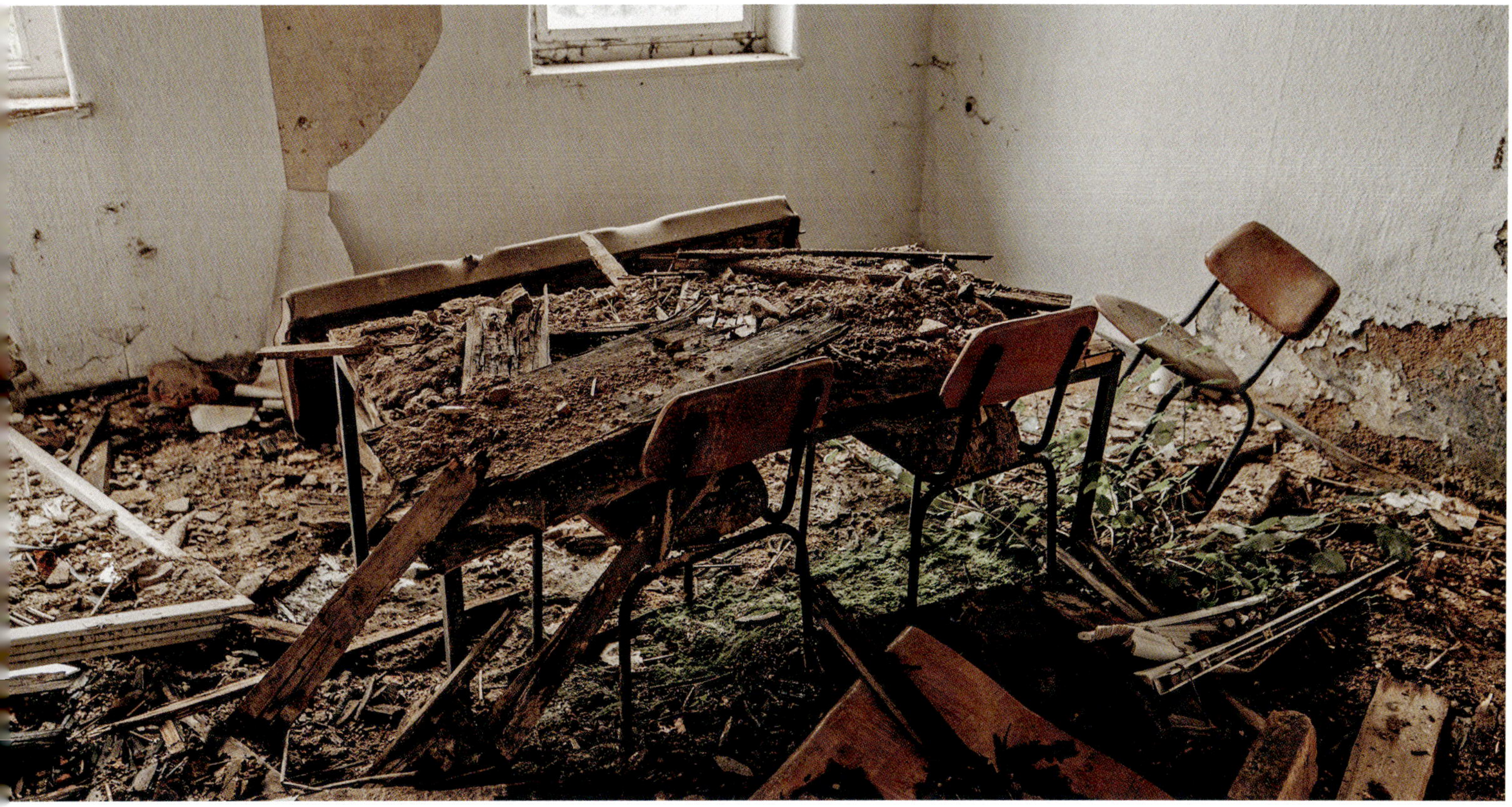

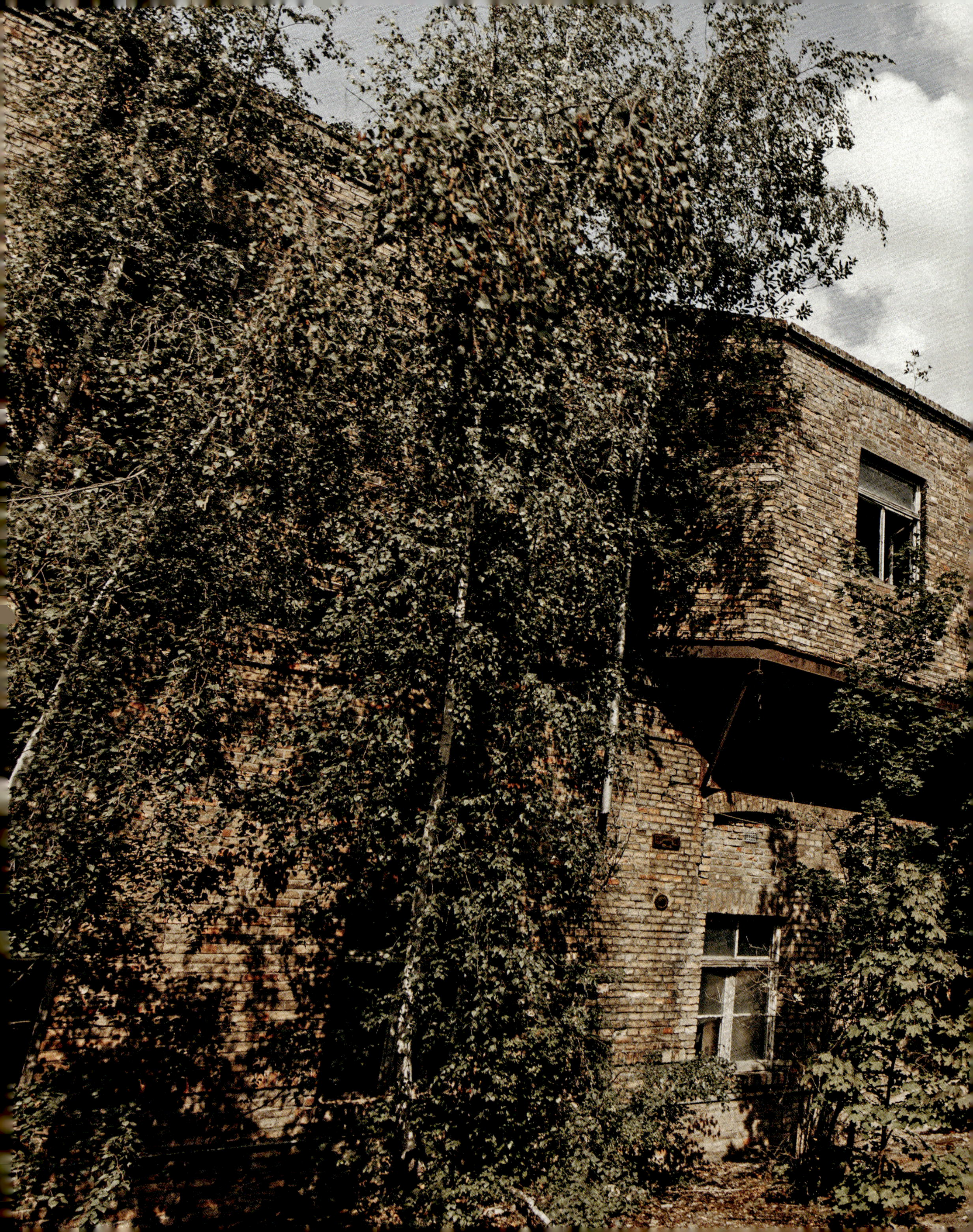

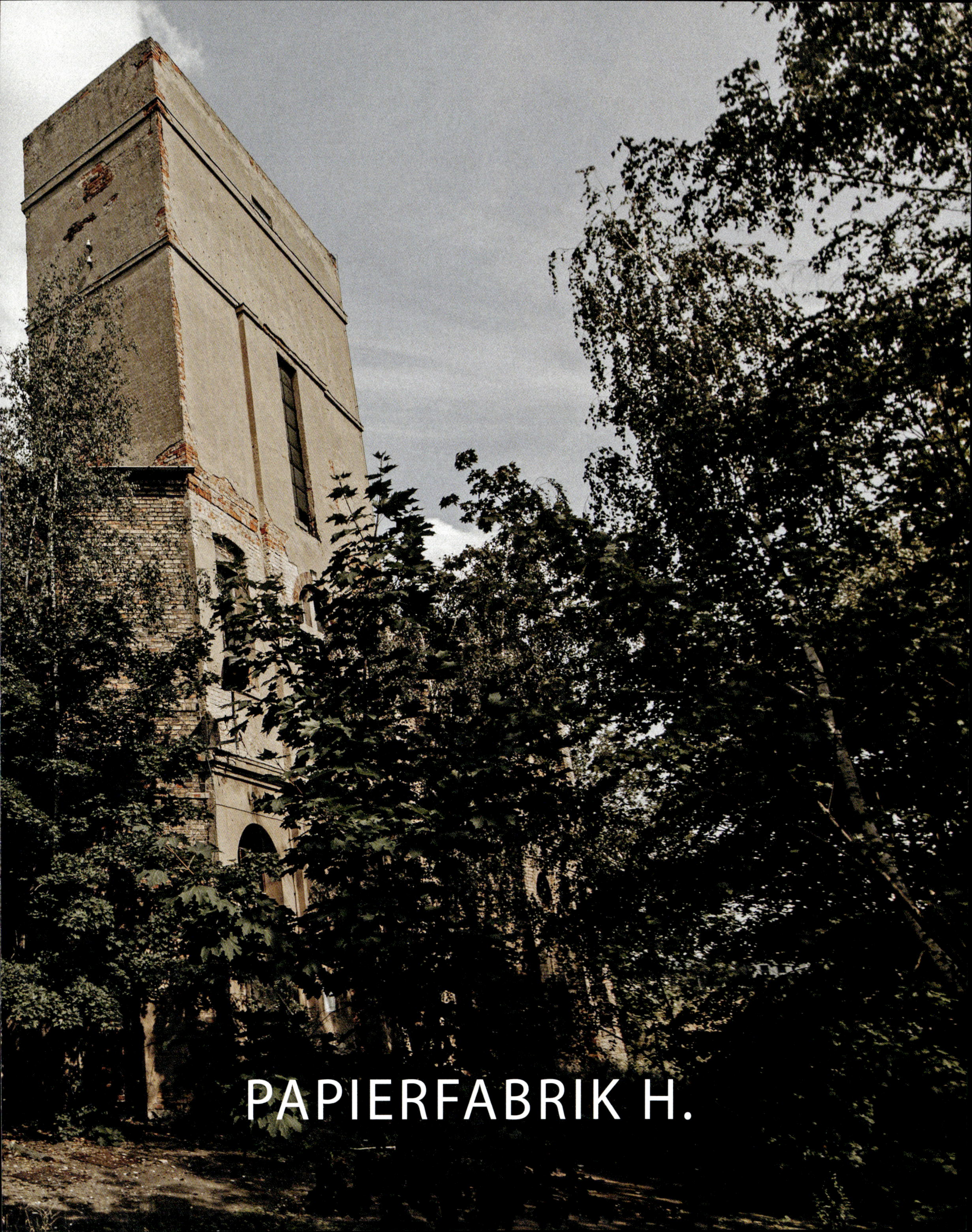

PAPIERFABRIK H.

PAPIERFABRIK H.

Zahlreiche Lost Places befinden sich in den großen Städten Sachsens. So auch die Papierfabrik H., die als Industrieruine vergessen zwischen neuen Anlagen und Wohnhäusern liegt. Der Bau der Papierfabrik H. begann wahrscheinlich um 1888. Am 24. Dezember 1891 in das Handelsregister aufgenommen, wurden hier Offsetdruckpapiere, holzfreie und holzhaltige Zellulose- und Tauenpapiere, weiße und farbige Briefumschlagpapiere sowie Post-, Schreib-, und Bücherpapiere hergestellt. Es gab ein Wächterhaus, einen Kohle- und Schwefelraum, einen Anbau mit Pumphaus, ein Werkführergebäude mit Schornstein, ein Papiermaschinengebäude mit Dampfmaschinenraum sowie verschiedene Lagerschuppen und eine Turmanlage. Der Besitzer der Papierfabrik überließ der örtlichen Gemeinde 1994 eine Baulandfläche von 25.000 Quadratmetern für den Bau einer neuen Schule. Er erhoffte sich hiervon eine gute Grundausbildung künftiger Arbeiter. 1899 wurde die Firma in eine Aktiengesellschaft mit dem Namen Papier- und Cellulose-Fabriken H. umgewandelt. Im März 1903 wurde allerdings das Konkursverfahren über das Vermögen der Gesellschaft eröffnet. Im selben Jahr erweiterte man das Gelände um einen Lokschuppen. Eine Firma aus Hasserode kaufte die Aktiengesellschaft für 600.000 Mark und verlegte ihren Hauptsitz zur Papierfabrik. Das ehemalige Werk in Hasserode wurde stillgelegt und verkauft. Am 30. Juni 1946 wurde die Firma enteignet und in Volkseigentum überführt. Von nun an firmierte der Betrieb als VEB und wurde der Industrieverwaltung 56 unterstellt. Die deutsche Wiedervereinigung 1990 war zwar in vielen gesellschaftlichen Bereichen ein Glücksfall, für die Papierfabrik H. wurde sie – wie für viele andere ostdeutsche Betriebe auch – zum Verhängnis. Nur wenige Jahre später stand das Werk für immer still – die Ruine verfällt inzwischen. Decken sind eingestürzt, Wasser tropft von alten Metallstangen und der Wind pfeift durch die verlassenen Gänge.

Decken sind eingestürzt, Wasser tropft von alten Metallstangen und der Wind pfeift durch die verlassenen Gänge.

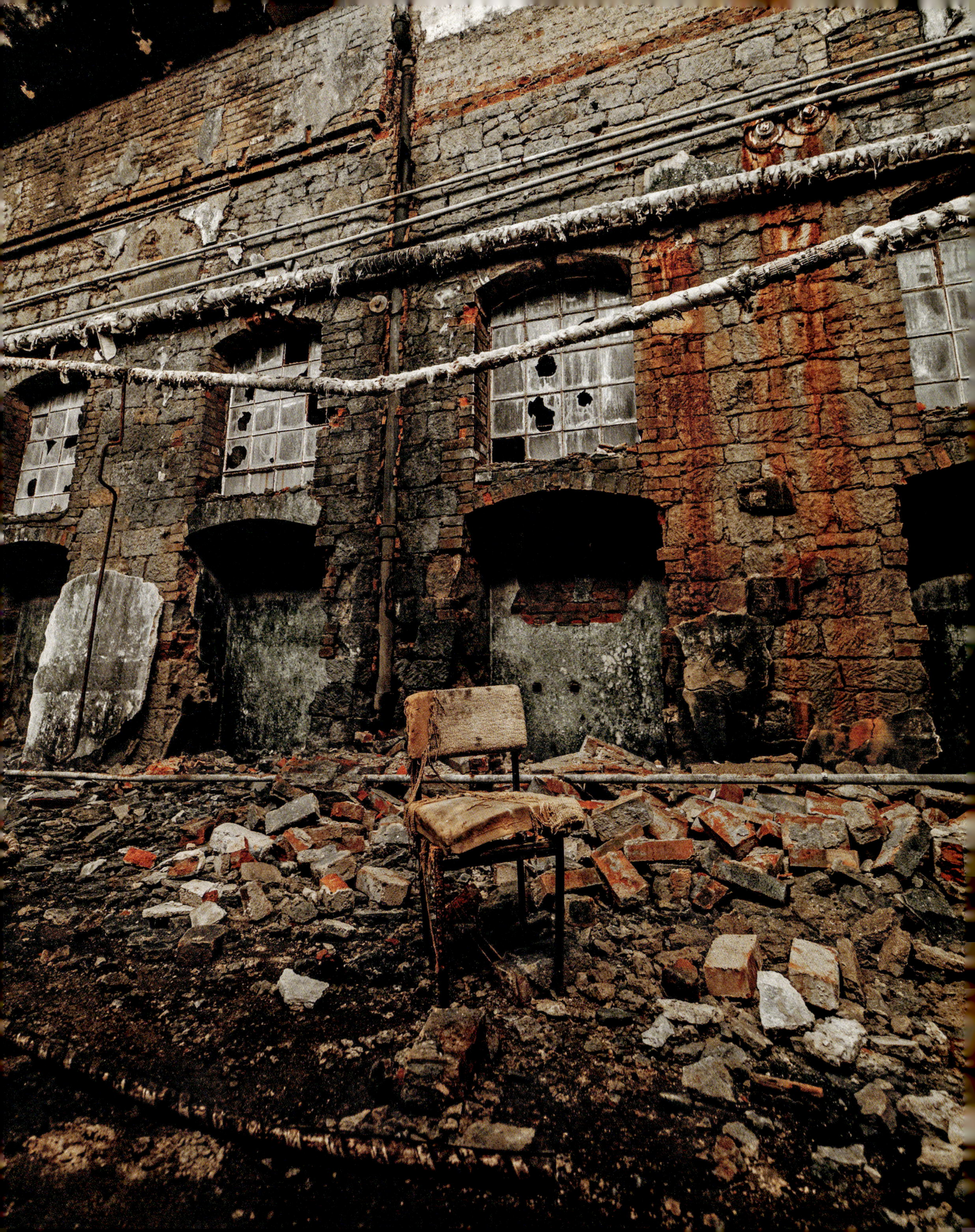

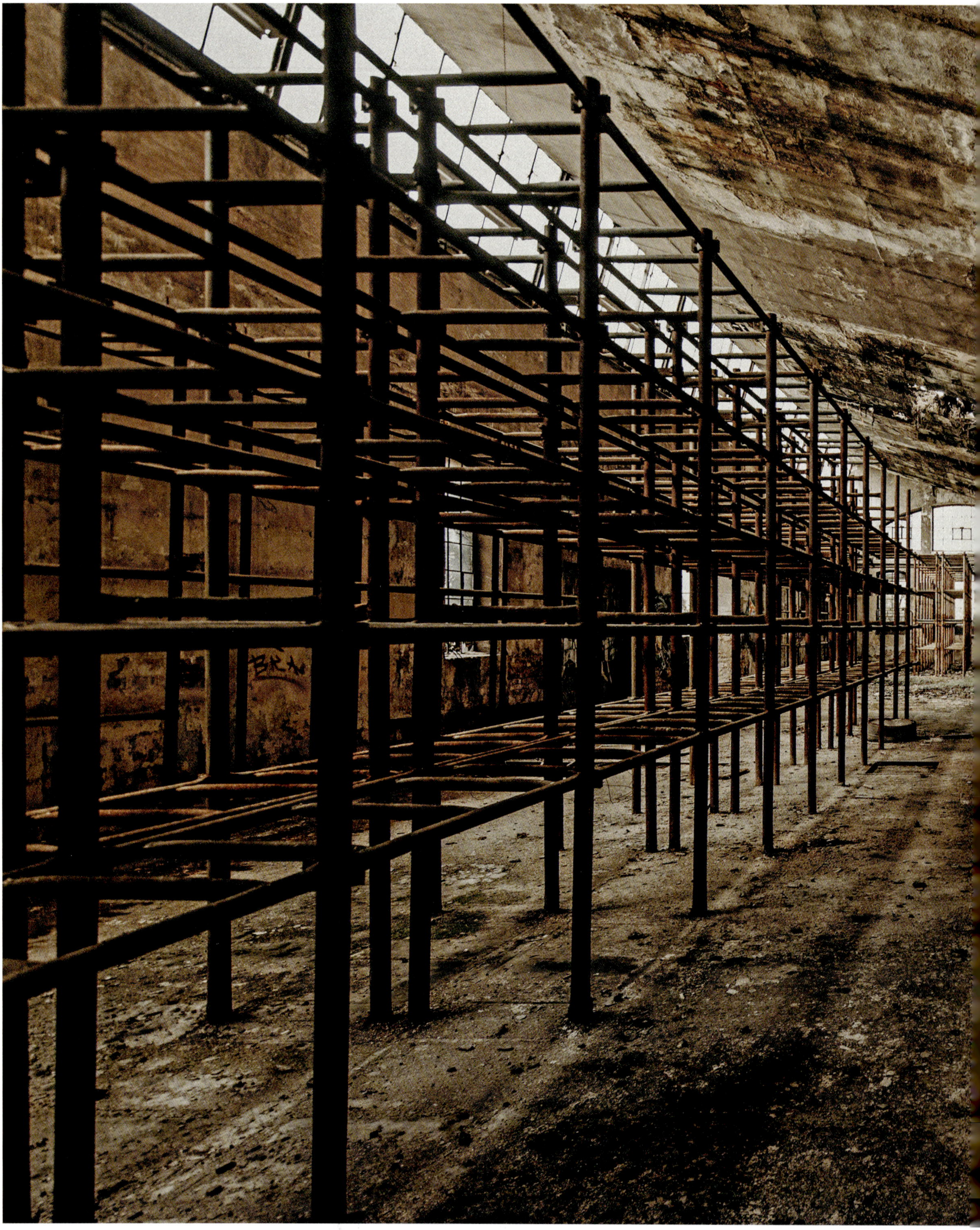

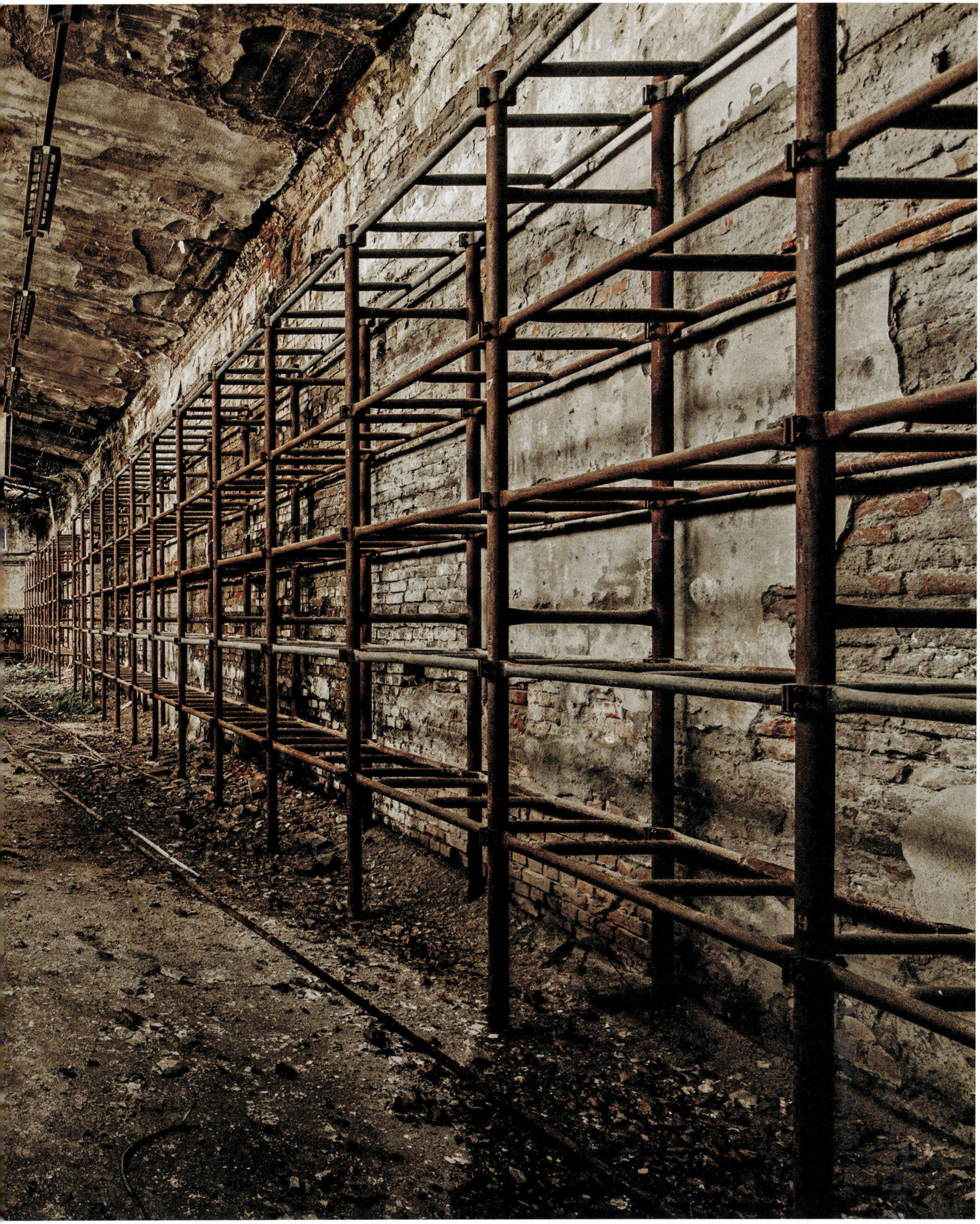

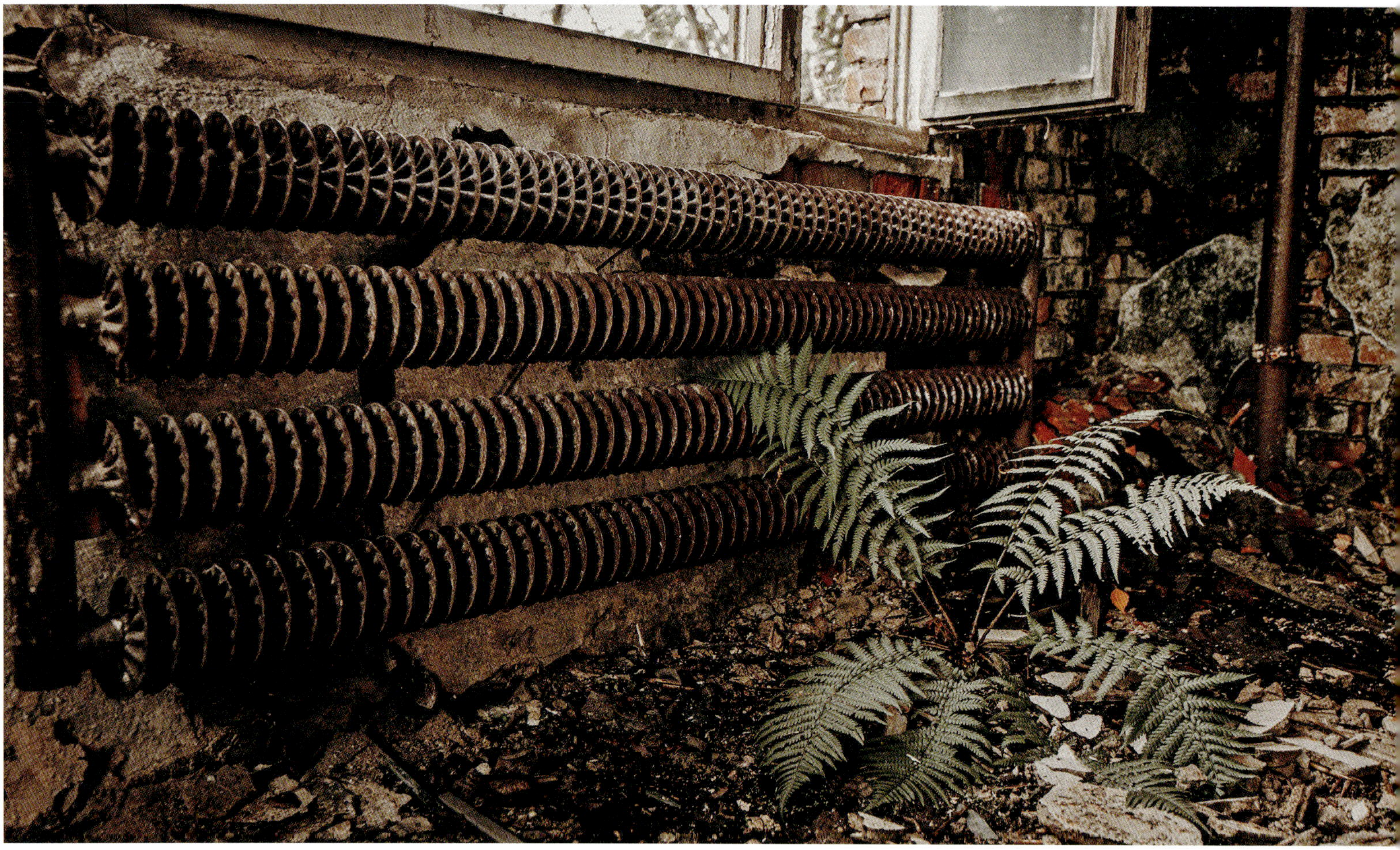

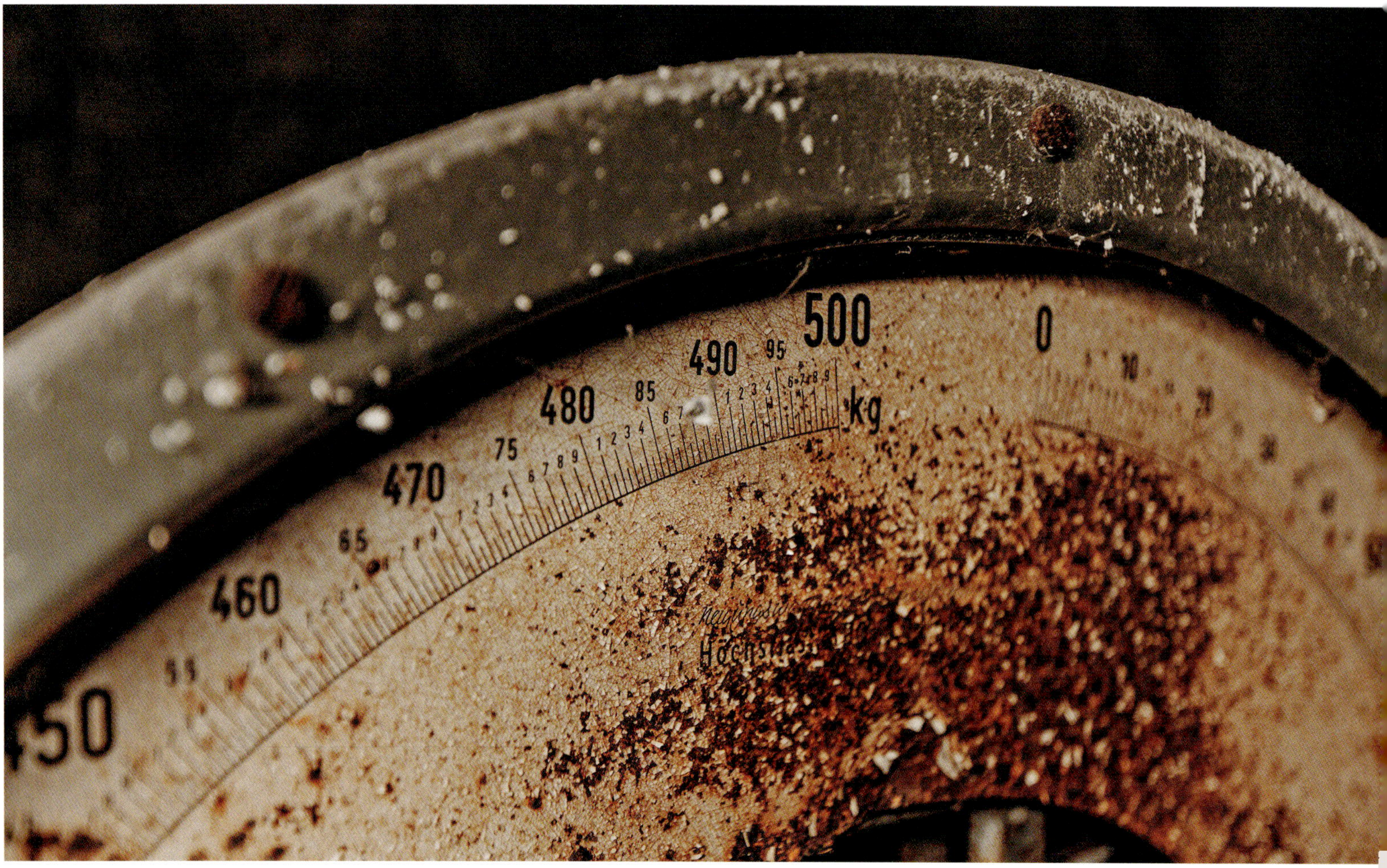
450
460
470
480
490
500
0
kg

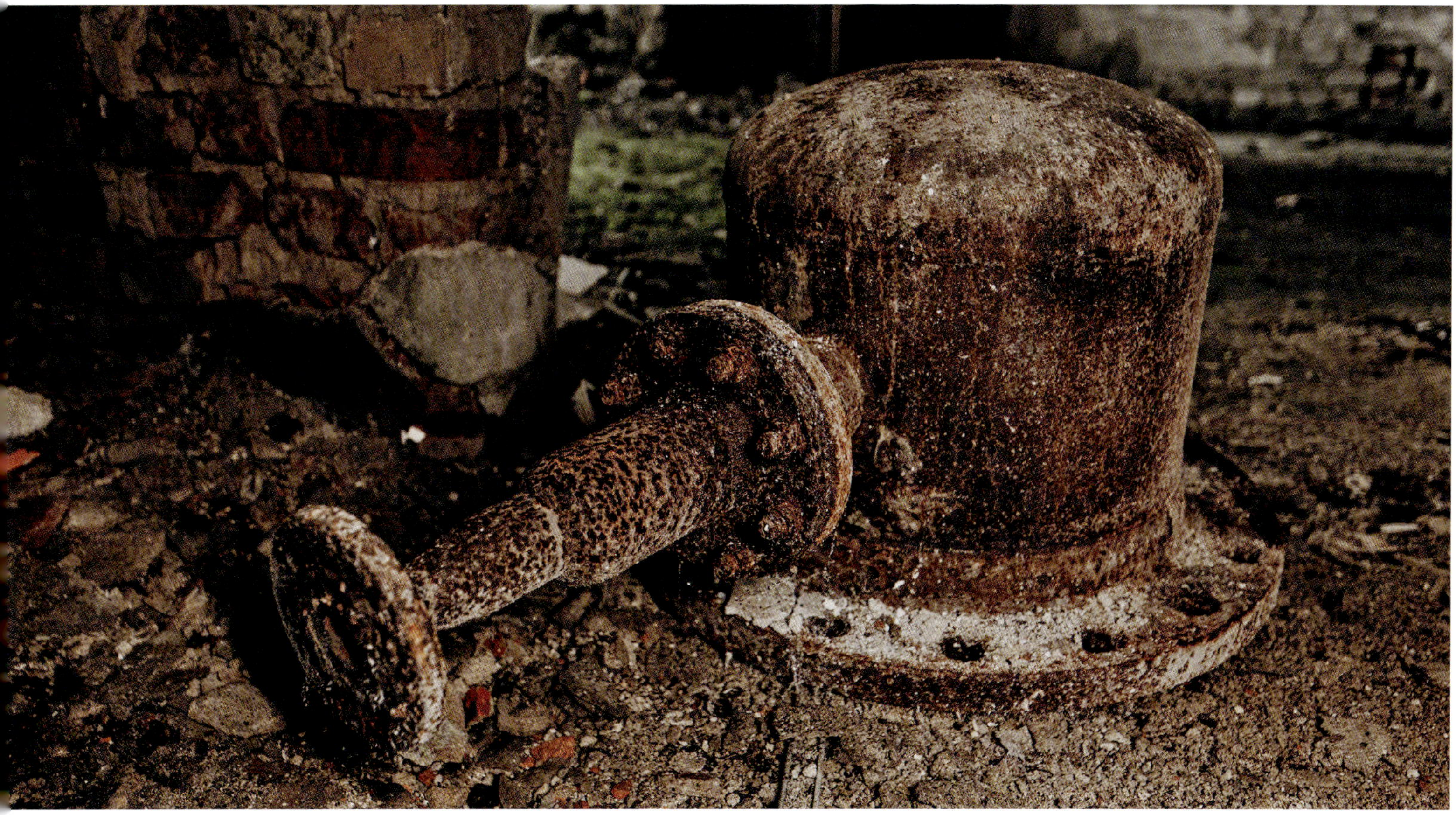

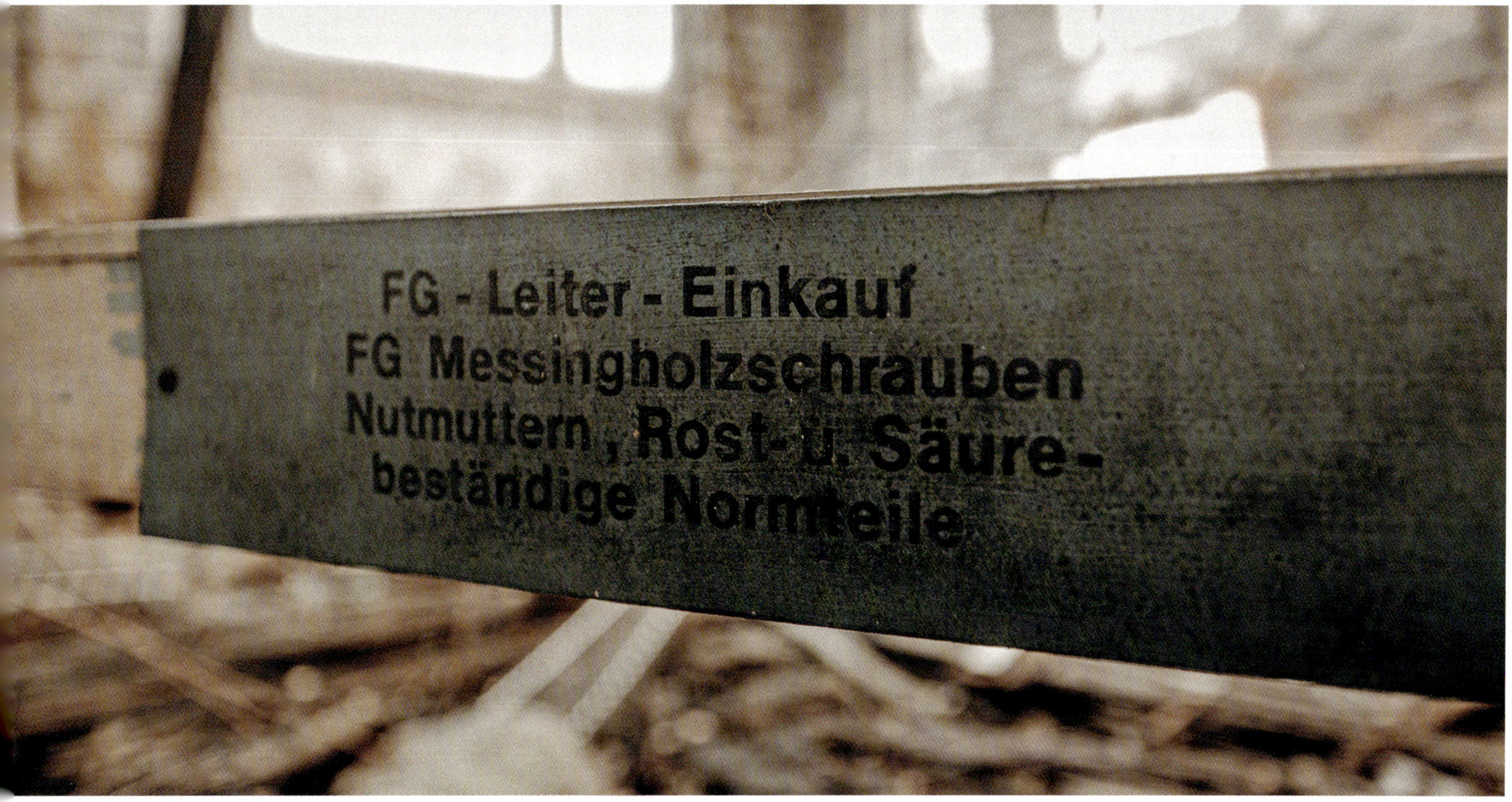
FG - Leiter - Einkauf
FG Messingholzschrauben
Nutmuttern, Rost- u. Säure-
beständige Normteile

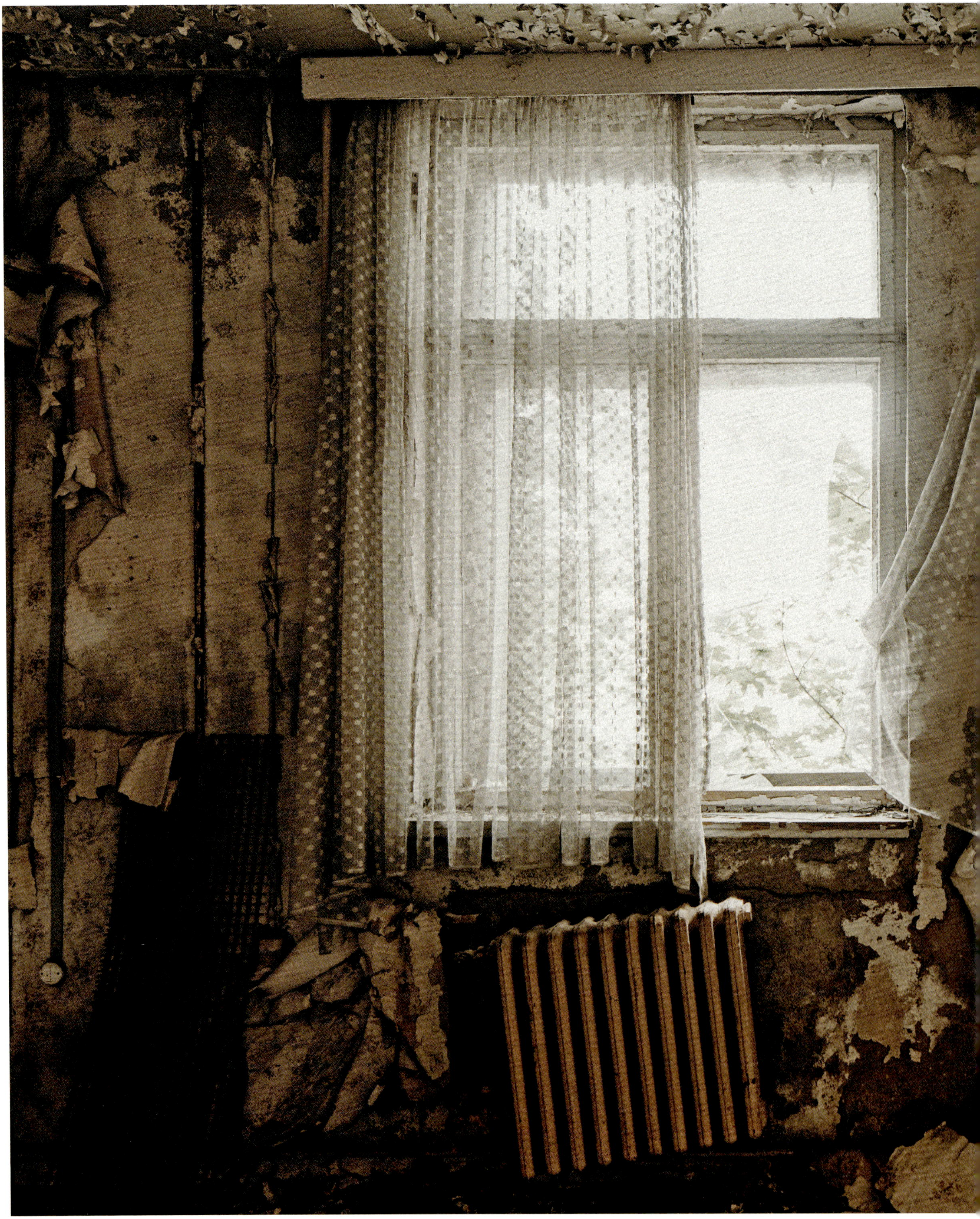

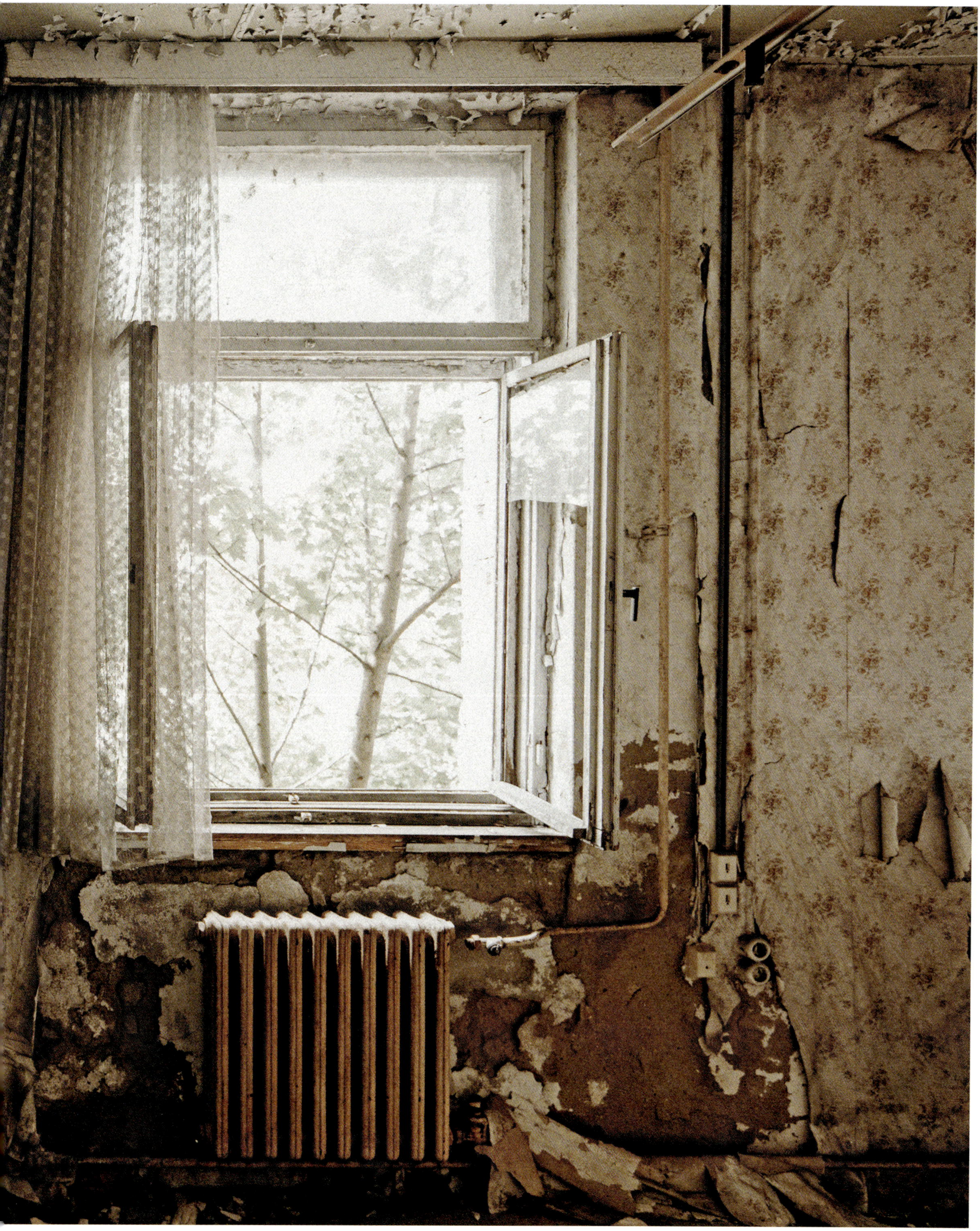

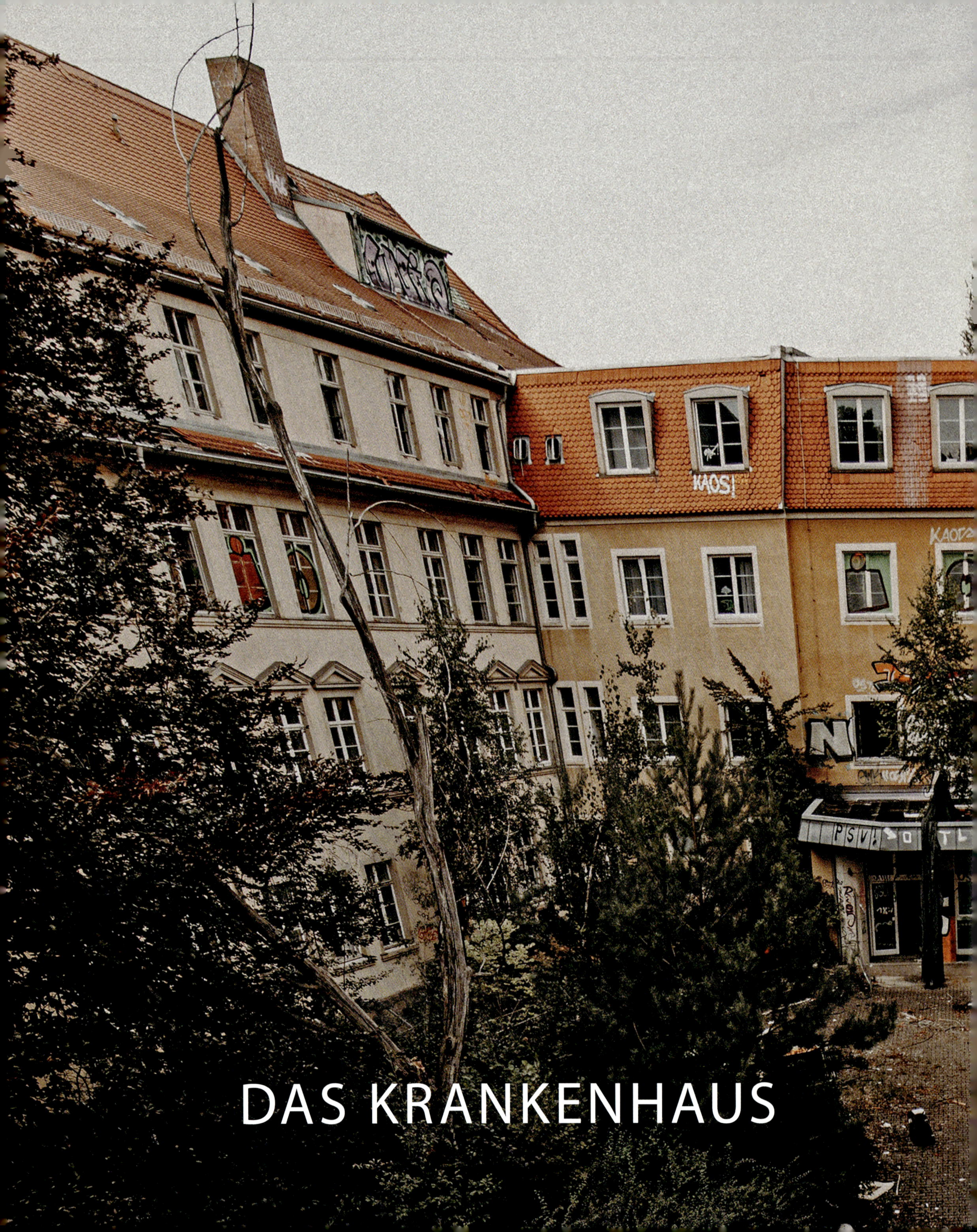

DAS KRANKENHAUS

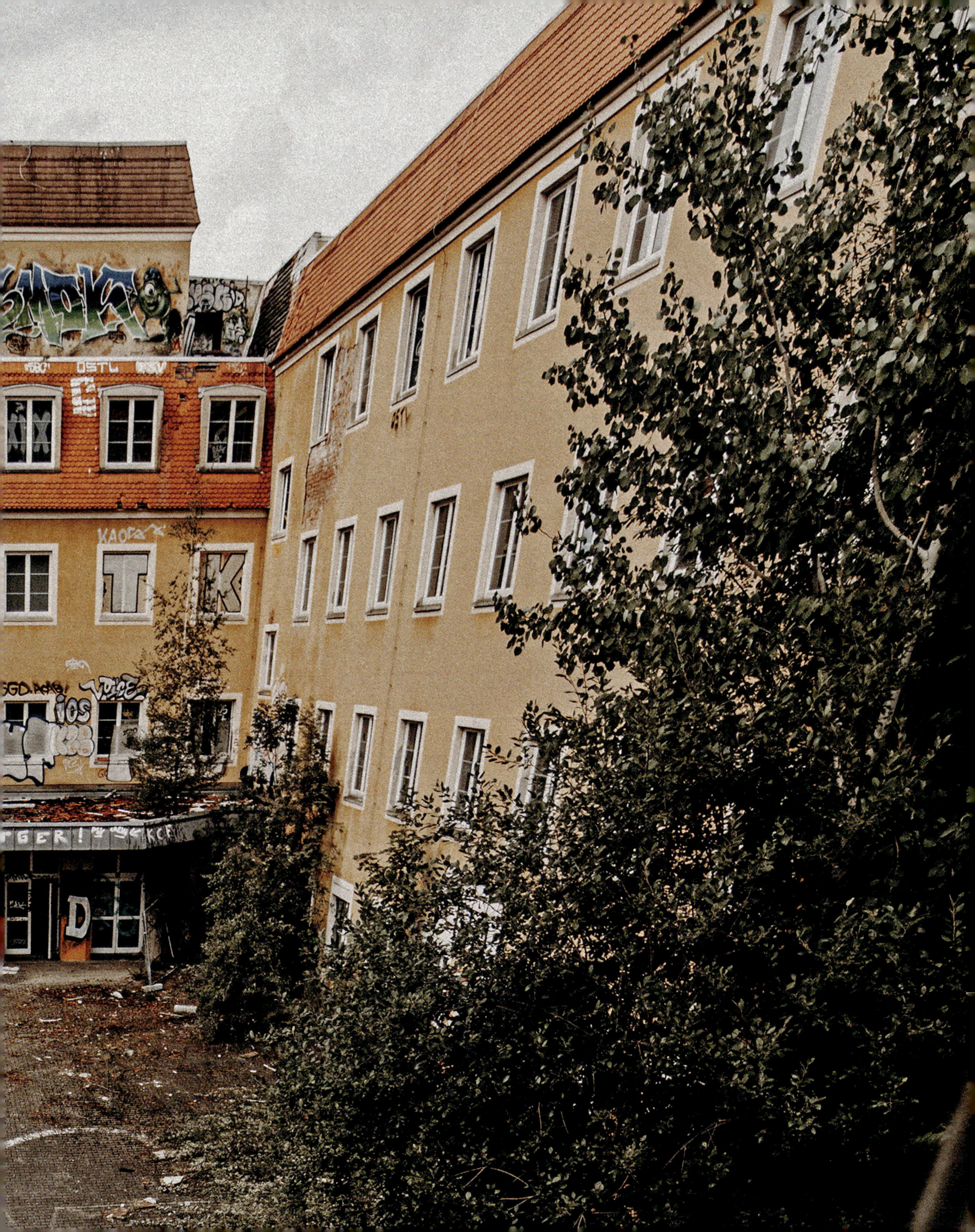

DAS KRANKENHAUS

Bereits 1859 gab es in der Stadt ein erstes modernes Bürgerkrankenhaus. 1902 entstand nur wenige Kilometer entfernt ein weiteres Krankenhaus. Das erste Gebäude auf dem heute 1,6 Hektar großen Gelände war das in traditioneller Ziegelbauweise ausgeführte chirurgische Haus. Es wurde 1918 in Betrieb genommen und steht heute unter Denkmalschutz. In den folgenden Jahren gab es stets Erweiterungen, z.B. 1934 mit einem völlig neuen Gebäudeteil und zeitgemäßen OP-Sälen. Aus einem ehemaligen Heim für Mütter und Kinder entwickelte sich eine Säuglings- und Kinderklinik. Eine Abteilung für HNO-Heilkunde etablierte sich und eine Entbindungsstation wurde um 1951 eröffnet. 1966 folgte ein weiterer OP-Trakt, 1982 ging der Neubau der Gynäkologisch-Geburtshilflichen Abteilung und der Pädiatrischen Abteilung in Betrieb. 1993 errichtete man erneut einen chirugischen Neubau mit modernen OP-Räumen. 2002 kam es zum Trägerwechsel und Verkauf des Krankenhauses, ein Jahr später vereinigten sich mehrere Krankenhaus-Betriebe unter einem Dach. Schon damals war klar, dass gleich nebenan ein kompletter Krankenhausneubau entstehen und der komplette Betrieb in den neuen Komplex verlegt werden würde. Bereits 2006 wurde der Krankenhauskomplex an die Stadtentwicklungsgesellschaft übertragen, um nach dem Umzug des Krankenhausbetriebs die alte Immobilie im Rahmen einer Nachnutzung entsprechend zu entwickeln. 2008 tauchte ein Investor auf, der aus dem Komplex ein europäisches Geriatrie-Kompetenzzentrum mit 2.000 Betten und 200 neuen Arbeitsplätzen machen wollte. Doch die Finanzkrise traf das Unternehmen schwer, die Idee kam nicht zur Umsetzung. Dass der Komplex bis heute lediglich ein Anlaufpunkt für Urbex-Fotografen, abenteuerlustige Jugendliche, Zerstörungswütige und Diebe ist, liegt daran, dass der Investor beim Kauf des Komplexes eine Rückübertragungsklausel, für den Fall, dass keine Investion stattfindet, kategorisch ausgeschlossen und abgelehnt hat. Der Kaufvertrag wurde nie veröffentlicht und selbst die Stadträte durften diesen lange nicht einsehen. Kein Wunder, denn erst 2011 kam heraus, dass gar nicht der Investor Eigentümer des Klinikareals ist, sondern eine GmbH mit Sitz in Zypern. Selbst die Zahlung wurde über eine Bank in Zypern getätigt. Somit waren der Stadt die Hände gebunden. Um dem Verfall entgegenzuwirken, formierte sich 2015 eine örtliche Investorgruppe aus mehreren Unternehmen und man machte ein Angebot in Höhe von zwei Millionen Euro. Der Eigentümer ließ lange auf eine Antwort warten, forderte aber schließlich vier Millionen. Die Verhandlungen wurden daraufhin ergebnislos abgebrochen. Aufgeben hat man den Rückkaufplan trotzdem noch nicht. Halbjährlich versucht man, die Gespräche wieder aufzunehmen. 2018 verschoben sich die Eigenumsverhältnisse nochmals. 2017 hatte man die Hoffnung, dass das alte Gelände möglicherweise zu einem Hotelstandort entwickelt wird, doch auch diese Pläne wurden verworfen. Das Areal steht seitdem wieder zu einem unverschämt hohen Preis zum Verkauf. Somit bleibt das alte Krankenhaus, das einst einen erheblichen Beitrag zur Verbesserung der Krankenversorgung leisten konnte, verlassen und gerät in Vergessenheit.

Das erste Gebäude auf dem heute 1,6 Hektar großen Gelände war das in traditioneller Ziegelbauweise ausgeführte chirurgische Haus.

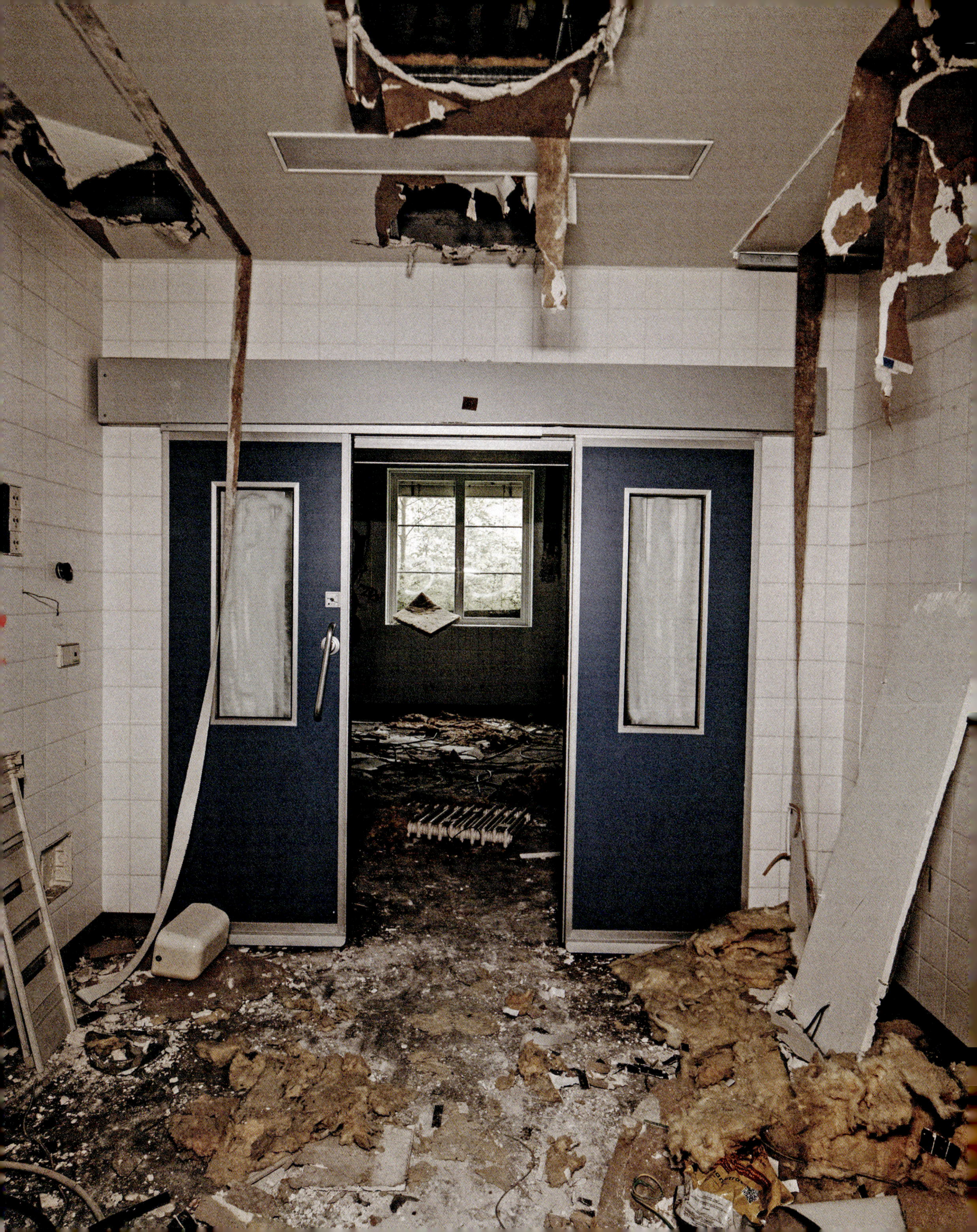

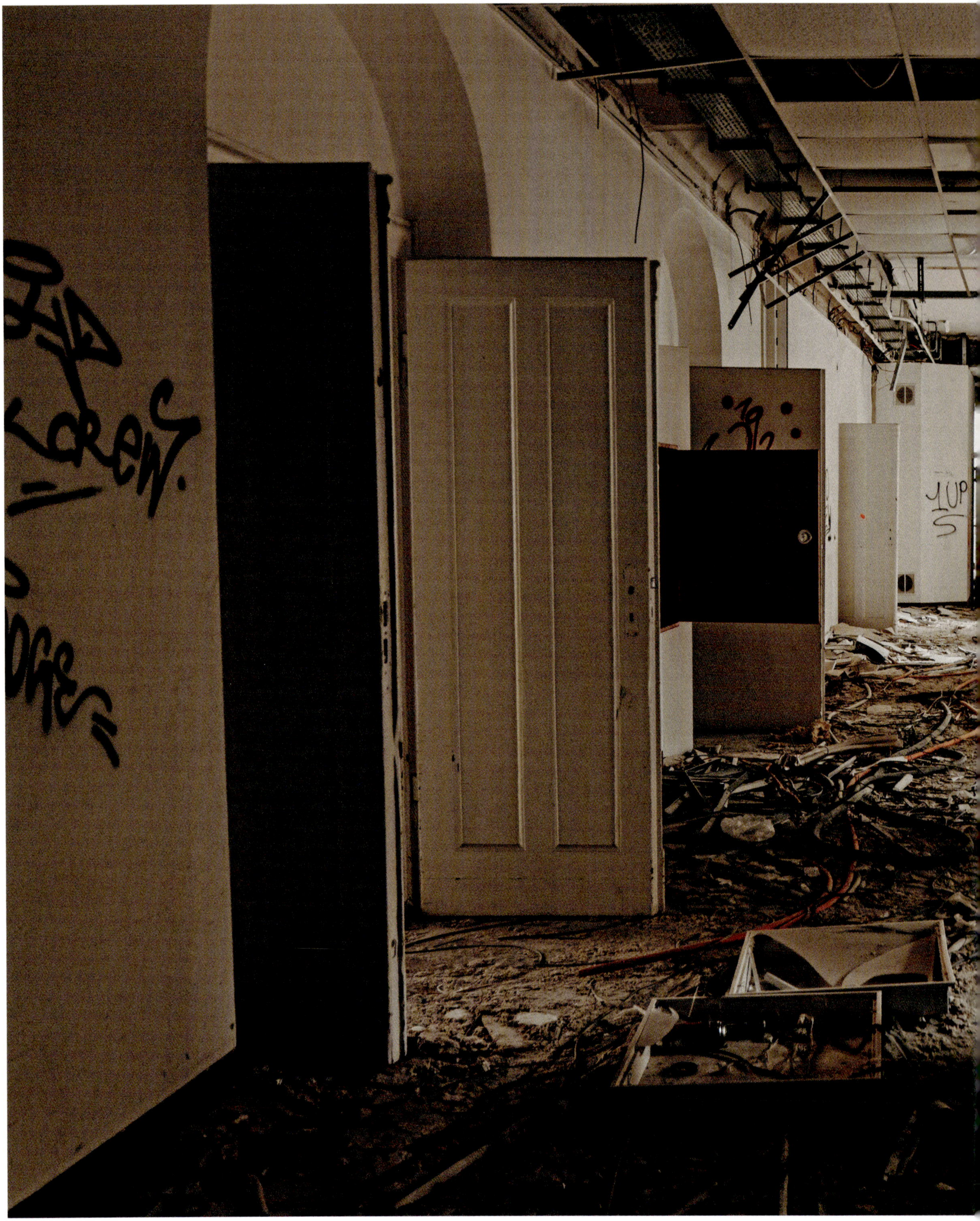

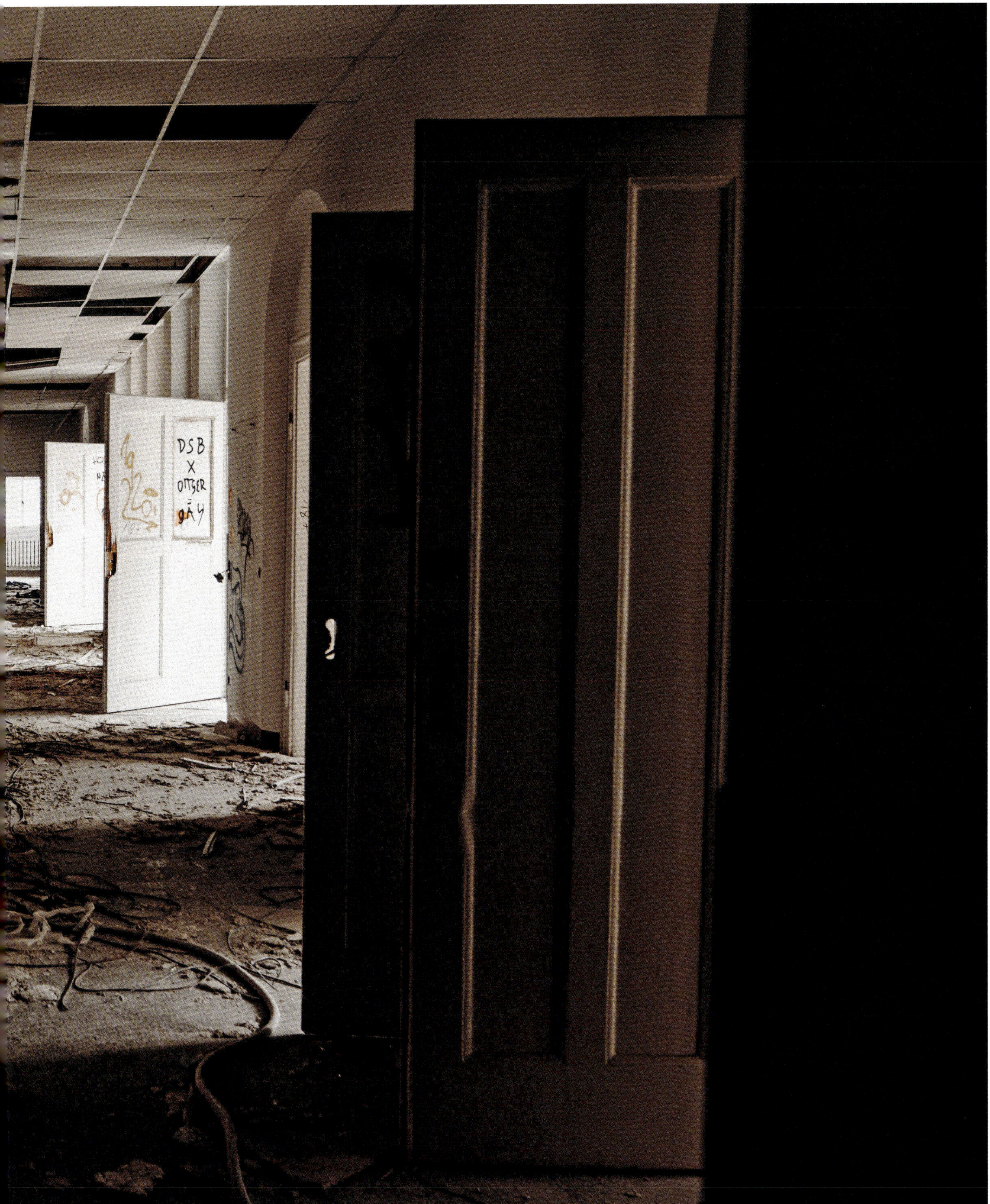
DSB
X

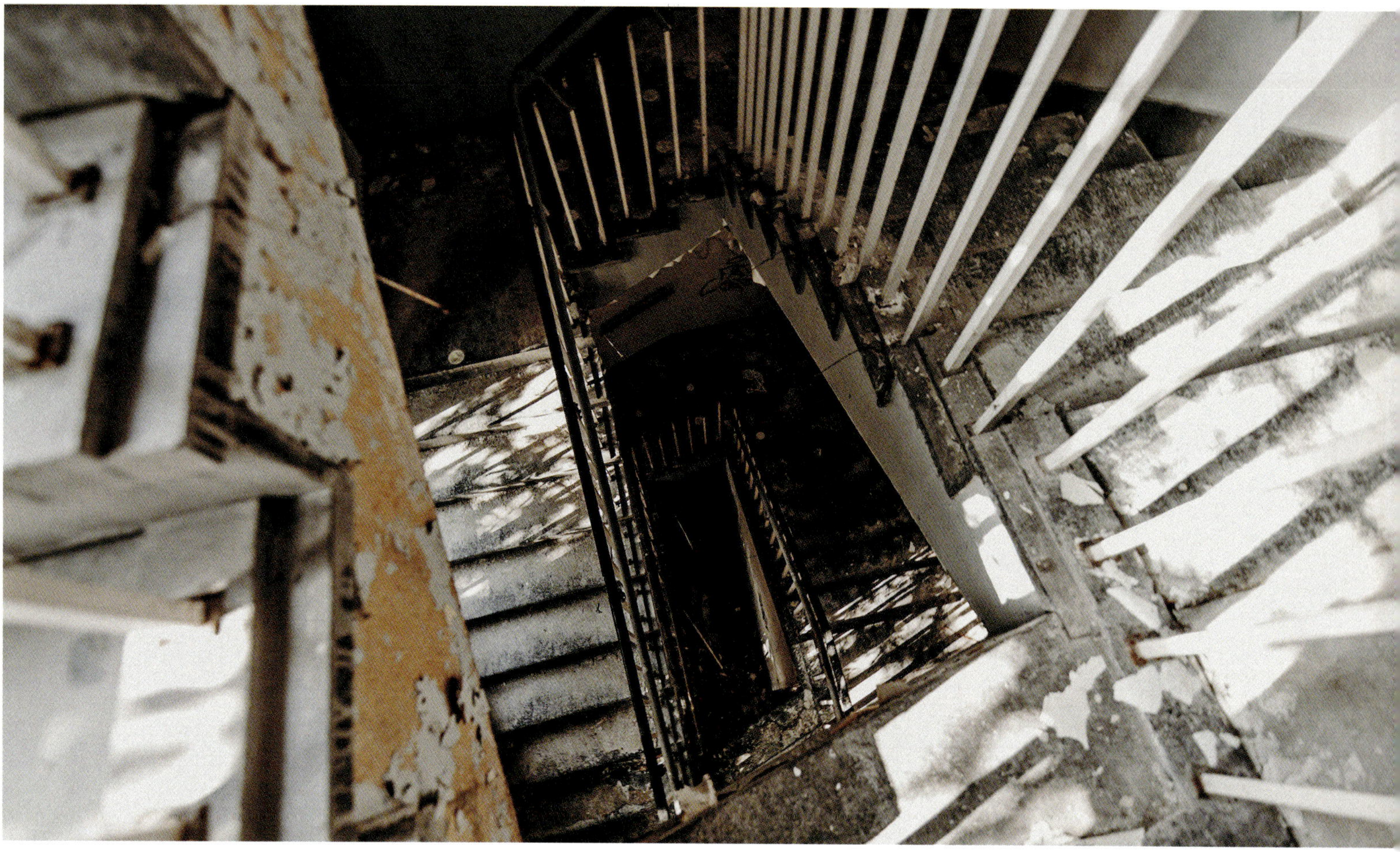

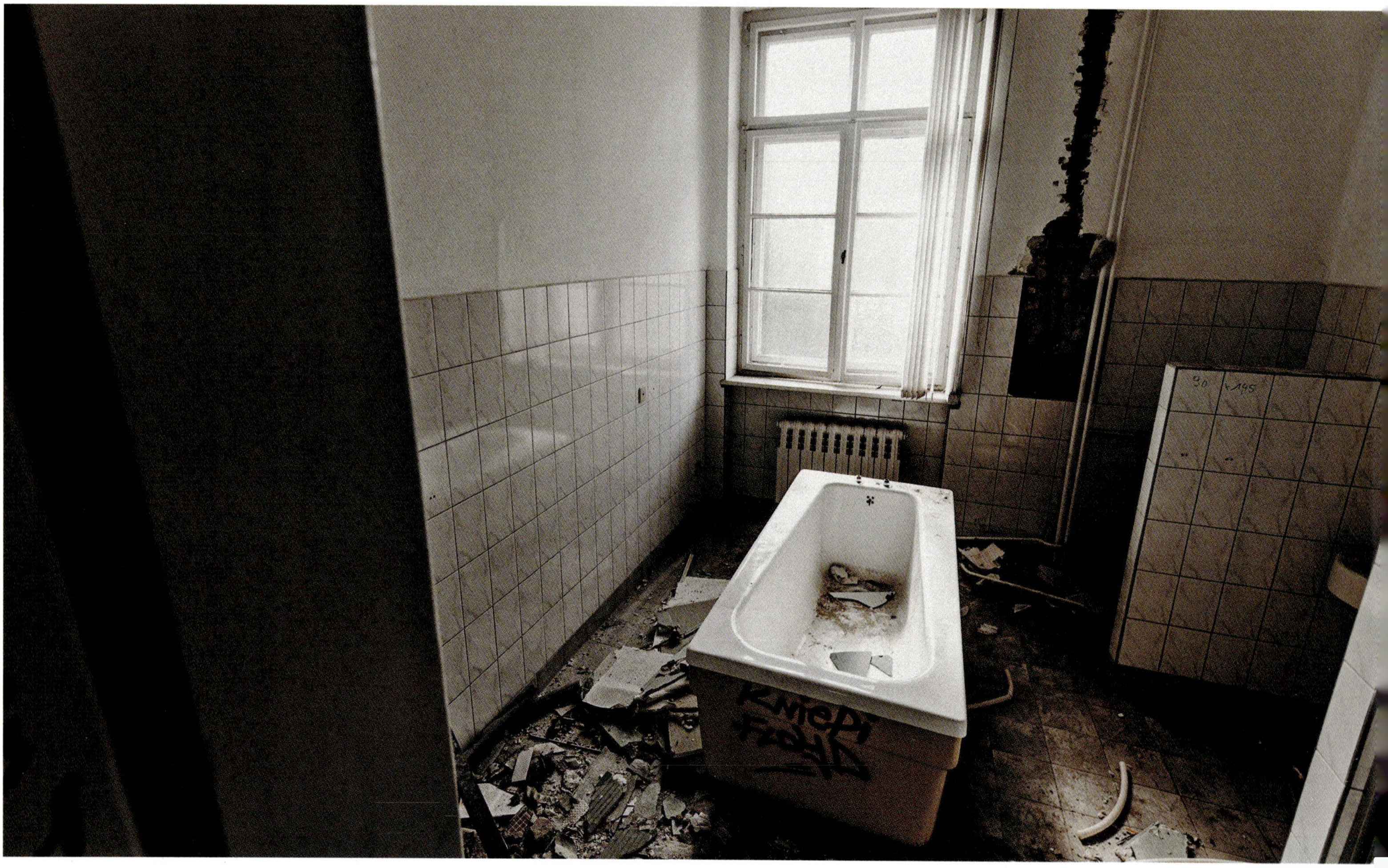

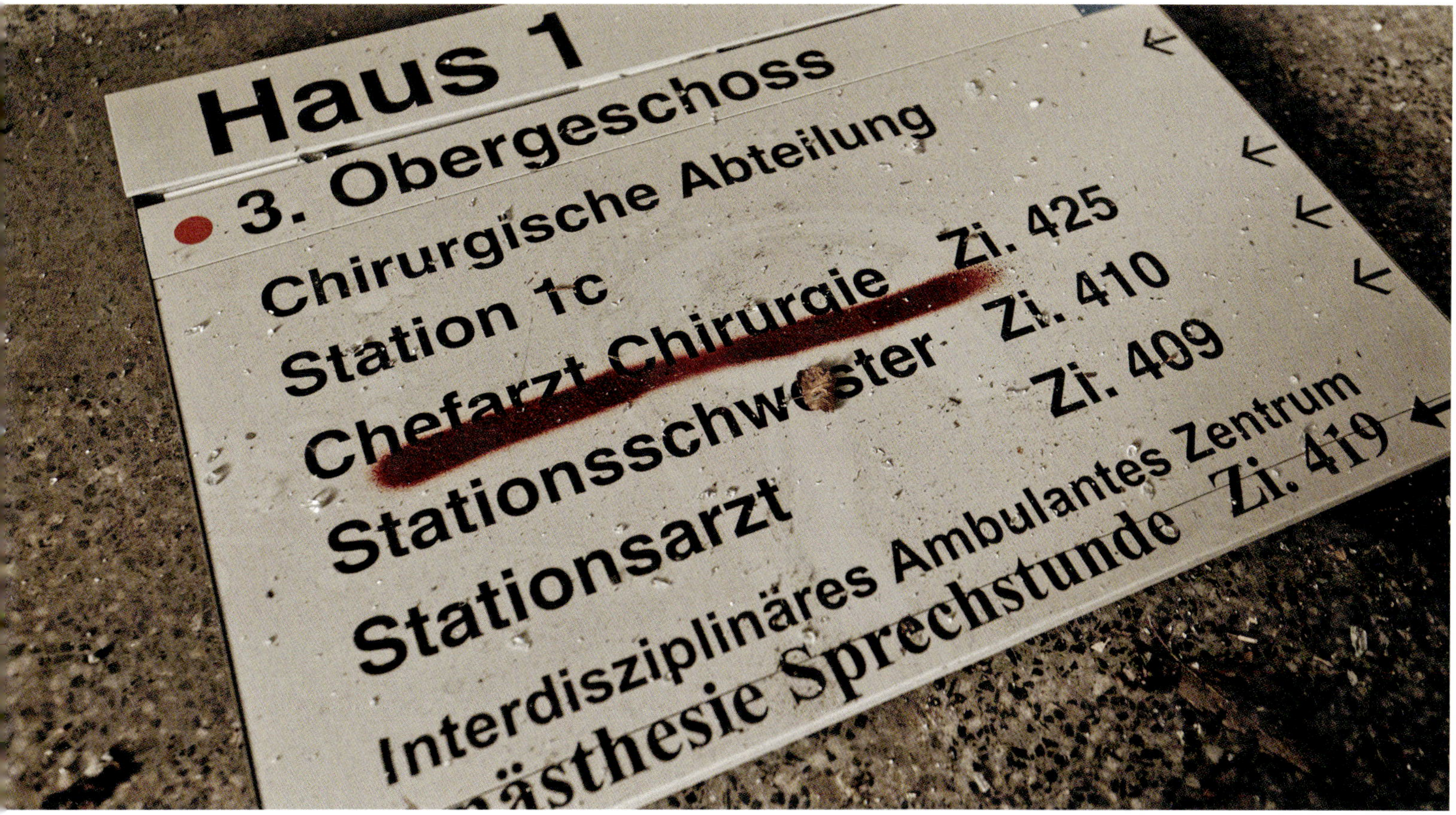

Haus 1
3. Obergeschoss
Chirurgische Abteilung
Station 1c
Chefarzt Chirurgie Zi. 425
Stationsschwester Zi. 410
Stationsarzt Zi. 409
Interdisziplinäres Ambulantes Zentrum
nästhesie Sprechstunde Zi. 419

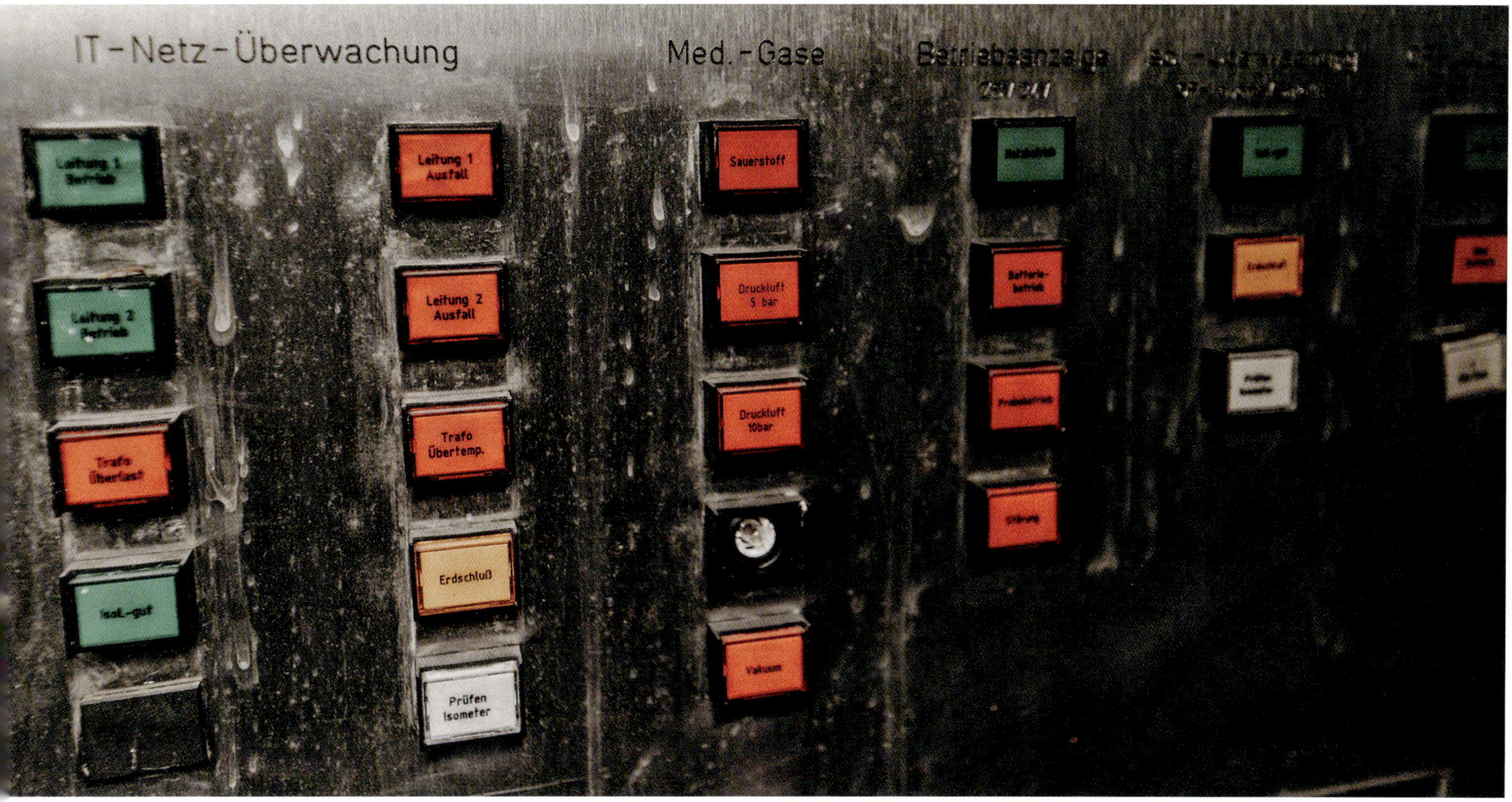

IT-Netz-Überwachung
Med.-Gase
Leitung 1 Betrieb
Leitung 2 Betrieb
Trafo Überlast
Isol.-gut
Leitung 1 Ausfall
Leitung 2 Ausfall
Trafo Übertemp.
Erdschluß
Prüfen Isometer
Sauerstoff
Druckluft 5 bar
Druckluft 10bar
Vakuum

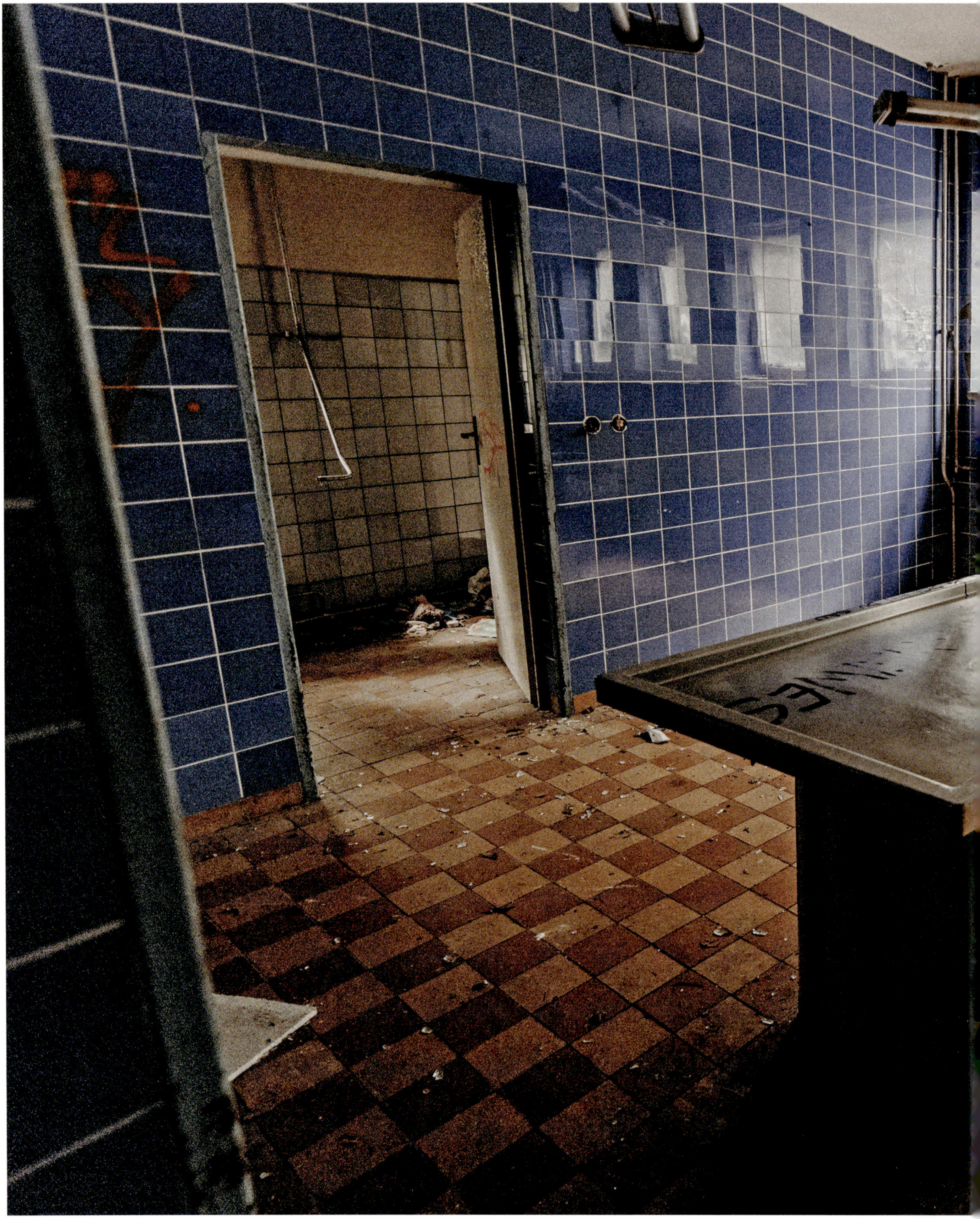

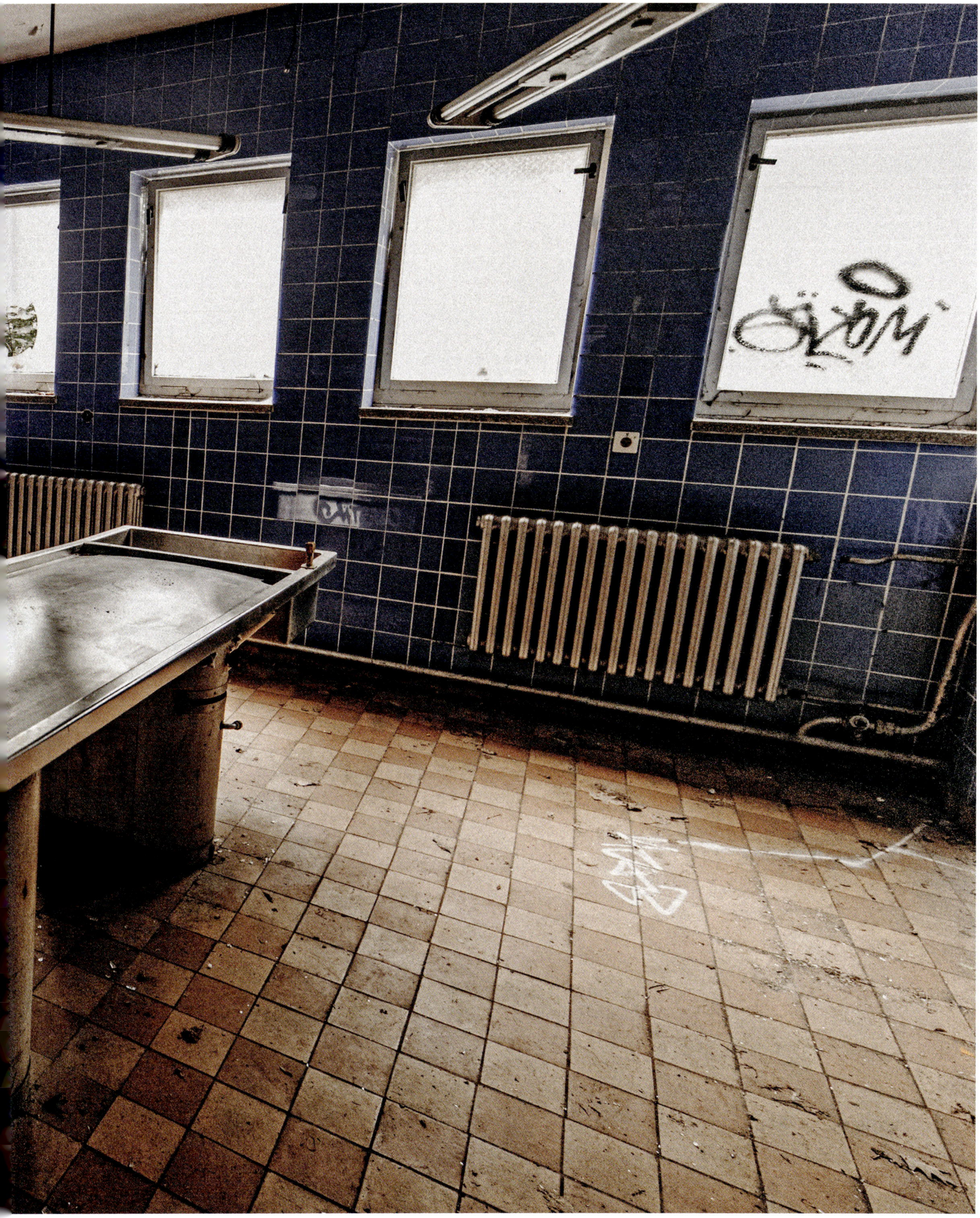

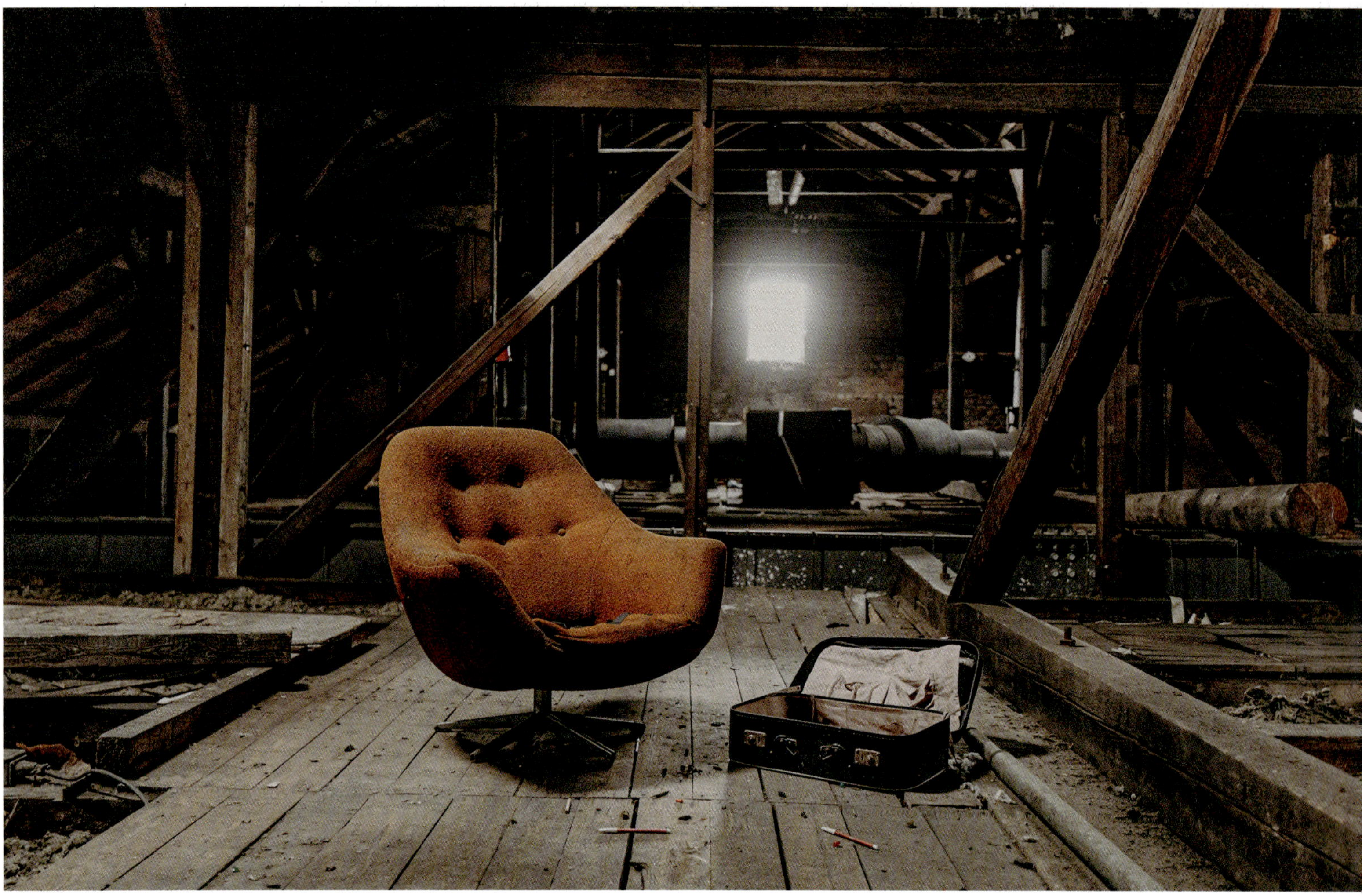

Impressum

Sutton Verlag GmbH
Arnstädter Straße 8
99096 Erfurt
www.suttonverlag.de

Gestaltung und Herstellung: Markus Drapatz
Druck: Florjančič Tisk d.o.o. / Slowenien
ISBN: 978-3-96303-359-9

In diesem Buch wird aus Gründen der besseren Lesbarkeit das generische Maskulinum verwendet. Weibliche und anderweitige Geschlechteridentitäten werden dabei ausdrücklich mitgemeint, soweit es für die Aussage erforderlich ist.

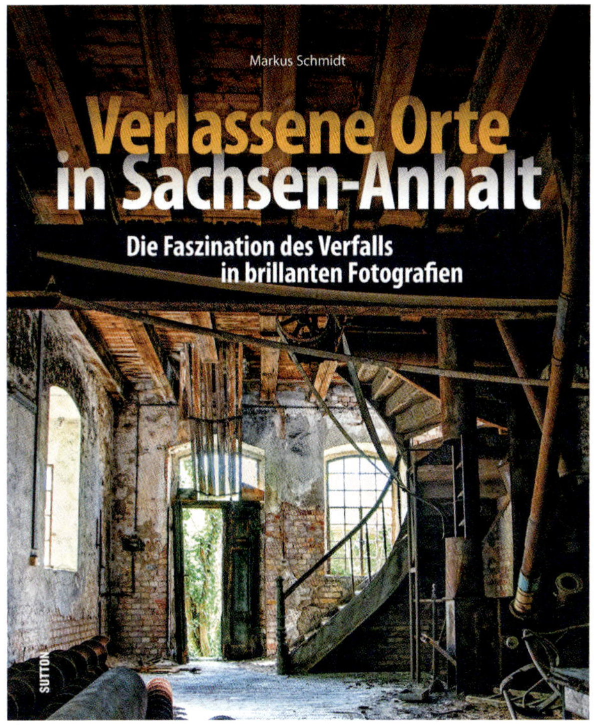

Verlassene Orte in Sachsen-Anhalt
Die Faszination des Verfalls in brillanten Fotografien

Markus Schmidt

978-3-95400-918-3 | 19,99 €

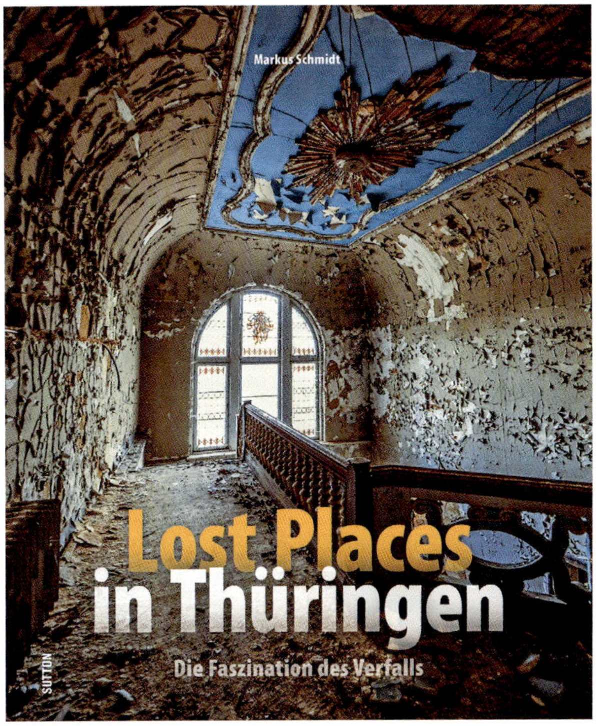

Lost Places in Thüringen
Die Faszination des Verfalls

Markus Schmidt

978-3-96303-116-8 | 29,99 €

Verlassene Orte Hessen
Die Faszination des Verfalls

Markus Zabel

978-3-96303-250-9 | 29,99 €

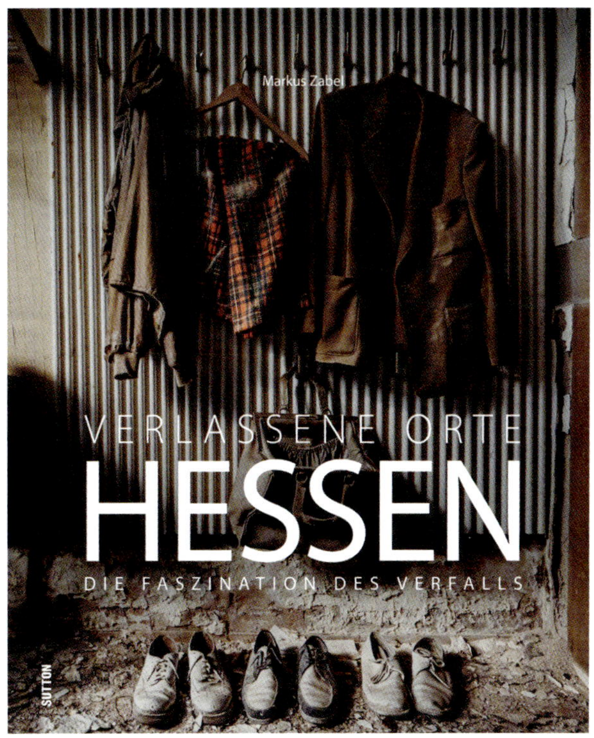

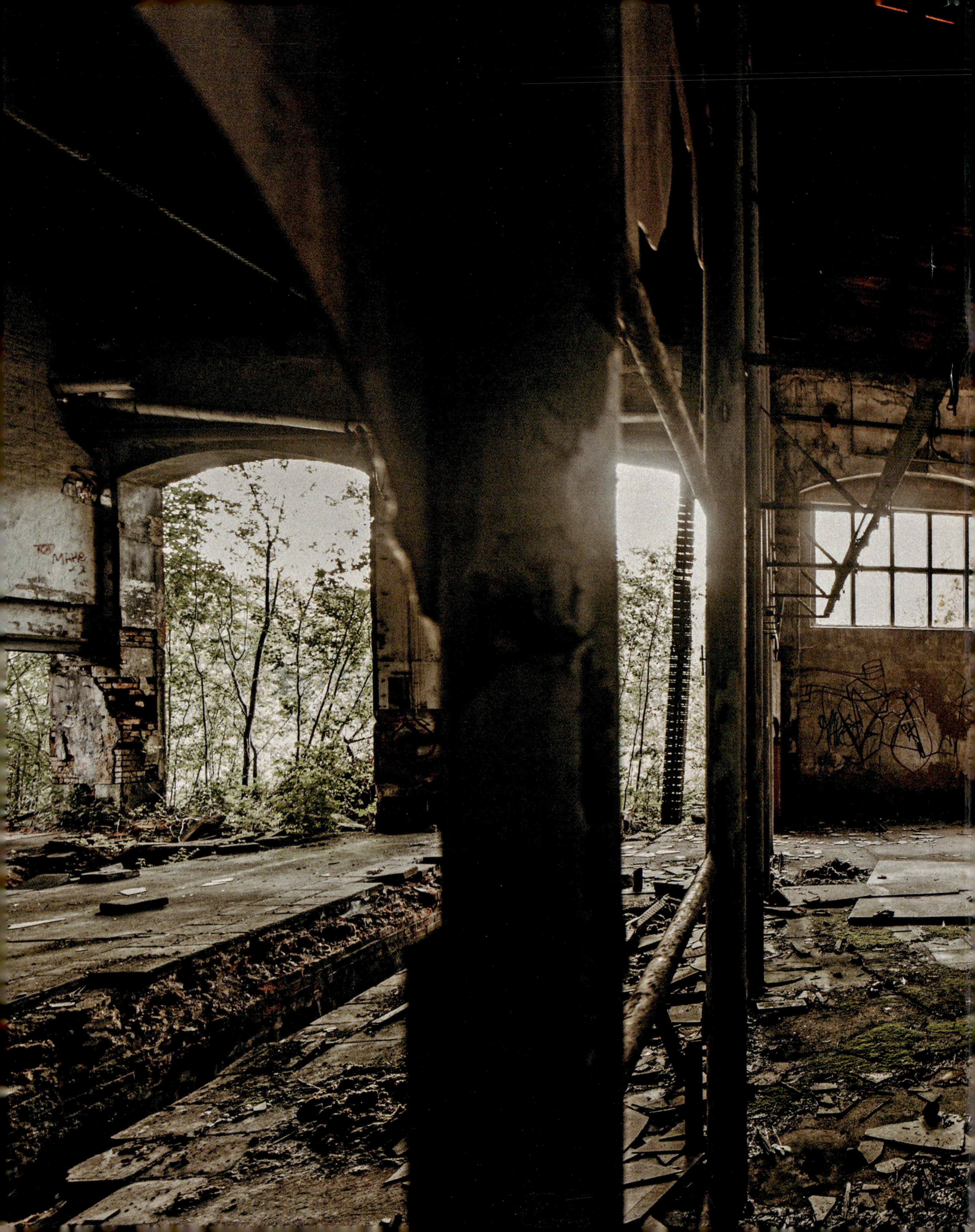